소수몽키의

한 권으로 끝내는

미국주식

소수몽키의 한 권으로 끝내는 미국주식

초판 1쇄 발행 · 2021년 3월 24일
초판 14쇄 발행 · 2024년 11월 22일

지은이 · 소수몽키(홍승초)
발행인 · 이종원
발행처 · (주)도서출판 길벗
출판사 등록일 · 1990년 12월 24일
주소 · 서울시 마포구 월드컵로10길 56
대표 전화 · 02)332-0931 | **팩스** · 02)323-0586
홈페이지 · www.gilbut.co.kr | **이메일** · gilbut@gilbut.co.kr

책임 편집 · 이재인(jlee@gilbut.co.kr) | **마케팅** · 정경원, 김진영, 조아현, 류효정
유통관리팀 · 한준희 | **제작** · 이준호, 손일순, 이진혁
영업관리 · 김명자, 심선숙, 정경화 | **독자지원** · 윤정아

편집진행 및 교정교열 · 김혜영 | **디자인** · 어나더페이퍼 | **일러스트** · 조윤주 | **전산편집** · 김정미
CTP **출력 및 인쇄** · 금강인쇄 | **제본** · 금강제본

ISBN 979-11-6521-497-5 13320
(길벗 도서번호 070401)
정가 20,000원

독자의 1초까지 아껴주는 길벗출판사

(주)도서출판 길벗 | IT교육서, IT단행본, 경제경영, 교양, 성인어학, 자녀교육, 취미실용 www.gilbut.co.kr
길벗스쿨 | 국어학습, 수학학습, 어린이교양, 주니어 어학학습, 학습단행본 www.gilbut.co.kr

금리, 차트, 재무제표 등 어려운 숫자는 NO!
세상에서 가장 쉬운 미국주식 입문서

소수몽키의 한 권으로 끝내는 미국주식

소수몽키(홍승초) 지음

길벗

$

글을
시작
하며

미국주식으로 인생이 바뀌었다

'벼락거지'를 면하게 해준 미국주식

요즘 대한민국에는 '벼락거지'라는 말이 유행이다. 열심히 살았는데, 열심히 직장에 다녔는데 그저 투자를 하지 않았다는 이유만으로 순식간에 투자를 한 사람들보다 가난해져 버린 것이다. 나는 이러한 '초양극화' 현상이 앞으로 더욱 심해질 거라고 생각한다. 나는 이 사실을 조금이나마 빨리 깨달은 덕분에 남들보다 더 일찍 미국주식을 공부하여 투자할 수 있었고, 끔찍했던 가난에서도 탈출할 수 있었다. 다시 과거로 돌아가더라도 똑같이 미국주식에 투자할 것이기에 자신 있게 이 책을 썼다. 혹시 아직도 투자를 망설이는 독자들이 있다면 이렇게 말해 주고 싶다. 지금도 전혀 늦지 않았으니 당장 시작해야 한다고 말이다. 다만, 시행착오를 줄여야 한다. 인생에는 게임처럼 다시 시작하기 버튼이 없기 때문이다.

아무도 내 돈을 지켜주지 않는다

그럼 어떻게 시행착오를 줄여야 할까? 무엇보다도 절대 그 누구도 내 돈을 지켜주지 않는다는 사실을 빨리 인정하고 움직여야 한다. 사람이 100명이면 투자법도 100가지이기에 자신에게 맞는 투자법을 찾는 것이 가장 중요하다. 나 역시 다양한 사람들을 찾아 그들의 투자 노하우를 빠르게 흡수했다. 수많은 시행착오 끝에 나만의 기준과 원칙을 세울 수 있었고, 그 후부터는 심리 측면에서도 흔들리지 않는 투자, 성과 측면에서도 더 높은 수익률과 낮은 손실로 잃지 않는 투자를 지속할 수 있었다.

소음을 제거하는 법을 아는 것이 더 중요한 지금

그런데 막상 투자를 제대로 하려고 하면 막막한 것이 사실이다. 불필요한 정보, 즉 소음이 지나치게 많은 세상이기 때문이다. 미디어에서는 마치 모든 것을 다 알아야만 돈을 벌 수 있을 것처럼 겁을 주지만 정말로 그 많은 뉴스와 정보를 다 보고 다 알아야만 주식투자로 돈을 벌 수 있을까? 사실 주식투자를 하며 수익을 내고 손실을 줄이기 위해 정말로 알아야 할 것들은 그리 많지 않다. 오히려 핵심 외에는 전부 수익에 악영향을 끼치는 요소들이라고 봐야 한다. 무엇보다, 우리에게는 시간이 무한하지 않다. 최소한의 시간을 들여 최대한의 성과를 내기 위해서는 더더욱 핵심만 챙겨서 보는 가성비 투자가 중요하다.

이 책에는 어려운 용어나 생소한 개념이 거의 없다. 즉, 어렵고 생소한 방식이 아니어도 충분히 누구나 할 수 있다는 말이다. 특히 흔들리지 않는 투자 원칙을 만들고 꾸준히 돈을 불려 나가고 싶은 분들에게, 평범한 직장인 투자자로서 조금 더 먼저 겪은 경험담과 노하우를 솔직하게 들려드리고자 한다. 뒤따라오는 분들이 시행착오를 줄여, 소중한 시간을 아끼고 손실도 줄일 수 있도록 말이다. 단순히 유행이라서, 남들이 해서, 주가가 올라서가 아니라 내 자산을 불리고 지켜가는 하나의 수단으로써 미국주식 투자를 하는 데 조금이라도 도움이 되길 바란다.

돈 때문에 비참하지 않은 삶을 살기 위해

무엇보다도 돈 때문에 하고 싶지 않은 일을 억지로 하지 않아도 되도록, 돈 때문에 비참한 경험을 하는 일이 없도록, 이 책을 읽는 독자분들 또한 나와 함께 하루라도 빨리 경제적 자유에 조금이라도 더 가까워지기를 진심으로 바란다.

끝으로 이 책을 쓸 수 있도록 물심양면으로 지원해준 사랑하는 아내와 가족들, 그리고 유튜브와 블로그, 카페 등의 채널에서 소수몽키를 응원해주시는 많은 구독자와 이웃들께 진심으로 감사드린다.

소수몽키(홍승초)

소수몽키의 미국주식 기초상식 Q&A

Q. 미국주식시장 언제 열리고 닫히나요?

A. 밤 10시 30분부터 새벽 5시까지 열리는 미국주식시장

미국주식시장은 서머타임제로 인해 3월 둘째 주 일요일부터 11월 첫째 주 일요일까지는 한국 기준 밤 10시 30분부터 아침 5시까지 열린다. 그 외 기간에는 1시간 늦은 밤 11시 30분부터 아침 6시까지 장이 열린다. 참고로 미국주식의 경우 기본적으로 '15분 지연 시세'가 적용되는데, 이는 말 그대로 15분이 지난 시세를 보여준다는 뜻이다. 대부분의 증권사가 유료로 월 1~2달러 내외의 시세 이용료를 청구하고 실시간 시세를 제공해준다. 최근에는 계좌개설 이벤트의 일환으로 무료로 실시간 시세 서비스를 제공해주는 곳도 많으니, 이 부분 또한 확인하는 것이 좋다.

Q. 영어를 못하는데 미국주식을 할 수 있을까요?

A. 영어 실력과 주식 수익률은 무관하다!

영어는 투자를 위해 꼭 필요한 '핵심 용어'를 알아두는 것만으로도 충분하다. 예를 들면, 매출이 'Revenue' 혹은 'Sales'라는 단어로 쓰인다든지, 실적이 잘 나왔을 때 뉴스에서 'beat'이라는 단어를 주로 쓴다든지 정도만 알아도 되는 수준이다. 몇 개의 용어들이 반복적으로 나오기 때문에 투자를 계속하다 보면 점점 익숙해진다. 게다가 요즘은 대부분의 미국주식 관련 뉴스들이 거의 실시간으로 번역되어 쏟아져 나오는 데다 구글 크롬의 실시간 번역기, 네이버 파파고 번역기 등을 손쉽게 이용할 수 있으므로 더더욱 걱정할 필요가 없다.

Q. 나스닥, 다우, S&P500이 무엇인가요?

A. 미국의 대표적인 3대 종합주가지수!

한국의 종합주가지수로 코스피(KOSPI)가 있듯, 미국에는 대표적으로 시장을 판단할 수 있는 3대 지수가 있다. 미국의 대표적인 우량주 500여 개를 모아놓은 S&P500지수가 가장 많이 활용된다. 반면에 가장 먼저 생긴 것은 다우지수(정확히는 다우존스산업평균지수)로, 미국주식 시장의 역사나 장기 수익률을 설명할 때 주로 사용된다. 마지막으로 나스닥지수는 애플, 마이크로소프트, 테슬라 등 우리가 잘 아는 기술주들이 주로 포함되어 성장주들을 대표하는 지수로 자주 사용된다.

Q. 배당금이 무엇인가요?

A. 기업이 투자자들에게 성과의 일부를 나누어주는 것

투자자들은 기업에 투자해 크게 2가지로 성과를 돌려받는다. 첫 번째는 투자한 기업의 가치 상승, 즉 주가 상승이고 두 번째는 배당금이다. 기업은 투자자들의 투자금을 활용해 돈을 벌었으므로 그 성과를 다시 투자자에게 돌려줘야 하는데, 이때 번 돈의 일부를 돌려주는 대표적인 형태가 바로 배당금이다.

Q. 계좌 개설, 어디에서 어떻게 해야 하나요?

A. 내가 써본 경험이 있는 증권사가 BEST

만약 이미 국내주식을 하며 써본 증권 계좌가 있고, 크게 불편함을 못 느꼈다면 그 증권사에서 미국주식 서비스도 이용하는 것이 제일 좋다. 또 다른 증권사의 화면과 메뉴 구성에 적응하는 것도 스트레스가 될 수 있기 때문이다. 만약 주식이 아예 처음이며, 아직 계좌가 없다면 아래와 같은 요소들을 고려하여 증권사를 선택하는 것이 좋다.

| 증권사 선택 시 고려해야 할 4가지 |

1. **대표적인 대형 증권사인가(안정성)**

   ex) 미래에셋대우, 키움, 신한, 삼성 등

2. **매매 수수료 우대, 환전 수수료 우대를 해주는가(비용절감)**

   ex) 미국주식 온라인 매매 수수료 비교, 환전 수수료 우대 비교 필요

3. **매매 프로그램이 쓰기 편리한가(편의성)**

   ex) 모바일 앱(MTS)이 매매하기에 불편함이 없는가, 속도가 느리지 않은가

4. **각종 문의 대응이 원활한가(서비스)**

   ex) 담당 영업직원이 있는가, 고객센터 전화연결이 원활한가 등

Q. 환전은 어떻게 하나요?

A. 사용하고 있는 증권사에서 쉽게 가능, 이때 환전 우대에 주목하자!

증권 계좌에 원화만 들어있으면 아주 쉽게 달러로 바꿀 수 있다. 모바일 앱(MTS)을 통해 원하는 타이밍에 직접 환율을 확인하고 환전할 수 있으며, 증권사에 직접 전화를 걸어 환전하는 것도 가능하다. 보통 오전 9시부터 오후 3시 30분까지 환전해야 환전 우대가 적용되는 경우가 많은데, 최근 들어 야간 환전 우대 및 24시간 환전 우대 서비스를 제공하는 증권사가 늘고 있다. 그러니 환전하기 전 이용 중인 증권사에 꼭 확인해보는 것이 좋다.

이때 환전 우대를 받아 수수료를 줄이는 것이 무척 중요하다. 예를 들어 환전 우대가 적용되지 않을 경우 1,000원을 1달러로 바꿀 때마다 약 1% 정도의 수수료, 즉 10원 정도를 증권사에 내야 한다. 여기서 50% 우대를 적용받으면 10원의 절반인 5원 정도만 부

담하면 된다. 최근 고객 유치를 위한 증권사들의 경쟁이 심해지며 환전 우대를 무려 80~100%까지도 해주는 곳이 많으니 이 내용을 꼭 확인하고 혜택을 챙기자.

게다가 요즘은 환전 없이도 주식을 매매할 수 있도록 해주는 서비스가 늘고 있다. 미국주식을 매수하면 알아서 매수한 만큼 달러로 환전해주는 서비스다. 이때 유의해야 할 것 역시 환전 수수료 우대가 적용되는지 여부다. 환전 수수료 우대만 잘 적용된다면 직접 환전하는 것과 비교해서 크게 나쁠 것이 없다.

Q. 매매 수수료와 거래세는 무엇인가요?

A. 매매 수수료는 주목, 증권 거래세는 무시해도 무방

미국주식을 거래할 때마다 투자자는 증권사에 이에 해당하는 매매 수수료를 내야 한다. 환전과 마찬가지로 우대가 존재하는데, 우대를 받지 않을 경우 일반적으로 매수 시 매매금액의 0.25%, 매도 시 매매금액의 0.25%를 수수료로 지불한다. 예를 들어 1,000만원에 해당하는 주식을 샀다가 팔았다면 총 0.5%에 해당하는 금액인 5만원을 증권사에 수수료로 내야 한다(온라인 매매 기준으로 증권사마다 차이가 있을 수 있다). 이 온라인 매매 수수료 역시 우대를 받을 수 있으므로 가능하다면 우대를 최대한으로 받는 것이 좋다. 최근 증권사들의 우대 수수료 이벤트를 적용받을 경우 총 0.2~0.3%(매수, 매도 합산) 내외의 수수료로 우대를 받을 수 있다. 증권사별로 신규 고객 이벤트, 또는 일정 자산 규모 이상의 고객들에게 수수료 우대를 제공하므로 반드시 확인하자. 참고로 미국 주식은 매도할 때마다 증권거래세(SEC Fee)라는 것이 붙는데 거래금액의 0.00051%(1,000만원을 매도할 경우 51원)에 불과하므로 무시해도 무방하다.

Q. 미국주식으로 수익을 얻으면 세금을 내야 한다면서요?

A. 원천징수 후 입금되는 배당소득세, 수익이 250만원을 넘으면 내야 하는 양도소득세

세금은 크게 2가지로 나뉜다. 배당금을 받을 때 내는 '배당소득세'와 시세차익이 발생했을 때 내는 '양도소득세'다. 배당소득세는 주식을 팔지 않더라도 배당금이 계좌로 입금되기만 하면 무조건 내야 하는 세금으로, 애초에 계좌에 입금되기 전 15%가 원천징수되므로 따로 신경 쓸 것이 없다. 예를 들어 배당금이 100달러 들어올 예정이었다면, 15%인 15달러를 차감하고, 85달러만 계좌로 들어온다. 다만, 연간 배당금이 총 2,000만원을 초과하면 근로 소득 또는 사업 소득에 합산하여 과세되므로 이 경우 주의해야 한다. 배당금이 2,000만원을 초과했는지 여부는 연말이 되기 전 미리 증권사에 확인하는 것이 가장 정확하다.

'양도소득세'는 수익을 확정 짓는 순간 발생된다고 생각하면 된다. 하지만 연간 수익 250만원까지는 비과세가 적용된다. 즉, 한 해 동안 주식을 팔아서 번 돈의 합이 250만원 미만이라면 세금을 하나도 내지 않을 수 있다. 그러나 250만원이 초과하는 구간부터는 초과 금액의 22%를 양도소득세로 내야 한다. 예를 들어, 12월 중순 주식을 팔아 총 500만원의 수익이 났다면 250만원은 비과세이고, 나머지 250만원의 22%인 55만원은 세금으로 내야 한다.

연말이 되면 세금신고를 해야 하는데 대부분의 증권사에서 세금 신고 대행 서비스를 무료로 해준다. 이렇게 세금 신고가 완료되면, 다음 해 4월 국세청에서 통지서가 날아오므로 그때 세금을 납부하면 된다.

목차

소음의 홍수 속에서 진짜 신호를 잡는 법

미국주식 ETF 상황별 실전 매매 전략

《 Chapter 1 》

가난이 싫어서 시작한 미국주식

이 책을 폈다면, 최소한 지금의 삶에 변화를 주고 싶거나 돈으로부터 좀더 빨리 해방되고 싶은 사람일 것이다. 내가 간절하게 원했듯이 말이다. 주식과 전혀 상관없는 삶을 산 평범한 직장인이었던 내가 왜 미국주식을 하게 되었는지, 그리고 이것이 내 인생에 어떤 영향을 미쳤는지 이야기하고자 한다. 미국주식은 우리가 원하는 바를 이루기 위해 평생 함께하기에 너무나 좋은 투자처이자 동반자이다.

가난과 걱정 중에 걱정하는 삶을 살기로 결심하다

"당신의 운명을 결정하는 것은 결심하는 그 순간이다."

- 앤서니 라빈스 -

통장을 보고서야 정신을 차리다

나는 대기업에만 들어가면 내 인생이 마법처럼 바뀔 줄 알았다. 그래서 하루라도 빨리 돈을 벌어야겠다는 생각에 남들은 미루기도 바쁜 졸업을 오히려 한 학기 앞당겼고 H자동차 그룹에 입사하는 데 성공했다. 지금은 더욱 힘들겠지만, 내가 취업을 준비하던 당시에도 대기업에 들어가는 것은 정말 어려운 일이었다. 그래서 나는 마치 대단한 사람이 된 것마냥 우쭐했다. 하지만 그런 마음은 입사 첫날, 연수원에 들어가자마자 산산조각 나 버렸다. 나는 그저 수백 명의 신입사원 중 한 명이었을 뿐 그 이상, 그 이하도 아니었다. 그리고 연수 기간 동안 받은 첫 월급을 두 눈으로 직접 확인한 순간 나는 마음을 굳혔다. '월급만으로는 안 되겠다'라고 말이다.

말로 듣는 것과 직접 보는 것은 다르다. 월급쟁이 별것 없다는 소리는 이전부터 들었지만, "그래도 대기업인데 다르겠지"라며 애써 위로했다. 하지만 아무리 새로고침 버튼을 눌러 봐도 계좌에 적힌 숫자는 바뀌지 않았다.

앞으로의 내 인생을 한 장의 종이에 그려보다

뉴스에 나오는 대규모 구조조정 기사를 보고도 그저 먼 남의 일로만 여겼다. 하지만 어제까지 멀쩡하게 함께 근무하던 상사가 하루아침에 짐을 빼는 것을 보자, 이게 남의 일이 아니라 내게도 언제든 닥칠 수 있는 일임을 깨닫게 되었다. 애초에 정년보장을 바라고 회사에 들어온 것도 아니었지만, 막상 중고등학생 자녀들을 둔 직장 상사가 회사에서 쫓겨나는 것을 두 눈으로 똑똑히 보고도 "어떻게든 되겠지"라는 식으로 무책임하게 살아갈 수는 없었다.

나는 바로 연필을 들고 종이에 인생 그래프를 그려봤다. 친한 선배들에게 물어 각 직급별 연봉을 파악했고, 내가 이 회사를 10년 다닐 때와 20년 다닐 때를 가정해서 얼마나 모을 수 있을지 계산했다. 물가상승률과 연봉상승률을 고려해 최고의 시나리오와 최악의 시나리오를 모두 뽑아봤다. 아무리 긍정적인 상황을 떠올리며 그래프를 더 높이, 더 가파르게 올려서 그려봐도 내가 원하는 답은 나오지 않았다.

내가 그래프까지 그려가며 원하던 답은 무엇이었을까. 사실 나는 정말 잘살고 싶었다. 더 솔직히 말해, 돈을 정말 많이 벌고 싶었고 돈 걱정하지 않는 삶을 꿈꿨다. 가난을 온몸으로 느껴봤기 때문에 가난이 너무나 싫고 지긋지긋했다. 낡디 낡은 반지하 빌라에서 지나가는 사람들의 발목을 보며 살 때, 천장에서 바퀴벌레가 얼굴에 떨어져 잠에서 깰 때, 친구들과 노는 것조차 부담스러워 거짓말하고 아르바이트하러 갈 때마다 이 지독한 가난에서 벗어나기만을 열렬히 바랐다. 그래서 누구보다도 더 절실히, 돈을 잘 벌고 싶었다. 그리고 열심히 노력해서 좋은 회사에 취직했으니 이제는 부모님처럼 몇 년마다 오르는 전세보증금을 걱정하지 않는 삶을 살 수 있을 거라고 막연히 기대했다.

그러나 이런 기대와 달리 하늘에서 갑자기 돈이 뚝 떨어지지 않는 이상, 월급을 한푼도 쓰지 않고 모아도 남들보다 잘살기는커녕 남들만큼 평범하게 살기도 벅차다는 사실을 깨달았다. 나는 선택을 해야 했다. 이대로 만족하며 살거나, 당장 움직이거나.

아끼는 것은 답이 아니다

처음엔 자산을 모으고 지키기 위해 수비에 집중했다. 당시에는 매달 들어오는 월급이 수입의 전부였는데, 지출 용도별로 통장을 쪼개고, 이자가 0.01%라도 더 높은 예금/적금으로 옮기고, 조금이라도 혜택이 더 좋은 체크/신용카드를 알아보는 데 시간을 썼다.

그렇게 열심히 아끼며 저축했지만, 만기가 도래했다는 문자를 받고 적금을 해지한 나는 충격을 받았다. 당시에도 적금 이자율은 매우 낮았는데, 세금을 떼고 실제로 입금된 돈을 직접 눈으로 확인하니 정말 이대로는 안 되겠다는 생각이 들었다. 돈은 빵처럼 '불리는' 것이지 '모아가는' 것이 아니라는 사실을 깨달은 순간이었다.

그날 이후로 은행에 돈을 맡기는 것은 '멀쩡하게 일할 수 있는 열정 넘치는 청년을 방 안에 가두는 가혹행위'와 같다는 것을 깨달았다. 은행은 돈을 빌리는 곳이지 맡기는 곳이 아니라는 사실을 말이다. 지키기에만 급급한 재테크를 그만두기로 결심하고 스스로에 대한 분노를 느끼며 블로그에 썼던 글이 기억난다.

"다시는 풍차돌리기 같은 예/적금에 시간과 돈을 쏟지 않으리라. 풍차돌리기는 풍차 돌려차기로 차버려야 한다."

목표는 60개월 뒤 퇴사

모으는 투자에서 불리는 투자를 하기로 마음먹은 순간, 그동안의 관점이 완전히 달라지는 기분이 들었다. 동시에 스스로에 대한 다짐으로 대학생 때부터 운영해오던 블로그에 5년, 딱 60개월 내에 퇴사

하겠다고 공개했다. 정확하게는 그 시점에 퇴사하더라도 상관없을 정도의 현금흐름이 매달 발생하는 시스템을 만들겠다는 내용이었다.

당시 30대 중반까지는 아직 8년 정도의 시간이 남아있었기에 충분히 목표 달성이 가능해 보였다. 그러나 계획을 더 타이트하게 잡아 5년 내에 목표를 달성하기로 결심했다. 120% 노력해야 90%도 겨우 달성할까 말까인 것을 알고 있었기 때문에 일부러 5년이라는 조금 더 어려운 목표를 잡은 것이다. 혹여 계획한 기간 내에 목표를 달성하지 못하더라도 남은 3년여의 시간 동안 최소한 90% 이상 목표를 달성하겠다고 결심했다.

스스로 배수진을 쳐야 움직이는 성격이라는 것을 잘 아는지라 이 결심이 흐지부지되지 않도록 블로그를 통해 많은 사람들에게 알렸다. 부끄러워서라도 그 목표를 위해 움직일 수 있게끔 말이다. 대학생 때도 같은 이유에서 조기졸업을 신청한 뒤 취업준비를 했다. 만약 바로 취업이 안 된다면 조기졸업과 함께 백수가 되는 상황이었다. 이렇게 일부러 스스로를 궁지에 몰아넣고 스트레스를 준 이유는 이렇게 하면 목표를 완전하게 이루지는 못하더라도 비슷하게는 간다는 사실을 경험으로 알고 있었기 때문이다. 5년 안에 월급 정도의 금액이 꾸준히 나오는 시스템을 만들겠다고 선언하고 난 뒤부터 눈 뜨고 있는 시간에는 그 방법을 찾는 데 온 신경을 쏟았다.

뒤의 그림은 내가 60개월 뒤 퇴사를 목표로 잡고 매달 그 과정을 기록할 때 썼던 내용 중 하나다. 딱 36번째 월급, 그러니까 회사생활 3년을 채우고 중간점검 차원에서 저 그림을 만든 뒤 매달 스스로를 채찍질하며 목표를 향해 달려나갔다.

36/60번째 월급

▲ 60번째 월급을 받기 전 경제적 자유를 이룩하자!

부수입을 만들기로 결심하다

대학시절부터 학비를 포함한 생활비 일체를 직접 벌어서 충당했던 경험 덕분에 어떻게든 돈을 만들어내는 노하우는 있었다. 다만, 이제는 학생이 아닌 직장인으로서 퇴근 후 한정된 시간 내에 할 수 있는 자산 증식 방법을 찾아야 했다. 더군다나 어디까지나 본업은 '직장인'이었기에 본업에 지장을 주지 않는 선에서 노력 대비 가장 효율이 높은 방법을 찾으려 부단히 노력했다.

당시 유행했던 P2P대출 상품에 투자해보기도 하고, 주말마다 개인 전자상거래(알리바바, 아마존) 사업 강의를 들으러 가기도 했다. 대학생 때부터 자료를 찾아 정리해 프레젠테이션(PPT) 만드는 것을 좋아해서 이와 관련된 강의로 돈을 버는 것도 고민했다. 각각의 방법마다 분명한 장단점이 존재했지만, 이런저런 고민 끝에 나는 투입(시간, 노력, 돈) 대비 가장 높은 성과를 기대할 만한 것은 주식밖에 없다는 결론을 얻었다.

부를 이루는 3가지 방법 중 하나, 주식

세계적인 투자자 앙드레 코스톨라니는 노력으로 부자가 되는 데는 세 가지 방법이 있다고 했다. 첫째는 부유한 배우자를 만나는 것, 둘째는 사업을 하는 것, 셋째는 투자를 하는 것이다. 현실적으로 매우 확률이 낮은 첫 번째 방법을 제외하면 결국 투자와 사업이 남는다.

이 '투자'와 '사업'을 크게 주식투자, 부동산투자, 사업소득 3가지로 나눌 수 있는데, 보통은 이 3가지 중에 자신에게 좀더 잘 맞는 분야가 있게 마련이다. 어떤 사람은 사업에 수완이 있고, 어떤 사람은 부동산 투자에 밝고, 어떤 사람은 나머지 2가지보다 주식투자에 소질이 있을 수 있다. 물론 셋 다 잘할 수도 있으나, 시간은 한정되어 있으므로 보통 1가지에 집중해 부를 늘리고 분야를 확장해 나가는 것이 일반적인 성공 방정식이다.

나는 내가 좀 더 잘하는 것을 찾기보다 안 맞는 것, 못하는 것을 제거하는 방법을 썼다. 무엇이든 1등에 투자하는 것을 좋아하는 내가 적은 종잣돈으로 강남 같은 핵심 유망지역에 부동산투자를 하기란 불가능했다. 또한, 대학생 때 창업을 준비하며 여러 명이 협업하는 것이 얼마나 힘든지 경험했기 때문에 사업에도 감점을 줬다.

반면에 주식은 아주 소액으로도 원하는 어느 분야나 가리지 않고 투자할 수 있고, 언제 어디서든 혼자서 의사결정을 내릴 수 있다는 것이 큰 매력이었다. 부동산으로 당장 1등 핵심지역에 투자하는 것은 어렵지만 주식에서는 가능했고, 시간과 장소에 구애 받지 않고 노트북 또는 스마트폰만 있으면 자료 검색과 공부, 투자가 가능했기에 나에게는 안성맞춤이었다.

이때 주식을 선택한 덕분에 결과적으로 만족스러운 수익을 낼 수 있었고 금융자산에 대한 이해와 경험을 쌓고 세상 돌아가는 것을 파악하는 눈을 기를 수 있다. 금융지식이 부를 만드는 것뿐 아니라 지키는 데도 얼마나 중요한지, 하루라도 더 빨리 이 사실을 깨닫는 것이 얼마나 필수적인지를 주식을 일찍 시작한 덕분에 알 수 있었다. 다시 시간을 되돌려도 주식, 부동산, 사업 셋 중에 주식, 특히 미국주식을 택할 거라는 내 생각은 몇 년이 지난 지금도 확고하다.

3년 내 1억 프로젝트, 1억의 벽을 뚫게 도와준 미국주식

이제 구체적인 목표를 세워야 했다. 단순히 '부수입을 만들어야지, 돈 많이 벌어야지'와 같은 추상적인 목표가 아니라 이를 악물고 달려야만 하는 절실함을 이끌어낼 구체적인 숫자가 필요했다. 시행착오를 겪는 시간도 아까워 나와 같이 평범한 직장인으로서 부를 일궈낸 인생 선배들의 노하우를 열심히 찾아다녔다.

그 결과 0에서 부를 일군 많은 인생 선배들이 공통적으로 하는 말이 있음을 알아냈다. 일단 시드머니(종잣돈)를 확보하라는 것이었다. 특히 1억, 소위 '1억의 벽'만 넘기면, 그다음부터는 돈이 돈을 벌어오는 경험을 할 수 있다고 했다. 그 당시엔 1억을 모아본 적이 없어서 그 말의 의미가 무엇인지 정확히 이해할 수 없었다. 그러나 빠르게 자산을 불려간 이들이 공통적으로 하는 말이니 들어서 손해볼 것은 없다는 확신이 들었다. 게다가 1억을 넘어선 순간부터는 다음 구간까지 돈이 불어나는 속도가 훨씬 빨라진다는 달콤한 조언도 나를 유혹했다. '그래, 1억까지만 이 악물고 만들어보자. 그다음엔 지금보다는 덜 막막하고, 덜 불안하지 않을까'라는 생각과 함께 목표를 꼭 완수하리라 다짐했다. 목표는 '3년 내 1억 만들기'였다.

미국주식으로 3년 내 1억을 만들다!

미국주식은 내 초기 시드머니, 즉 종잣돈을 만드는 데 큰 도움을 준 1등 공신이다. 초기에 세운 '3년 내 1억 만들기'라는 목표를 조기에 달성한 데는 전적으로 미국주식의 역할이 컸다. 만약 주식이 위험하다며 안전하게 예/적금만을 고집했다면 절대 불가능한 일이었다. 나는 이 과정에서 앞서 말한 대로 '돈은 모으는 것이 아니라 빵처럼 불려야 한다'는 것을 온몸으로 깨달았다.

다음 그래프는 입사 초기 3년간의 실제 순자산 증가 현황과 예/

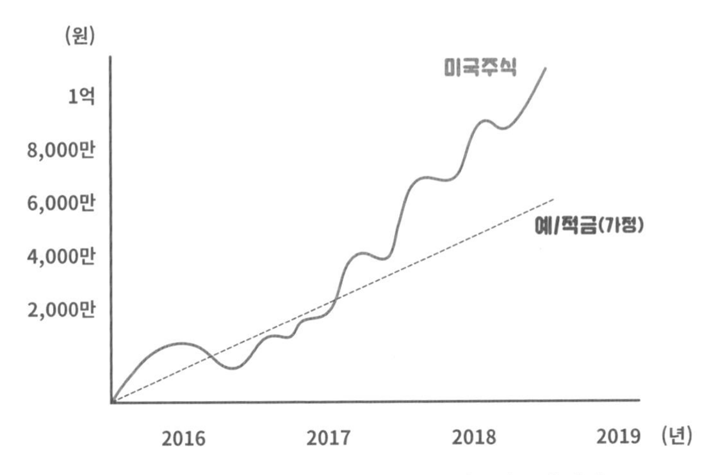

▲ 입사한 지 딱 3년째인 2018년 중순, 목표치인 1억 만들기 초과 달성

적금만 했을 때의 자산 증가를 가정해서 비교한 것이다. 학자금대출 2,000만원은 입사 초기부터 월급에서 계속 갚아나갔고, 별도로 마이너스 통장을 활용해 투자한 2,000만원으로 자산을 불려나갔다.

초기엔 마이너스 수익률을 내며 예/적금보다도 못한 수익률을 기록하기도 했지만, 결국 리스크를 감수하고 투자를 이어간 덕분에 입사한 지 36개월이 되기 전 목표를 조기에 달성할 수 있었다. 2,000만원의 학자금 대출을 모두 갚고도 순수 자산이 1억이 넘었으며, 실제로 주식을 통해 만들어낸 돈은 약 1억 2,000만원에 달했다. 예/적금만 했다고 가정할 때 모을 수 있는 돈은 6,000만원 정도로 예상되었으므로, 결과적으로 2배에 가까운 차이가 생긴 셈이다. 그 덕분에 당시 신혼집도 살 수 있었으니 미국주식은 여러모로 내 인생의 은인일 수밖에 없다.

국내주식도 어려운데 무슨 미국주식이에요?

"나만이 내 인생을 바꿀 수 있다.
아무도 날 대신할 수 없다."

- 캐럴 버넷 -

나에게 맞는 옷은 따로 있었다

대기업에 합격한 후 합격증만 있어도 은행에서 2,000만원을 2%대 저금리로 대출해준다는 것을 알게 되었다. 당시 내가 가진 것은 아직 갚지 못한 학자금 대출 2,000만원이 전부였다. 그렇기 때문에 값싼 금리의 대출금을 적극 활용하는 것이 가장 현실적인 투자법이었다. 2,000만원을 빌려도 이자가 월 3만원 정도면 충분했기에 큰 부담은 없었다.

주식에 본격적으로 투자하기에 앞서 이 소중한 자본금 2,000만원을 어디에 투자하면 좋을지 고민했다. 내 돈도 아니고, 언젠가는 갚아야 할 남의 돈이라고 생각하니 더욱 신중해졌다. 무엇보다도 잃지 않아야 했다. 2,000만원을 잃는 건 순식간이겠지만, 월급으로 2,000만원을 모을 걸 생각하면 눈앞이 캄캄해졌기 때문이다.

먼저 한국의 우량주를 크기순으로 100개, 미국의 우량주 100개를 크기순으로 나열한 뒤 쭈욱 살펴봤다. 참고로 국내주식의 경우 네이버금융(finance.naver.com)에서 시가총액 순으로 조회가 가능하며, 미국주식의 경우 트레이딩뷰(tradingview.com)의 'Markets → US Stock Market → Market Movers' 탭에서 손쉽게 조회할 수 있다.

일단 기업명과 덩치만 순서대로 훑어나가며 내가 투자했을 때 과연 믿고 맡길 만한 기업이 몇 개나 되는지 체크해 나갔다. 장기적으로 실적이 우상향할 수 있는 산업에 속해 있는지(성장성), 해당 분야의 대표 기업인지(독과점), 그렇다면 후발주자들이 쫓아오지 못할 만한 특별한 경쟁력(진입장벽, 이를테면 기술력 또는 브랜드 가치, 팬덤 등)을 가지고 있는지를 중점적으로 살펴봤다(좀 더 구체적으로 투자 대상을 고르는 핵심 전략은 뒤에서 상세히 다루겠다).

또한, 이 중에서 최악의 경우 '10년 동안 수익이 나지 않은 채로 물려 있더라도 마음이 불편하지 않은 기업은 몇 개나 될까?'를 체크해 보니 국내기업은 삼성전자, LG생활건강, SK텔레콤 등 5개가 채 되지 않았다. 반면 미국기업은 달랐다. 다음 장의 표를 살펴보자.

[국내주식 시가총액 상위 100개 기업]

순위	종목명	시가총액(억원)	순위	종목명	시가총액(억원)
1	삼성전자	4,948,950	17	SK이노베이션	243,184
2	SK하이닉스	979,163	18	SK텔레콤	218,013
3	LG화학	679,098	19	SK	208,266
4	삼성전자(우)	611,405	20	엔씨소프트	207,905
5	삼성바이오로직스	541,891	21	KB금융	191,272
6	셀트리온	482,617	22	LG	185,499
7	삼성SDI	479,976	23	신한지주	174,328
8	NAVER	475,543	24	한국전력	173,651
9	현대차	440,156	25	삼성생명	161,200
10	카카오	355,957	26	삼성에스디에스	158,624
11	현대모비스	289,442	27	삼성전기	135,943
12	삼성물산	270,986	28	SK바이오팜	124,126
13	기아차	255,379	29	아모레퍼시픽	116,917
14	POSCO	253,714	30	KT&G	113,678
15	LG생활건강	251,297	31	넷마블	111,170
16	LG전자	245,472	32	하나금융지주	110,489

순위	종목명	시가총액(억원)	순위	종목명	시가총액(억원)
33	롯데케미칼	104,197	50	한미사이언스	59,740
34	삼성화재	89,538	51	현대제철	59,317
35	한화솔루션	88,565	52	빅히트	55,929
36	한온시스템	87,276	53	LG유플러스	54,358
37	S-Oil	84,437	54	코웨이	54,169
38	한국조선해양	83,866	55	두산중공업	53,011
39	고려아연	83,500	56	HMM	52,766
40	포스코케미칼	78,675	57	금호석유	52,404
41	현대글로비스	74,812	58	유한양행	50,076
42	LG디스플레이	71,205	59	강원랜드	50,062
43	우리금융지주	71,071	60	녹십자	49,551
44	신풍제약	69,675	61	한국금융지주	49,373
45	기업은행	65,520	62	대한항공	49,127
46	미래에셋대우	64,532	63	오리온	48,827
47	KT	64,364	64	이마트	46,971
48	KODEX 200	61,779	65	한미약품	46,662
49	CJ제일제당	60,969	66	삼성중공업	46,368

순위	종목명	시가총액(억원)	순위	종목명	시가총액(억원)
67	한국타이어앤테크놀로지	46,329	84	NH투자증권	34,191
68	아모레G	45,599	85	쌍용양회	34,061
69	현대중공업지주	45,579	86	동서	33,250
70	SK케미칼	45,263	87	에스원	33,249
71	현대건설	45,155	88	현대차2우B	33,092
72	LG이노텍	44,494	89	GS건설	32,791
73	한진칼	42,143	90	두산밥캣	32,731
74	CJ대한통운	39,808	91	호텔신라	32,497
75	맥쿼리인프라	39,452	92	LG화학우	32,139
76	삼성증권	38,935	93	만도	31,790
77	SKC	38,626	94	대우조선해양	31,704
78	롯데지주	37,977	95	더존비즈온	31,310
79	삼성카드	37,422	96	DB손해보험	30,904
80	대웅	37,269	97	씨에스윈드	30,596
81	GS	36,702	98	TIGER 200	30,460
82	두산퓨얼셀	36,480	99	롯데쇼핑	30,128
83	키움증권	35,429	100	한국가스공사	29,448

2021년 1월 기준

[미국상장주식 시가총액 상위 100개 기업]

순위	티커	기업명	시가총액 (10억달러)	순위	티커	기업명	시가총액 (10억달러)
1	AAPL	Apple Inc.	2029	13	WMT	Walmart Inc.	371
2	MSFT	Microsoft Corporation	1747	14	MA	Mastercard Incorporated	358
3	AMZN	Amazon.com, Inc.	1577	15	DIS	The Walt Disney Company	345
4	GOOGL	Alphabet Inc.	1374	16	NVDA	NVIDIA Corporation	327
5	FB	Facebook, Inc.	747	17	PG	The Procter & Gamble Company	318
6	TSLA	Tesla, Inc.	655	18	UNH	UnitedHealth Group Incorporated	316
7	BABA	Alibaba Group Holding Limited	652	19	BAC	Bank of America Corporation	308
8	BRK-B	Berkshire Hathaway Inc.	592	20	PYPL	PayPal Holdings, Inc.	301
9	TSM	Taiwan Semiconductor Manufacturing Company Limited	415	21	HD	The Home Depot, Inc.	278
10	V	Visa Inc.	467	22	NFLX	Netflix, Inc.	246
11	JPM	JP Morgan Chase & Co.	94	23	TM	Toyota Motor Corporation	243
12	JNJ	Johnson & Johnson	436	24	CMCSA	Comcast Corporation	241

순위	티커	기업명	시가총액 (10억달러)	순위	티커	기업명	시가총액 (10억달러)
25	INTC	Intel Corporation	240	40	CSCO	Cisco Systems, Inc.	195
26	VZ	Verizon Communi-cations Inc.	236	41	MRK	Merck & Co., Inc.	192
27	XOM	Exxon Mobil Corporation	234	42	ABBV	AbbVie Inc.	191
28	ASML	ASML Holding N.V.	229	43	PFE	Pfizer Inc.	189
29	ADBE	Adobe Inc.	224	44	AVGO	Broadcom Inc.	183
30	ABT	Abbott Laboratories	220	45	PEP	PepsiCo, Inc.	183
31	KO	The Coca-Cola Company	218	46	TMO	Thermo Fisher Scientific Inc.	183
32	NKE	NIKE, Inc.	218	47	BHP	BHP Group	181
33	NVS	Novartis AG	215	48	BBL	BHP Group	180
34	CRM	salesforce. com, inc.	212	49	ACN	Accenture plc	170
35	PDD	Pinduoduo Inc.	210	50	MDT	Medtronic plc	162
36	T	AT&T Inc.	206	51	DHR	Danaher Corporation	160
37	LLY	Eli Lilly and Company	196	52	MCD	McDonald's Corporation	160
38	CVX	Chevron Corporation	195	53	RDS-A	Royal Dutch Shell plc	159
39	ORCL	Oracle Corporation	195	54	TXN	Texas Instruments Incorporated	155

순위	티커	기업명	시가총액 (10억달러)	순위	티커	기업명	시가총액 (10억달러)
55	TMUS	T-Mobile US, Inc.	154	68	BMY	Bristol-Myers Squibb Company	140
56	SAP	SAP SE	153	69	MS	Morgan Stanley	140
57	QCOM	QUALCOMM Incorporated	153	70	UNP	Union Pacific Corporation	138
58	WFC	Wells Fargo & Company	152	71	UPS	United Parcel Service, Inc.	137
59	NEE	NextEra Energy, Inc.	150	72	PM	Philip Morris International Inc.	136
60	HDB	HDFC Bank Limited	149	73	C	Citigroup Inc.	135
61	RDS-B	Royal Dutch Shell plc	149	74	SNE	Sony Corporation	132
62	COST	Costco Wholesale Corporation	149	75	AMGN	Amgen Inc.	132
63	JD	JD.com, Inc.	147	76	NVO	Novo Nordisk A/S	132
64	SHOP	Shopify Inc.	146	77	AZN	AstraZeneca PLC	131
65	RIO	Rio Tinto Group	145	78	LIN	Linde plc	129
66	UL	Unilever PLC	143	79	LFC	China Life Insurance Company Limited	126
67	HON	Honeywell International Inc.	142	80	PTR	PetroChina Company Limited	125

순위	티커	기업명	시가총액 (10억달러)	순위	티커	기업명	시가총액 (10억달러)
81	SBUX	Starbucks Corporation	124	91	SE	Sea Limited	114
82	TOT	TOTAL SE	123	92	GS	The Goldman Sachs Group, Inc.	111
83	RY	Royal Bank of Canada	123	93	IBM	International Business Machines Corporation	111
84	BA	The Boeing Company	121	94	TD	The Toronto-Dominion Bank	110
85	HSBC	HSBC Holdings plc	121	95	RTX	Raytheon Technologies Corporation	109
86	SCHW	The Charles Schwab Corporation	118	96	GE	General Electric Company	108
87	CHTR	Charter Communi-cations, Inc.	118	97	ABNB	Airbnb, Inc.	108
88	SNY	Sanofi	116	98	AXP	American Express Company	108
89	LOW	Lowe's Companies, Inc.	116	99	ZM	Zoom Video Communi-cations, Inc.	106
90	CAT	Caterpillar Inc.	115	100	EL	The Estee Lauder Companies Inc.	106

2021년 2월 기준

티커에 대해 알아보자

티커(Ticker)는 주식에 부여되는 고유 코드라고 보면 된다. 예를 들어, 테슬라(Tesla)라는 주식을 사기 위해 검색창에 'Tesla'라고 기업명 전체를 입력해도 되지만, 테슬라의 티커인 'TSLA'라고만 입력해도 바로 해당 기업의 주식을 손쉽게 찾아 매매할 수 있다.
특히 미국주식은 기업명을 축약한 형태로 티커를 결정하는 경우가 많아서 기억하기도 쉬운 편이다.

예)
비자(Visa)의 티커 : V
애플(Apple)의 티커 : AAPL
아마존(Amazon)의 티커 : AMZN

티커가 궁금할 때는 구글 검색창에 '기업명(영문) + stock'을 입력하면 바로 원하는 기업의 티커를 조회할 수 있다. 만약 티커가 나오지 않는다면 주식시장에 상장되지 않은 비상장기업일 확률이 매우 높다. 예를 들어 애플의 티커가 궁금하다면 구글 검색에 'apple stock'이라고 치면 바로 티커를 찾을 수 있다.

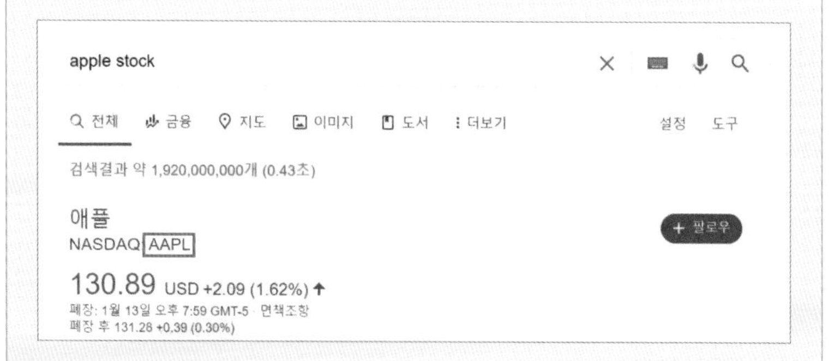

이 책에서는 기업명과 함께 괄호로 영문 기업명이 아닌 티커를 병기할 예정이다. 이 책을 다 읽고 나면 자연스럽게 미국기업의 티커가 술술 외워질 것이다.

마음이 불편하지 않다는 것은 결국 앞의 표에 포함된 100개 기업들 중에서 과연 몇 개나 중장기적으로 성장을 이어나갈 수 있느냐라는 질문에 대한 스스로의 대답이었다. 성장이 없으면 제자리걸음일 것이고, 제자리걸음이 지속되면 결국 도태될 것이기 때문이다. 기업은 달리는 자전거와 같아서 페달 밟는 것을 멈추면 쓰러진다. 소중한 내 돈을 맡겨야 하니 '쓰러지지 않을 기업'이라는 확신이 들어야 했다. 그러므로 현재뿐 아니라 앞으로도 강력한 독점적 지위를 유지할 수 있는지, 이를 바탕으로 글로벌 시장으로 쭉쭉 뻗어나갈 수 있는지를 특히 중점적으로 체크했다. 쉽게 말해 10년 뒤에도 돈을 잘 벌 수 있을지 머릿속에 그림을 그려보았다.

미국기업은 따로 공부한 적도 없는데 애플, 마이크로소프트, 나이키 등 이름만 들어도 든든한, 쉽게 망하지 않을 것 같은 기업들이 너무 많아 셀 수가 없었다. 한 번도 들어보지 못한 기업을 찾는 것이 더 쉬웠고 내가 직간접적으로 사용해보지 않은 제품이나 서비스가 거의 없었다. 애플 휴대폰을 사봤고, 마이크로소프트의 사무용 소프트웨어를 구독하고 있으며, 아마존으로 직구를 해봤고, 나이키 신발을

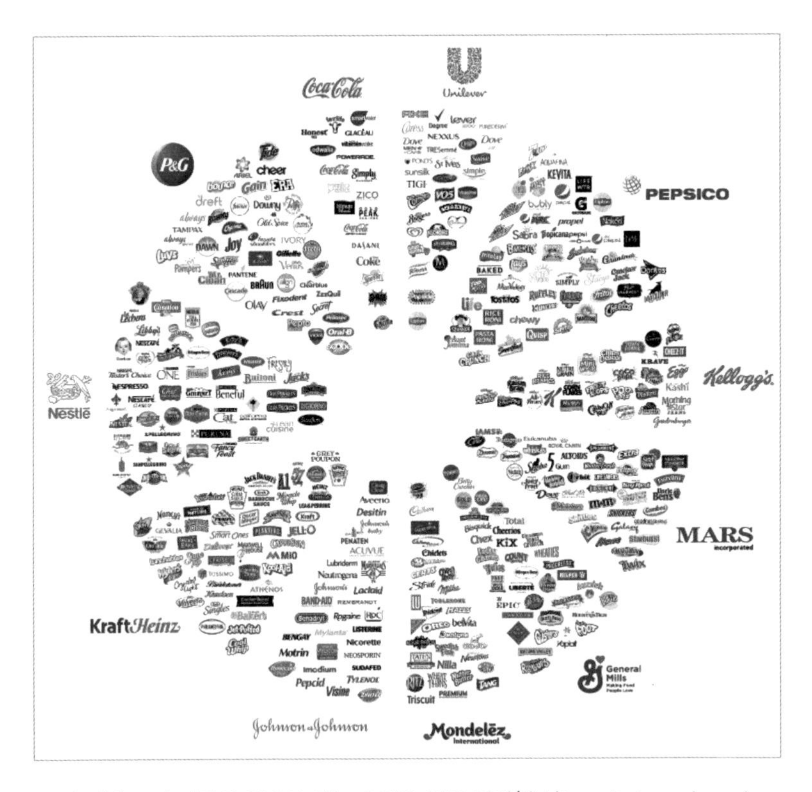

▲ 전 세계 소비 시장의 주축이 되는 수많은 미국 기업(출처: capitaloneshopping.com)

신고 스타벅스 커피를 즐겨 마시는 것은 물론, 수시로 비자 로고가 찍힌 카드를 긁고 있으니 말이다. 정보가 부족하긴커녕 굉장히 익숙하고 친숙한 기업들이 훨씬 많았다. 오히려 잘 모르는 국내주식들을 공부하는 것이 더 부담스러웠다. 그 어떤 다른 거창한 이유보다도 '내가 믿고 투자할 수 있는 기업'이 미국에 많았기 때문에, 평소 궁금했던 기업을 더 알아간다는 생각으로 즐겁게 공부와 투자를 병행하며 덤으로 더 높은 수익률까지 챙길 수 있었다.

만약 나는 아무리 생각해도 국내기업에 투자하는 것에 더 믿음이 간다는 사람이 있다면, 그 어떤 투자의 대가나 전문가가 미국주식에 투자해야 하는 이유를 수천 개 들더라도 국내주식에 투자하는 것이 맞다. 그래야 흔들림 없이 투자할 수 있다.

누구에게나 좋은 주식, 투자처는 없다. 저마다 맞는 옷이 따로 있기 마련이다. 나는 친숙하게 느낀 기업이 미국에 훨씬 많았기에 미국주식을 하는 것이 심리적으로나 결과적으로나 훨씬 나은 선택이었다. 일단 마음이 여유로워졌고, 그 덕분에 설령 내가 산 주식의 가격이 떨어져도 크게 불안하지 않았다. 결과적으로는 우상향할 거라는 믿음이 있었기 때문이다. 등락폭이 커서 불안한 국내주식을 할 때와는 확연히 다른 마음가짐이었다. 아이러니하게도 이 마음가짐 하나의 차이가 나의 수익률을 많이 갈랐다. 나에게 꼭 맞는 미국주식이라는 옷을 찾은 것이다.

굳이 어렵고 마음 불편한 투자를 해야 할까?

미국주식과 관련된 온/오프라인 채널을 운영하며 가장 많이 받는 질문 중 하나가 바로 "국내주식으로 돈 벌기도 어려운데 미국주식을 굳이 왜 하느냐?"라는 것이다. 적어도 나의 경험을 기반으로 답해보자면 나는 국내주식 투자가 훨씬 더 어려웠다. 투자한 주식의 주가가 올라도 떨어져도 항상 마음이 불편했기 때문이다.

그런데 신기하게도 미국주식에 투자한 뒤로는 마음이 편했다. 주가가 떨어져도 크게 불안하지 않았고 그 덕분에 결국 성과도 더 좋았다. 그 이유는 무엇일까? 나는 이 질문에 대한 답을 숫자보다 '심리'에서 찾아야 한다고 생각한다. 우선 스스로에게 물었다. 화려한 매매 실력을 자랑하려고 주식투자를 하는 것인가, 아니면 내 자산을 늘리기 위해서 하는 것인가? 나는 철저히 후자에 해당했다. 나 자신이 화려하게 차트 위를 누비는 무림 고수나 재무제표를 통해 숨겨진 보석을 발굴하는 능력자가 아닌, 지극히 평범한 투자자라는 사실을 잘 알기 때문에 더욱 가성비 좋은 투자대상을 찾으려 노력했을 뿐이다.

국내주식과 미국주식의 장기 수익률이 어차피 비슷하다면, 흔들리지 않고 투자를 계속할 수 있도록 마음을 편안하게 해주는 미국주식을 택하는 것이 훨씬 나은 선택이 아닐까? 투자를 게임 또는 유희의 대상으로 여기는 것이 아니라면, 굳이 어려운 투자를 하기보다 조금이라도 쉬운 투자처를 선택하는 것이 우리 같은 평범한 개인투자자에게 훨씬 유리하지 않을까?

이렇게 쉽고 재밌는 방법이 있었다니! 166.6 프로젝트

**"나의 유일한 즐거움이 무엇인지 아는가?
바로 배당금이 들어오는 것을 보는 일이라네."**

- 록펠러 -

매달 들어오는 배당금, 미국주식의 쏠쏠한 재미

미국주식을 처음 시작하고 정신을 차려보니 어느덧 계좌에 80여 종목이 들어 있었다. 각 분야 1등 주식들 중에서도 좋은 것만 추려서 1주씩만 샀는데도 이렇게나 많은 종목들이 계좌에 담겨 있다니. 사고 싶은 종목들이 너무 많아 마치 쇼핑하는 기분이었다. 국내주식을 할 때와는 확실히 다른 느낌이 들었다.

특히 재밌었던 점은 '배당'이었다. 워낙 종목 숫자가 많다 보니 배당금이 거의 매일 들어왔다. 0.17달러, 0.2달러 수준의 아주 작고 귀여운 금액이었지만 '월급 외의 돈'이 통장에 들어온다는 사실이 매우 기뻤다. 처음으로 배당금 0.17달러를 받았을 때의 기분이 아직도 잊혀지지 않는다. 너무 신기해서 부모님께 보여드렸더니, "이게 뭐냐", "수수료 나간 거냐"라면서 갸우뚱해하셨던 기억이 난다.

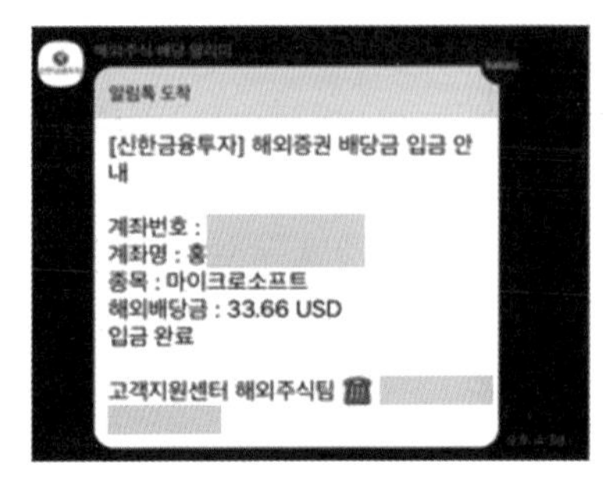

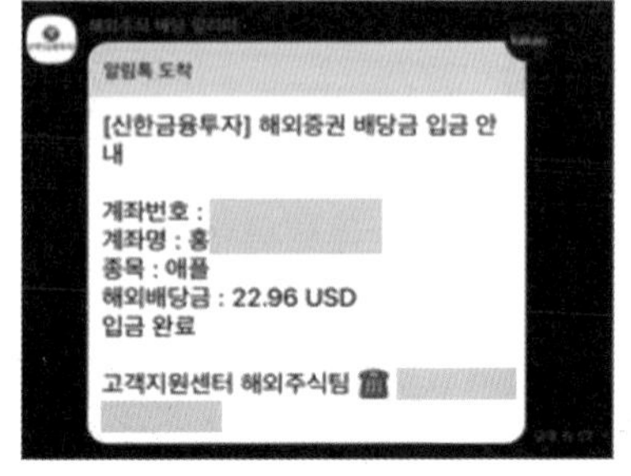

▲ 보는 것만으로도 행복한 배당 입금 문자

주식투자, 시세차익이 전부가 아니다

주식을 그냥 '사두기'만 했는데 배당이 계속 들어오는 것이 굉장히 신기했다. 그전까지는 주식을 팔아서 시세차익을 얻어야만 돈을 벌 수 있다고 생각했기 때문이다. 예전에는 내가 산 가격보다 주가가 떨어지면 스트레스를 받거나 불안했는데, '배당금'을 받는 투자로 관점을 바꿨더니 하락장에서 스트레스를 받기는커녕 오히려 더 사야겠다는 욕심이 들었다.

어떻게 하면 월마다 나오는 배당금, 즉 현금흐름을 늘릴 수 있을까에 포커스를 맞추자 시세 변동에 무던덤해졌고 자연스럽게 투자금을 늘리기 위해 절약까지 하게 되었다. 물건 하나를 사려다가도 '아, 이

거 하나 안 사면 배당금을 늘릴 수 있는데'라고 수시로 생각하는 나를 발견하게 되었다. 그리고 월급날도 아닌데 매월 말일이 기다려졌다. 월말마다 컴퓨터 앞에 앉아 거래내역을 다운받아, 배당금 받은 것들을 하나하나 더하며 기록했다. 물론 증권사 또는 주식 관련 앱을 통해 손쉽게 배당내역을 정리할 수 있지만, 1시간 남짓 걸리는 '셀프 배당금 기록 시간'이 내겐 한 달을 결산하는 느낌이라 참 좋았다.

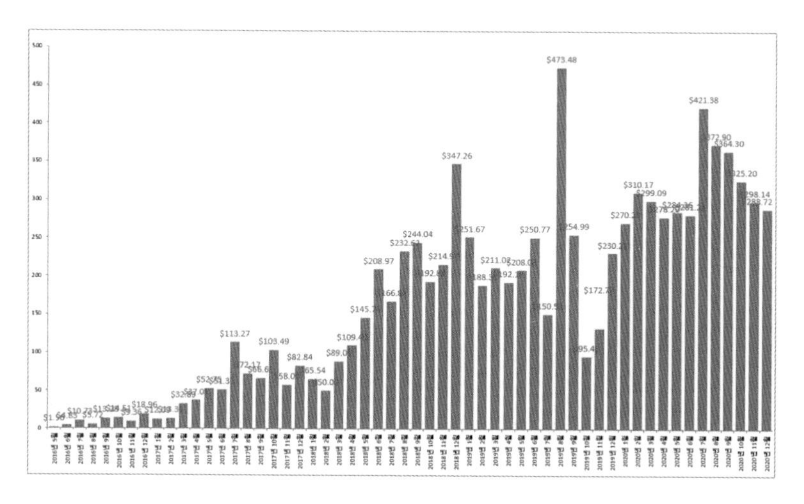

▲ 2016년부터 매달 배당받은 내역을 기록한 그래프

월 배당금 166.6만원을 목표로!

아직 달성은 멀었지만, 배당금을 기록하기 시작한 2016년부터 목표로 세운 것이 있다. 바로 166.6 프로젝트다. 월 166.6만원을 배당금으로 받아보자는 것이다. 목표를 꼭 달성하자는 결심으로 나의 블로그의 배당 카테고리 맨 첫 글에 이 목표를 올려두었다.

배당금 받는 재미를 알아가면서 나는 수많은 외국인 개인투자자의 블로그를 찾아다녔다. 나보다 조금이라도 먼저 투자를 시작한 사람들의 노하우를 알고 싶어서였다. 그리고 몇몇 투자자에게서 목표에 대한 힌트를 얻을 수 있었다.

한 블로거는 약 10년째 미국주식을 하고 있었고, 주식에서 나온 배당금으로 가족과 여행을 다니고 있었다. 그 모습이 내겐 너무 충격적이었고 부러웠다. 그전까지는 생각도, 상상도 못한 일이었다. 그날로 당장 목표를 세우기로 결심하고, 가장 현실적으로 먼저 도달 가능한 목표로 뭐가 있을까 고민하던 찰나에 연간 배당금의 세금 기본한도가 딱 2,000만원인 걸 알았다. 연 2,000만원을 12개월로 나누니 월 166.6만원이었다.

그래서 이 프로젝트의 이름은 166.6 프로젝트가 되었고, 현재도 진행 중이다. 이미 수많은 투자자가 이 재미를 알고 배당금을 기록하고 있다. 뿐만 아니라 내가 운영하는 온라인 네이버 카페 '소몽 라운지(cafe.naver.com/sosumonkey)'에도 많은 분들이 찾아와 배당금 내역을 자랑하는데, 그 모습을 볼 때마다 같은 목표를 향하고 있음에 내심 뿌듯하다.

배당금/포트 기록방

배당금을 늘려가는 재미를 나눠보아요

공지 숨기기 15개씩

	제목	작성자	작성일	조회	좋아요
공지	'21년 1분기 소수의견(텔레그램) 입금자 중 설문 미작성자 명단입니다(확인 부탁드려요) [8]	소수몽키	2020.12.28.	1,463	5
공지	[텔레그램 소수의견 모집 공지 - '21년 1분기(1/1~3/31)] 열공하실 분들 신청해주세요:) [318]	소수몽키	2020.12.14.	7,325	49
공지	[온라인클래스 오픈, 클래스101]소몽 입문반 온라인 클래스 첫 오픈합니다(10/27~) [84]	소수몽키	2020.09.07.	2,777	34
공지	입문반 듣기 전 & 카페 처음 오신 분들이 꼭 보셨으면 하는 글(소몽의 미국주식 이유) [35]	소수몽키	2020.07.08.	5,030	69
2013	2020년 배당정리	kim아줌마	2021.01.04.	446	2
2012	2020년 아~주 소소한 배당금기록입니다. [1]	칩몬	2021.01.04.	229	2
2005	2020년 배당금 정리 [8]	빛나	2021.01.03.	491	2
2003	2020년 12월 배당 기록입니다	마늘	2021.01.03.	237	4
1997	20년도 주식 배당금 확인 - 2020년 12월 마무리결산 [2]	래미아노	2021.01.02.	355	4
1995	MSFT 외 8종목 배당금을 수령하였습니다	대구빵솔	2021.01.01.	336	4
1994	12월 배당금 정리합니다:)	오렌지0926	2021.01.01.	314	1

▲ 배당금 받은 내역을 공유하고 자랑하는 공간(출처: 소몽 라운지)

소몽의 토막상식

미국주식에 부과되는 세금을 알아보자!

미국주식을 할 때 대표적으로 내는 세금은 2가지다.

1. 배당소득세

말 그대로 배당금에 대해 내는 세금이다. 미국주식은 배당금의

15%가 원천징수되어 계좌로 지급되기 때문에 별도로 신경 쓸 것은 없다. 예를 들어 애플의 배당금이 100달러 들어올 예정이었다면 15%인 15달러를 차감한 85달러만 계좌에 입금된다.

2. 양도소득세

양도소득세는 주식을 팔아 남긴 차익에 대해 부과되는 세금이다. 그러므로 주식을 팔지 않으면 양도소득세를 낼 일도 없다. 예를 들어 2021년 초에 원화 1,000만원으로 매수해 둔 애플의 주가가 올라 2021년 말 1,600만원이 되었다고 해보자. 애플 주식을 한 주도 팔지 않고 그대로 보유하면 수익을 확정지은 것(이익실현)이 아니기 때문에 세금이 부과되지 않는다. 다만, 가지고 있던 애플 주식을 모두 판다면 600만원의 차익을 실현한 셈이 되므로 세금이 부과된다. 600만원을 벌었으니 그에 합당한 세금을 내야 하는 것이다. 다만, 1인당 연간 250만원까지는 비과세로 공제를 해준다. 여기서는 600만원에서 250만원을 뺀 나머지 350만원에 대해서 총 22%의 세금을 내야 한다.

예)
연간 실현이익 240만원일 경우 – 세금 0원
연간 실현이익 300만원일 경우 – 세금 11만원(초과금액 50만원의 22%)
연간 실현이익이 마이너스일 경우 – 세금 0원(이익과 손실 합산)

배당 덕분에 충동매매가 사라졌다

성격이 급해서 주가가 조금만 올라도 수익을 실현하기에 급급했던 투자 방법이 배당 덕분에 바뀌었다. 매 3개월, 심지어 매월 배당을 주는 종목들도 있어서 주식을 산 뒤 주가가 올라 팔고 싶다는 생각이 들더라도 '팔지 말고 일단 배당금 한 번 더 받고 그때 고민해보자' 하고 매매에 대해 한 번 더 생각해보게 되었다.

반대로 주가가 하락할 때 예전 같았으면 '더 떨어질 것 같은데 그냥 빨리 손실을 확정 짓고 팔아버리자'라고 생각했지만 미국주식 투자를 한 이후에는 '어차피 우량주인 데다 며칠만 더 기다리면 배당도 주니까 배당받으면서 버텨보자'라는 생각으로 충동적인 매매를 줄이게 되었다.

충동매매, 소위 뇌동매매를 줄인 것만으로도 확실히 장기 수익률이 높아졌다. 조금 떨어지면 팔고, 조금 오르면 파는 것이 아니라 꾸

준히 오르는 주식을 길게 가져가니, 일부 손실이 난 주식들이 있더라도 결국 포트폴리오 전체 수익률은 높아졌다.

예를 들면, 국내주식의 경우 10~20%의 수익만 나도 또다시 주가가 하락할 거라는 생각에 버티지 못하고 매도하고 만족했다. 계속해서 큰 수익을 낼 수 있는 기회를 스스로 제한한 것이다. 하지만 미국주식의 경우 수익률이 20%가 넘어도 서둘러 팔지 않고 보유하는 기간과 횟수가 늘었다. 설사 한 종목의 수익률이 -50%에 달하더라도 나머지 한 종목의 장기 수익률이 100%에 달하면 내 자산 전체는 25% 늘어난 것이 되기 때문이다. 손실은 최대치가 한정되어 있지만 수익은 상한선이 없다. 이것이 반복되니 자연스럽게 수익은 커지고 손실은 줄어들며, 전체 투자 수익률이 높아지게 되었다.

배당금이 계속해서 나오는 것도 매도 버튼을 누르지 않게 되는 큰 이유 중 하나가 되었다. 실제로 내가 미국주식을 시작한 2016년은 수익률 측면에서도 이 '매도 버튼 누르지 않기' 전략이 큰 도움을 준 한 해였다.

다음 차트는 미국의 대표적인 배당주인 AT&T(T), JP모건(JPM), 존슨앤드존슨(JNJ)과 S&P500지수의 2016년 한 해 주가 흐름을 나타낸 것이다. 배당받는 재미에 당시 통신 분야 1위 AT&T, 금융 분야

▲ AT&T(T), JP모건(JPM), 존슨앤드존슨(JNJ), S&P500 ETF(SPX) 주가 흐름 (2016.1~12)

1위 JP모건, 제약 분야 1위 존슨앤드존슨과 같은 업종 1등 우량 배당주를 사모았는데 시장보다 훨씬 나은 수익률을 확보할 수 있었다.

뿐만 아니라 개인적인 1년 투자 목표치를 상회하기도 했으니, 정말 운 좋게도 배당과 시세차익 두 마리 토끼를 다 잡게 된 것이다. 물론 후에 경험이 더 쌓이고 나서야 이것이 일종의 '초심자의 행운'이었음을 알게 되었다. 내가 미국배당투자에 매력을 느끼며 투자금을 늘렸던 2016년은 특히 경기회복과 함께 고배당 우량주들의 성과가 좋았던 시기(사이클)였다.

개인적으로 참 좋아하는 주식 중에 엔비디아(NVDA)라는 반도체 대표 기업이 있다. 이 주식은 성장성이 뛰어난 만큼 주가의 변동성도 큰 편이다. 때로는 기대감에 급등하기도 하고, 반대로 실망감에 하락하기도 한다. 이런 변동성을 견디며 이 주식을 계속 보유할 수 있었던 이유 중 하나는 이자율로 치면 연 1%도 채 안 되는 수준에 불과하더라도 배당금을 3개월마다 또박또박 받을 수 있기 때문이었다. 이렇듯 배당금은 나에게 주식투자를 하는 즐거움과 종목을 팔지 않아도 될 또 하나의 이유를 만들어 주는 중요한 요소였다.

위기에도 나를 지켜주는 미국주식, 달러가 곧 힘이다

"공격은 관중을 얻고 수비는 승리를 얻는다."

- 마이클 조던 -

돈을 잃지 않는 법 = 투자하기

"내 돈을 지켜 주기 때문에 미국주식을 한다"라고 말하면 많은 사람들이 고개를 갸우뚱할 것이다. "아니, 돈 벌려고 주식하지, 지키려면 예/적금을 해야 하는 거 아닌가?" 그렇지 않다. 예/적금은 엄밀히 말해 지키는 투자가 아니다. 물가상승률조차도 따라가지 못하는 투자처로, 철저히 돈을 죽이는 행위나 다름없다. 예/적금을 하면 할수록 상대적으로 돈의 가치가 줄어드니 잃는 투자를 하고 있는 것과 다를 바가 없다.

나는 돈을 벌려면 무엇보다 잃지 않는 법부터 배워야 한다고 생각한다. 주식투자는 곱하기와 같아서 한 번이라도 0을 곱하면 회복이 어렵기 때문이다. 여기서 0은 큰 손실을 의미한다. 조금씩 잘 벌다가도 크게 한 방 맞고 쓰러지는 사람이 정말 많다. 아무리 우량한 주식도 원금 보장은커녕 30~40% 가까이 하락하는 일이 비일비재하다. 게다가 최악의 경우 상장폐지가 되는 경우도 종종 있다. 이 경우에는 정말 가지고 있던 자산의 일부가 0이 되어 버린다. 겁을 주려는 것이 아니라 사실이다.

나 역시 들고 있던 주식이 상장폐지가 된 경험이 있다. '루이싱 커피'라는 중국기업이었는데, 멀쩡하게 잘 거래되다가 회계조작이 적발되는 바람에 하루아침에 휴지조각에 가까운 주식이 돼버렸다. 오죽하면 투자의 대가 피터 린치가 "주식시장의 하락은 여름에 오는 소나기, 겨울에 오는 폭설과 다를 바 없다"라고 말했겠는가. '어떻게 하면 더 벌까'를 고민하는 것도 좋지만 일단 위험 관리를 하는 법을 배우는 것이 중요하다. 그래야 그다음부터 차근차근 공격해 나갈 수 있다. 그리고 잃지만 않으면 오늘도, 내일도 그리고 아마 수십 년 뒤에도 열릴 주식시장에 언제든 다시 참여할 수 있다.

위기에 강한 달러 자산

특히 내가 한국인으로서 더더욱 미국주식을 해야겠다고 마음먹었을 때는 바로 크고 작은 위기가 찾아왔을 때였다. 2020년 2~3월 갑작스레 들이닥친 코로나19로 인한 주가 폭락 때도 마찬가지였다.

당시 공교롭게도 한국과 미국 모두 고점 대비 주가가 약 36% 수준 하락했는데, 이때 국내주식에만 1억을 투자한 한국몽키와 미국주식에만 1억을 투자한 미국몽키가 있다고 가정해보자. 둘 다 하락폭이 같으므로 계좌상 수익률도 -36%로 동일하다.

그런데 위기로 인해 안전자산인 달러의 가치가 높아지면서 실제로 달러/원 환율이 1,180원에서 1,240원까지 약 10% 급등했다. 한국에만 투자한 한국몽키는 달라지는 게 전혀 없지만, 미국몽키는 달러를 기반으로 투자했기 때문에 약 10%의 상승, 즉 자산 방어 효과가

생겼다. 분명 똑같은 사건이 발생했음에도 수익률에서 10%의 격차가 벌어진 것이다.

여기서 주식에 모든 자금을 투자하지 않고 현금 비중을 유지했다면 차이는 더욱 벌어진다. 달러 현금은 주식처럼 하락하지 않은 데다 환율변화 덕에 오히려 가치가 상승했기 때문이다.

이번 하락뿐 아니라 역사적으로 주식시장에 크고 작은 하락이 올 때마다 환율은 상승하며 우리의 자산을 지켜주었다. 마치 갑작스럽게 내리는 소나기를 피할 수 있도록 우산을 씌워주는 느낌이 들기도 한다. 나는 환율이 내 자산이 깨지지 않도록 지켜주는 푹신한 쿠션 같은 역할을 한다는 의미에서 이러한 현상을 '환쿠션 효과'라고 부르며, 앞으로도 이 환쿠션 효과가 위기로부터 내 소중한 돈을 어김없이 지켜줄 것이라 확신한다. 그러니 미국주식을 하지 않을 이유가 없다.

기회가 끊임없이 쏟아지는 미국의 주식시장

"인생은 곱셈이다.
어떤 기회가 와도 내가 제로면 아무런 의미가 없다."

- 나카무라 미츠루 -

투자가치 높은 기업이 무궁무진한 미국의 주식시장

앞에서 잃지 않는 투자를 강조했지만, 공격적으로 돈을 버는 측면에서도 미국주식을 하지 않을 이유가 없다. 마치 계속해서 메뉴가 추가되는 뷔페처럼 선택지가 많기 때문이다. 2020년 가장 핫했던 산업 중 하나인 전기차 시장만 봐도 알 수 있다. 점유율 1위 테슬라(TSLA)는 물론이고, 중국의 3대 전기차 기업 니오(NIO), 샤오펑 모터스(XPEV), 리 오토(LI) 모두 미국에'만' 상장되어 있다. 따라서 잘나가는 전기차 대표 기업의 주식을 사려면 무조건 달러를 들고 미국 거래소로 가야 한다.

이처럼 새로운 산업 분야의 고성장 신생 기업, 알짜 기업들이 자국이 아닌 미국시장에 상장하기 위해 전 세계에서 몰려든다. 2020년 중순 캐나다 시가총액 1위에 오른 전자상거래 기업 쇼피파이(SHOP)도

[미국시장에 상장된 신흥국과 기타 국가의 주요 종목들]

구분	기업명(티커)	설명	국가
전기차	니오(NIO), 샤오펑 모터스(XPEV), 리 오토(LI)	중국 전기차 대표	중국
전자상거래	알리바바(BABA), 징동(JD), 핀둬둬(PDD)	전자상거래 대표	중국
	메리카도리브레(MELI)		아르헨티나
	쇼피파이(SHOP)		캐나다
	오존(OZON)		러시아
반도체	TSM(TSMC)	반도체 생산 대표	대만
	ASML(ASML)		네덜란드
미디어	스포티파이(SPOT) 텐센트뮤직(TME) 아이치이(IQ)	음악/영상 스트리밍/배급 대표	스웨덴 중국 중국
게임	넷이즈(NTES) 후야(HUYA) 소니(SNE)	게임 제작/배급/스트리밍 대표	중국 중국 일본
레저	룰루레몬(LULU)	캐나다 에슬레저 대표	캐나다
자동차	페라리(RACE)	유럽 자동차 대표	이탈리아
검색 포털	바이두(BIDU) 얀덱스(YNDX)	검색 포털 대표	중국 러시아

미국에 상장되었고, 요가복계의 샤넬로 불리는 룰루레몬(LULU) 역시 캐나다 기업임에도 미국에서 거래된다. 콘솔게임기 플레이스테이션을 만드는 일본의 소니(SNE)도 미국에 상장되어 거래되고 있다. 심지어 러시아의 대표 검색 포털인 얀덱스(YNDX)도 미국에 상장되어 있다.

신산업 분야도 마찬가지다. 대체육류 대표 기업 비욘드미트(BYND) 역시 미국에 상장되어 거래되고 있는데, 한국에는 관련 주식은 있을 수 있어도 딱 맞게 비교할 만한 상장 주식 자체가 없다. 비대면 시대의 가장 큰 수혜자로 떠오른 화상회의 업체 줌(ZM) 역시 미국에 상장되어 있으며 한국에서는 비교할 만한 주식이 없다. 보유하고 있는 호텔 하나 없이 새로운 비즈니스 모델로 기존 모든 글로벌 호텔 체인의 시가총액을 뛰어넘은 숙박공유업체 에어비앤비(ABNB), 온라인 스포츠 베팅이라는 신산업과 관련된 주식인 드래프트킹즈(DKNG), 민간우주여행기업 중 하나인 버진갤럭틱(SPCE) 등 한국에서는 비교할 기업을 찾는 것이 어려운 신산업 또는 독보적인 유형의 기업들도 모두 미국시장에 상장되어 거래되고 있다.

설령 해외주식이 아니라 국내주식에만 투자한다고 하더라도 이런 트렌드를 파악하기 위해서는 어차피 미국기업, 미국주식을 공부할 수밖에 없다. 이런 트렌드와 주가의 움직임이 한국을 포함한 신흥국들에 시차를 두고 영향을 끼치기 때문이다.

나는 이러한 기회의 땅에 투자해온 덕분에 보다 많은 기회를 잡으며 기대 이상의 수익을 올릴 수 있었다. 내가 미국을 '계속되는' 기회

[신산업 분야 주요 미국상장주식]

구분	기업명(티커)	설명	국가
여행/숙박	에어비앤비(ABNB)	숙박 공유 대표	미국
메타버스	유니티(U) 로블록스(RBLX)	게임개발 플랫폼 대표 미국 10대 게임 플랫폼 대표	미국
전자서명	도큐사인(DOCU)	전자서명 대표	미국
재택근무	줌(ZM)	화상회의 대표	미국
홈피트니스	펠로톤(PTON)	홈피트니스 대표	미국
보안	팔란티어(PLTR)	빅데이터 분석/보안 대표	미국
차량공유/배달	우버(UBER) 도어대시(DASH)	차량공유 대표 음식배달 대표	미국
스포츠 베팅	드래프트킹즈(DKNG)	온라인 스포츠 베팅 대표	미국
원격진료	텔라닥(TDOC)	원격진료 대표	미국
온라인 부동산	질로우(Z)	온라인 부동산 플랫폼 대표	미국
민간우주여행	버진갤럭틱(SPCE)	민간우주여행 대표	미국
대체육류	비욘드미트(BYND)	대체육류 대표	미국

의 땅으로 보는 이유는 현재뿐 아니라 앞으로도 새로운 분야에서 새로운 기업들이 끊임없이 태어날 것이고, 이를 지켜본 다른 국가의 성장 동력을 가진 기업들도 이러한 DNA와 문화를 함께 누리기 위해 이 땅에 몰려들 것이라 생각하기 때문이다.

그러나 아무리 수많은 기회가 생겨난다고 해도 이 기회를 잡기 위해 실제로 움직이지 않으면 기회는 절대 제 발로 내 앞에 나타나지 않는다. 말 그대로 인생은 곱셈이기에 기회가 내 앞에 찾아와도 내가 0인 상태로 있으면 결과 역시 0일 뿐이다. 이 책을 읽는 독자들 또한 꼭 이 기회의 땅을 놓치지 않기를 바라며, 챕터2에서부터 그 방법을 보다 구체적으로 이야기하고자 한다.

Chapter 2

나에게 딱 맞는 미국주식 종목 고르는 3가지 전략

나에게 맞는 주식을 고르는 전략부터 세우자

"주식의 가격은 연구 파일의 두께에 반비례한다.
잘 이해되는 주식은 파일이 얇다.
다른 말로 하면, 가장 좋은 아이디어는 보통 단순하다."

- 마틴 소스노프 -

잘 아는 기업의 기준은 무엇일까?

투자 대상을 고르기로 마음먹었을 때 가장 많이 듣는 조언 중 하나가 '잘 아는 기업에 투자하라'일 것이다. 그런데 잘 안다는 것이 무슨 뜻일까? 그 기업과 관련된 뉴스도 많이 보고, 더 깊이는 재무제표, 심지어 구내식당 수저 개수까지 파악해야 비로소 잘 알게 되는 것일까?

내가 그 기업을 잘 아는지 모르는지 확인하는 가장 쉽고 강력한 방법은 그 기업의 주식을 조금이라도 사 보는 것이다. 많은 금액을 투자할 필요도 없다. 해당 주식을 딱 1주 샀는데도 주가 변동에 불안한 마음이 들고 괜히 산 것 같고 찝찝한 마음이 든다면, 아무리 좋은 기업이더라도 그 기업은 내가 잘 아는 기업이 아니다. 남이 좋다고 해서 나에게도 좋으리라는 법은 없다는 사실을 빨리 인정해야 한다.

[미국 대표 우량주들의 10년 총 수익률(Total Return)]

순위	기업(티커)	시가총액 (10억달러)	10년 수익률
1	애플(AAPL)	1,850	1,059%
2	마이크로소프트(MSFT)	1,530	848%
3	아마존(AMZN)	1,523	1,767%
4	알파벳(GOOGL)	1,094	425%
5	페이스북(FB)	749	588%

출처 Ycharts(2010.10.30~2020.10.30)

위 표는 미국 시가총액 상위 5개 대표 우량주들의 10년 수익률이다. 굳이 이런 자료가 아니더라도 주변에서 흔히 "아, 10년 전에 ○○○주식을 사서 묻어놓기만 했어도 수십 배 올랐을 텐데…"라는 말을 들어봤을 것이다. 나도 혹시나 타임머신을 발견하게 된다면 10년 전으로 돌아가서 어떤 주식을 사놓을지 상상해 본 적이 있을 정도다.

이렇게 멀리 가지 않더라도 2020년의 시작을 테슬라와 함께한 사람은 1년도 채 되지 않아 400% 이상의 수익률을

확보할 수 있었다. 하지만 이 엄청난 수익률은 거저 얻을 수 있는 것이 아니다. 쉬지 않고 오르기만 했을 것 같은 대표 우량주조차도 주가가 상승하는 와중에 10% 이상 하락하는 경우가 생각보다 자주 발생한다. 보통 연 평균 3회 이상, 즉 강세장과 약세장에 상관없이 1년에 3번 정도는 내가 들고 있는 우량주도 갑작스럽게 10% 이상 하락할 수 있다는 사실을 인정해야 한다. 물론 직전 고점 대비 5% 내외의 하락은 셀 수도 없을 정도로 자주 발생한다.

그런데 이 하락이 늘 '공포'라는 녀석과 함께 찾아온다는 것이 문제다. 게다가 우리가 더욱 겁먹도록 매번 겉모습을 교묘하게 바꾼다. 예고도 없이 불쑥 찾아오는데, 이때마다 우리에게 당장 주식을 팔지 않으면 큰 손실을 입을 것 같은 공포를 안긴다. 너무나 그럴싸한 이유와 함께 말이다. 이럴 때 버틸 수 있는 방법은 다른 그 누구도 아닌 '내가' 잘 아는 주식에 투자하는 것뿐이다. 잘 알지 못하는 주식은 일 년은커녕 한 달도 채 버티기 힘든 경우가 부지기수다.

"남에게 좋은 주식이 나에게도 좋은 주식이라는 보장은 없다."

주식에 투자하는 순간부터 불안하거나 마음이 불편하면 결코 장기보유할 수 없으며, 당연히 그 보상인 막대한 수익 또한 얻기 힘들어진다.

마음 편한 투자가 가장 좋은 투자다

결국 나는 투자하면 할수록 '마음 편한 투자'가 나한테 맞는다는 것을 느꼈다. 내가 생각하는 '마음이 편하다는 것'은 수시로 계좌를 열어보지 않게 되고, 주가가 오르고 내림에 크게 신경 쓰지 않는 상태를 말한다. 전업 투자자가 아닌 이상 하루 종일 주식창을 들여다볼 수도 없는 노릇이니, 일희일비하며 스트레스를 받으면 본업에도 지장을 줄 수밖에 없다고 생각했다. 그런데 그 마음이 편안한 주식이 그 어떤 전문가나 고수가 알려주는 것이 아닌 '내가' 투자했을 때 불안하지 않은 주식임을 어느 순간 깨달았다. 다시 말해 남들에게 좋은 주식과 나한테 좋은 주식은 별개라는 것을 알게 된 것이다.

예를 들어, 내가 신뢰하는 전문가(또는 고수)가 A라는 주식이 유망하다고 강조하기에 믿고 과감하게 투자를 했다. 문제는 내가 그 주식을 잘 모르는 데 있다. 이 주식에 대한 이해와 공부에서 얻은 믿음이 아닌 그 전문가, 즉 사람에 대한 믿음만 가지고 투자했기 때문에 조금만 주가가 떨어져도 그 전문가 또는 고수, 심지어 그 주식이 좋다고 한 온라인 커뮤니티 회원(또는 단톡방 참여자)을 원망하게 된다. "그 전문가 완전 엉터리네"와 같은 말을 해봤자 나에게 돌아오는 것은 아무것도 없다. 무엇보다 아무리 그 전문가의 말이 계속해서 맞아떨어져도 평생 그 전문가만 쫓아다닐 수는 없는 노릇이다.

[마음 불편한 투자와 마음 편한 투자]

상황	마음 불편한 투자	마음 편한 투자
주가가 10% 상승했을 때	팔까? (다시 떨어지면 어떡해)	더 가져가보자 (길게 보고 산 건데)
주가가 10% 하락했을 때	지금이라도 팔까? (에이, 그 전문가 괜히 믿었네)	더 사볼까? (싸게 더 살 수 있겠네)
결과	작은 수익&큰 손실의 반복, 잦은 매매로 인한 비용 지출	큰 수익 확보 가능, 잦은 매매로 인한 비용 지출 절감

나만의 투자 전략을 하루라도 빨리 세우는 것이 중요한 것은 바로 이런 이유에서다. 내가 세운 투자 전략이 완벽할 필요도 없고 완벽할 수도 없다. 계속해서 수정, 보완해 나가면 된다. 나 또한 처음에는 투자의 대가나 고수의 방법을 계속해서 찾아다녔다. 저 사람은 도대체 어떻게 돈을 잘 버는 걸까, 이 방법은 어떨까, 저 방법은 어떨까 계속해서 고민하고 따라 하며 수많은 시행착오를 겪었다. 그러고 나서 내린 결론은 아이러니하게도 확실한 '정답'이 없다는 것이다.

세상에는 돈을 번 투자의 대가들이 많고 그 숫자만큼이나 방법도 다양하다. 심지어 서로 정반대의 방법으로 각각 돈을 벌 수도 있다. 누군가는 단기투자를 해야만 돈을 번다고 외치고, 누군가는 장기투자를 해야만 돈을 번다고 강력하게 주장한다. 나는 결국 남을 따라다니는 것이 아니라, 세상에 하나뿐인 나만의 전략을 세우는 것의 중요성을 깨달았다.

물론 지금도 진행형이지만 나만의 기준이 선 다음부터는 투자가 훨씬 더 안정적으로 바뀌었다. 뉴스 기사 하나에 허둥대거나 갑작스러운 하락에도 당황하지 않고 전략대로 담담하게 움직이게 된 것이다.

결론적으로 나는 투자 대상 고르는 3가지 전략을 만들었고, 이를 통해 '편안한 마음 상태'와 '안정적인 수익'이라는 두 마리 토끼를 잡을 수 있었다. 이 책을 읽는 독자들도 남의 말에 휘둘리지 않고 소신껏 투자 대상을 고를 수 있도록 이번 장에서 소개할 나의 전략들을 참고하기 바란다.

소몽의 평생 써먹는 투자 대상 고르는 3가지 전략

1. '지갑털이' 전략(기본 & 핵심)
2. '올리고폴리' 전략(실전)
3. '아무나 이겨라' 전략(소몽's 시그니처)

투자의 대가들조차도 돈 버는 방법이 모두 다르다. 결국 핵심은 하루라도 빨리 나에게 맞는 전략을 세우는 것이다. 독자적인 노하우가 담긴 고수들의 방법을 조합하는 것 또한 지름길이 될 수 있다.

전략 1

도둑기업에 투자하라, '지갑털이' 전략

바쁜 현대인들의 눈길을 사로잡는 것은 무척 어렵다. 거기에다 지갑을 열게 하는 것은 더더욱 어렵다. 지금 나를 포함한 주변 사람들이 어디에 시간을 쓰고, 무엇에 돈을 지불하는지 주의 깊게 살펴보자. 여기에 답이 있다. 내 시간과 지갑을 털어가는 기업이야말로 큰 수익을 가져다줄 1순위 투자 후보 대상이다.

내 시간을 훔치는 기업에 투자하라

**"매수한 주식과 쉽게 헤어지는 이유는 믿음의 기반이 약하기 때문이다.
주식투자도 남녀 간의 사랑과 마찬가지다.
처음부터 현명하게 선택했다면 헤어질 이유가 없다."**

- 피터 린치 -

잘 아는 기업 = 내 시간을 뺏는 기업

그럼 내가 잘 아는 기업을 찾는 가장 쉽고 강력한 방법은 뭘까? 바로 내 '시간' 또는 '돈'을 훔치는 기업을 찾는 것이다. 굳이 어려운 책을 펼치거나, 시간을 별도로 내서 뉴스를 찾아 힘들게 공부하지 않아도 된다. 당장 내가 평소에 무엇을 하면서 시간을 보내는지, 어디에 돈을 주로 쓰는지 잠깐만 짬을 내어 살펴보자.

나는 이렇게 나의 시간과 돈을 뺏어가는 기업들을 일명 '도둑기업'이라고 표현한다. 내 시간을 순삭(순식간에 삭제)하고 지갑을 가볍게 만드는 기업에 투자하기, 이것이 투자 대상을 고르는 나만의 첫 번째 전략이다.

이런 기업들은 생각보다 공부하기에 부담도 적고, 설령 투자하더라도 상대적으로 불안감이 덜하다. 이 기업이 제공하는 유·무형의 서비스 또는 제품을 직간접적으로 어떻게든 사용해 봐서 알기 때문이다. 물론 테슬라의 전기차를 타봤다고 해서, 줌의 화상회의 서비스를 써봤다고 해서, 넷플릭스(NFLX)의 드라마를 봤다고 해서 그 기업을 전부 알 수 있는 건 절대 아니다. 다만, 아주 작은 부분이지만 이렇게라도 그 기업과의 연결고리가 생기는 순간 공부가 훨씬 더 수월해질 뿐 아니라 투자를 하더라도 마음이 편해진다.

기억하자. 우리에게는 시간이 무한하지 않다. 그렇기 때문에 투자에 투입하는 시간을 최소화하는 데 집중해야 한다. 현실적으로 내가 투자하려는 기업의 '모든 것'을 처음부터 끝까지 다 파악할 수도 없을뿐더러, 설사 엄청난 시간과 노력을 들여 파악을 마쳤다고 하더라도 투자해서 돈을 버는 것은 또 다른 문제다.

결론적으로 나에게 큰 수익을 가져다준 종목들의 공통점은 내 지갑 또는 시간을 털어간 적이 있다는 것이었다. 이 전략은 누구나 쓸 수 있지만 아이러니하게도 그 효과는 다른 어떤 전략보다도 강력하다. 나의 실전 사례들을 하나씩 살펴보면서 조금 더 이야기해보자.

"기억하자. 우리에게는 시간이 무한하지 않다. 그렇기 때문에 투자에 투입하는 시간을 최소화하는 데 집중해야 한다."

코로나 이후 떠오른 전자서명 기업

2020년 세계 경제를 강타한 코로나19로 인해 사회적 거리두기가 강화되면서 비대면 업무가 점차 확산되기 시작했다. 그때 나온 리포트들에서 언급한 유망 주식 중 하나로 도큐사인(DOCU)이 있었다. 미국의 독보적 전자서명 1위 업체로 성장성이 매우 뛰어나다는 내용이었다.

하지만 전자서명을 이용해본 적도 거의 없고, 일시적인 유행에 그칠 것이라는 생각에 그냥 흘려보고 넘어갔다. 잘 모르는 기업엔 투자하지 않는다는 원칙을 지키기 위해서였다. 그런데 얼마 지나지 않아, 2~3개의 업체들과 동시 다발적으로 계약할 일이 생겨 메일을 받아보니 공교롭게도 모두 전자서명으로 계약서를 작성하고 있었다. 직접 사용해보니 너무 편리했고, 앞으로도 이런 형태로 계약이 일반화될 것이라는 그림이 머릿속에 그려졌다. 바로 공부해 보니 그전엔 보이지 않던 것들이 더욱 구체적으로 보이기 시작했다.

도큐사인이라는 기업의 서비스를 직접 이용해보지 않았음에도 한국의 비슷한 서비스를 이용해본 경험 덕분에 이 기업이 어떻게 돈을 버는지 쉽게 이해가 되었다. '직접 써보니 이렇게 편하고 좋은데, 앞으로 얼마나 많은 개인, 기업 간의 계약이 전자서명으로 이뤄질까?', '지갑을 많이 털어가겠네?'라는 생각과 함께 바로 공부(사실상 검색)에 들어갔다.

소몽의 투자노트

'지갑털이' 전략 실전사례 – 전자서명 편

❶ 연초에 증권사에서 전자서명 기업이 유망하다며 추천

⟶ 그게 뭐야, 관심 없어

❷ 비대면 계약 진행, 전자서명 해보니 너무 편하고 좋아

⟶ 그런데 1개 업체에서 모두 진행?

MODUS/GN 간편 전자계약 모두싸인

서명이 완료되었습니다.

서명이 완료된 문서는 첨부 파일 및 아래 버튼을 눌러 모두싸인을 통해 확인할 수 있습니다.

▲ 전자서명 화면 예시

전자서명을 독점한 도큐사인, 투자가치가 있겠는데?

놀랍게도 미국 전자서명 분야 1위 기업인 도큐사인의 점유율은 약 70%에 달했다.

사실상 독점에 가까운 상황이었다. 비록 도큐사인의 서비스를 직접 이용해본 것은 아니지만, 아주 비슷한 한국의 모두싸인이라는 회사의 서비스를 이용한 후라 훨씬 공부가 잘되고 이해가 쉬웠다. 어떻게 돈을 버는지, 앞으로 어떻게 사업을 해나갈지 그림이 그려졌다.

[미국 전자서명 시장 점유율]

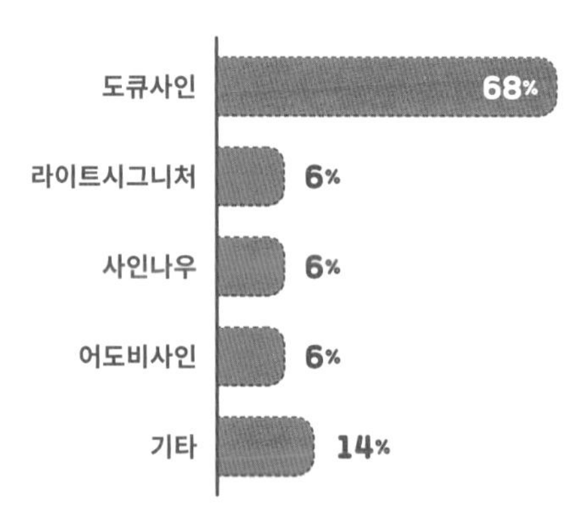

출처 데이터나이즈(Datanyze)

소몽의 투자노트

'지갑털이' 전략 실전사례 – 전자서명 편

① 어, 지갑을 더 많이 털어가겠네? ⟶ 서비스 이해

② 대장기업은 어디지? ⟶ 독과점 파악

1등 도큐사인(68%)

2등 어도비사인, 사인나우, 라이트시그니처(각 6%)

③ 공부해보니 소액이라도 매수할 용기가 뿜뿜!

▲ 도큐사인 로고

아래 차트는 2020년 1월부터 11월까지 도큐사인의 주가 그래프를 나타낸 자료다. 불과 1년도 채 되지 않은 기간 동안 20% 이상 하락이 2번이나 있었으며 그보다 작은 폭의 하락은 수차례 있었다. 도큐사인 같은 고성장 주식은 투자자들의 기대감과 실망감에 따라 작은 뉴스 하나에도 크게 반응하기 때문이다. 만약 남의 말만 듣고 이 주식을 샀다면 이미 벌써 팔고도 남았을 것이다. 떨어지면 겁나서, 오르면 기분 좋아서 금방 팔아버렸을 테니 말이다.

▲ 도큐사인(DOCU)의 주가 차트(2020.1.1~11.30)

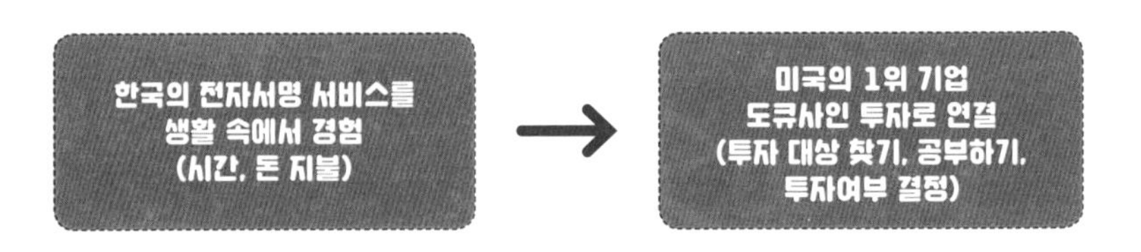

도큐사인 매수시점 체크하기

그런데 해당 산업의 서비스(여기서는 전자서명, 전자계약)를 직접 사용해보고, 약간의 공부와 몇 가지 체크리스트를 확인하면서 이 기업을 알게 되니 주가가 올라도 잘 안 팔게 되고, 하락할 땐 오히려 소액이라도 더 사려는 마음이 들었다. 물론 고성장에 대한 기대감으로 인해 투자자들이 몰리며 수년치 앞당겨진 미래의 가치가 이미 주가에 반영된 상황인 것은 알고 있었다.

쉽게 말해 누가 봐도 지금 주가는 비싼 상황이었지만, 이 좋은 주식을 조금이라도 빨리 '선점'해두고 싶다는 생각에 망설임 없이 매수했다. 주가 하락으로 인해 정말 반토막이 날 경우 더 사야겠다는 것도 계획에 넣어두었다. 나는 큰 수익률을 확보하는 핵심이 여기에 있다고 본다. 하락할 때 더 사야겠다는 마음이 드는가의 여부가 결국 50%, 100% 또는 그 이상 무한대로 열려있는 수익률을 가져갈 수 있는 열쇠이고, 그런 마음이 드는 것 자체가 누가 뭐래도 스스로 그 주식을 잘 안다는 강력한 증거다.

해당 주식에 대한 확신 또는 믿음이 없다면 주가가 하락할 때 더 사야겠다는 마음이 들지 않는다. 도큐사인의 투자 경험을 온라인에서 말한 적이 있는데, 누군가 그걸 보고 이 주식을 뒤늦게 따라 산 뒤 얼마 지나지 않아 이렇게 질문을 해왔다. "좋다고 해서 도큐사인 주식을 따라 샀는데 요즘 주가가 3일 연속 하락하니 불안하고 잠이 오지 않아요. 도대체 무슨 이유인가요?" 내 섣부른 추측일 수 있지만 이분은 아마도 도큐사인의 주가가 오르든 내리든 오래 보유하기 힘들 것이다. 주가가 하락해서 불안하고 잠이 잘 오지 않는다는 사실 자체가 그 주식을 잘 모른다는 뜻이기 때문이다. 이렇게 불안해하는 이유는 크게 2가지다.

1. 그 주식에 대해 잘 모른다.
2. 투자 비중이 너무 크다(소위 몰빵, 또는 포트폴리오 절반 이상).

그러므로 해결책도 2가지다.

1. 불안하지 않도록 충분히 공부한다.
2. 스트레스 받지 않을 정도로 투자 비중을 낮춘다. 정석대로 말하면 분산투자를 한다. 개인의 성향에 따라 다르지만 보통, 1종목이 포트폴리오 전체에서 차지하는 비중이 10%를 넘지 않는 것이 좋다.

가족, 지인의 지갑을 털어가는 기업에 주목하라

"특별한 기회가 올 거라며 기다리지 마라.
평범한 기회를 붙잡아서 특별하게 만들어라.
약자는 기회를 기다리지만 강자는 스스로 기회를 만든다."

- 오리슨 스웨트 이든 -

와이프의 지갑을 털어간 룰루레몬

꼭 내가 아니더라도 가족이나 지인의 지갑을 털어가는 분야가 강력한 힌트가 될 수 있다. 투자의 대가 피터 린치 역시 와이프와 딸의 소비 패턴에서 투자 힌트를 많이 얻었다고 말했다. 나 역시 상대적으로 소비 패턴이 다양하고 트렌드에 민감한 와이프를 관찰하며 투자 힌트를 얻은 적이 꽤 있다. 특히 지나가듯 툭 내뱉는 한 마디가 의외로 큰 단서가 되기도 했다.

예전에 비해 거리에서 레깅스를 입는 여성들이 많아지기에 와이프에게 레깅스를 입으면 어떤 점이 좋으냐고 물으니, 안 입은 듯 편해서 운동할 때뿐 아니라 평소에도 즐겨 입는다고 답했다. 게다가 룰루레몬이라는 브랜드의 옷을 입고 필라테스나 요가 하는 사진을 찌는 게 20~30대 여성 인스타그래머들의 로망 중 하나라고 이야기하는 것이 아닌가. 인간의 욕망을 건드리는 제품은 곧 충동구매를 유도하는, 즉 지갑털이 상습범이라는 사실을 알고 있던 터라 룰루레몬이라는 기업에 관심을 갖게 되었다. 앞에서 언급한 이유로 국내 레깅스 업체들의 매출도 급증하기 시작했다는 기사를 체크한 뒤, 요가복계의 샤넬로 불리는 룰루레몬에 투자해 수익을 낼 수 있었다. 실제로 룰루레몬에 투자해 번 돈으로 와이프의 생일날 룰루레몬 요가복을 선물했던 기억이 난다.

N잡러, 부캐의 시대를 반영하는 업워크와 파이버

와이프의 지갑을 털어간 아이템을 보고 생활 속에서 투자 기회를 발굴한 비슷한 사례가 하나 더 있다.

- 소수몽키: 갑자기 웬 인터넷 강의야?
- 와이프: 아, 이거 인스타그램 마케팅 강의인데 되게 실용적이네. 이 사람도 완전 평범한 직장인인데 처음부터 시작해서 팔로워를 엄청 늘렸대.
- 소수몽키: 와, 요즘은 그런 것도 인터넷 강의로 올라오는구나?

• **와이프: 완전 별의별 게 다 있어.**

어느 날, 와이프가 갑자기 인터넷 강의를 듣는 것을 보고 또다시 투자의 촉을 발동시켰다. 와이프의 지갑을 털어간 '클래스101', '탈잉'과 같은 온라인 강의 홈페이지를 들어가 보니 내가 생각했던 것처럼 단순히 인터넷 강의를 제공하는 업체가 아니었다. 그림 그리는 노하우, 요리하는 방법, 다이어트 비법과 같은 생활 속 주제부터 온라인 창업, 부동산, 주식 등 다양한 분야의 전문지식까지 말 그대로 재능을 공유하는 플랫폼이었다.

'와, 정말 이젠 노하우 공유로 돈을 버는 N잡의 시대가 왔구나' 하는 생각이 들었다. 직장을 다니면서도 본인이 잘하고 좋아하는 일을 강의 형태로 제공하며 부수입을 올리는, 말 그대로 N잡러들의 집합소였다. 나 또한 그중 하나였기에 더욱 이 시장에 대해 확실히 공감하게 되었다. 좋은 콘텐츠라면 돈을 지불할 용의가 있는 사람들이 급속도로 늘어나고 있다는 것도 알 수 있었다. 당장 와이프의 지갑부터 털어가는 게 보였으니 말이다.

곧바로 미국에 상장된 재미있는 주식 2개, 업워크(UPWK)와 파이버(FVRR)가 떠올랐다. 업워크라는 기업은 글로벌 프리랜서들이 서로 일을 의뢰하는 일종의 온라인 재능거래 사이트를 운영하는 회사다. 전 세계의 다양한 분야 재능 공유자들과 이들을 필요로 하는 사람들이 활발하게 서로 일감을 주고받는다. 마찬가지로 파이버라는 이스라엘의 대표 기업도 거의 유사한 서비스를 제공하고 있었으며 미국에 상장되어 활발하게 거래되고 있었다.

나 역시 대신 일해 줄 '소수몽키'를 하루라도 빨리 한 마리라도 더 만들자는 뜻으로 만든 '소몽의 분신술'이라는 블로그를 오랜 기간 운영해온 만큼 언젠가 N잡의 시대가 올 것이라고 예상하고는 있었다. 하지만 가족의 지갑을 털어가는 것을 두 눈으로 목격하고 나서야 보다 구체적으로 투자와 연결시킬 수 있었다.

▲ 업워크(UPWK), 파이버(FVRR) 주가 흐름(2020.1.1~11.30)

업워크와 파이버의 주가를 확인해보니 코로나19로 인해 N잡의 시대, 즉 '부캐(부캐릭터)의 시대'가 생각보다 빨리 찾아오면서 이 기업들의 실적이 급격히 늘어나고 성장에 대한 기대감이 더해져 주가 역시 가파르게 상승하고 있었다. 비록 상승 초기에 선점하지는 못했지만, 해당 산업에 대한 이해가 구체화되기 시작한 2020년 중순에 파이버를 매수하여 수익을 확보할 수 있었다. 완전히 똑같은 비즈니스 모델이라고 할 수는 없지만 온라인으로 재능과 노하우, 전문지식을 공유하는 서비스를 제공하는 한국의 기업들에 가족이 돈을 지불하는 것을 본 덕분에 이 시장에 관심을 가질 수 있었고 좋은 투자 기회를 하나 더 찾게 된 것이다.

이쪽은 잘 모르는데… 그렇다면 투자 스톱! 쇼피파이

아무리 가까운 가족의 행동, 소비를 관찰하더라도 역시 투자는 스스로 하는 것인 만큼, 내 지갑을 털어가는 주식에 투자했을 때의 수익률이 상대적으로 더 높을 수밖에 없다. 인터넷 쇼핑몰 창업을 준비하던 와이프가 쇼피파이(SHOP)라는 기업을 강력 추천하며 설득하기에 과감히 투자했다. 하지만 내가 직접 경험해보지 않고 투자한 주식이다 보니 주가가 조금 오르고 조정(일시적 하락)이 오자 결국 버티지 못하고 팔아버렸다. 와이프의 말을 충분히 이해했음에도 내가 관련 사업에 돈을 지불하거나, 시간을 들여본 적이 없던 탓이었다.

홈페이지를 만들기 위해 한국판 쇼피파이로 불리는 '카페24'에 직접 돈을 지불하며 쇼피파이가 어떻게 돈을 버는지 이해한 와이프와 달리, 나는 인터넷 쇼핑몰의 세계를 이해하기가 쉽지 않았다. 단순히 '안다'는 것과 투자를 한 뒤 팔지 않을 정도로 '잘 이해한다'는 것은 분명히 다른 영역이었다. 반면, 와이프는 내가 판 이후에도 전혀 흔들리지 않고 투자를 이어가며 여전히 중장기 투자의 수혜를 톡톡히 누리고 있다.

직장 동료가 발굴해준 투자 아이디어

2020년 초 닌텐도의 콘솔게임 '동물의 숲'이 대박 나기 전, 우리 회사의 인턴 직원이 나에게 '닌텐도 스위치'라는 신작 콘솔게임기를 예약 구매하라며 강력 추천했다. 가격이 20만~30만원이나 해서 인턴 직원에게는 결코 작지 않은 금액일 텐데 웃돈을 주고라도 살 만한 가치가 있다고 하니 관심이 갔다. 닌텐도는 미국이 아닌 일본에 상장되어 있어 직접 투자를 하지는 않았다. 하지만 매출의 97%가 콘솔게임(하드웨어 & 소프트웨어)에서 나왔기 때문에 신규 콘솔게임이 성공적으로 출시되었을 때 관련 주가가 어떻게 움직이는지 공부할 수 있었다.

뒤에 소개하겠지만 이 덕분에 콘솔게임 시장에 대해 미리 알 수 있었고, 조금 더 확신을 가지고 어드밴스드 마이크로 디바이스(AMD)라는 대표 반도체 기업에 투자해 비교적 큰 수익을 낼 수 있었다. 게임이라고는 스타크래프트, 리니지 같은 PC 게임밖에 모르던 나였기에 직장 동료가 아니었으면 콘솔게임이라는 시장의 기회를 그렇게 일찍 잡아내지 못했을 것이다.

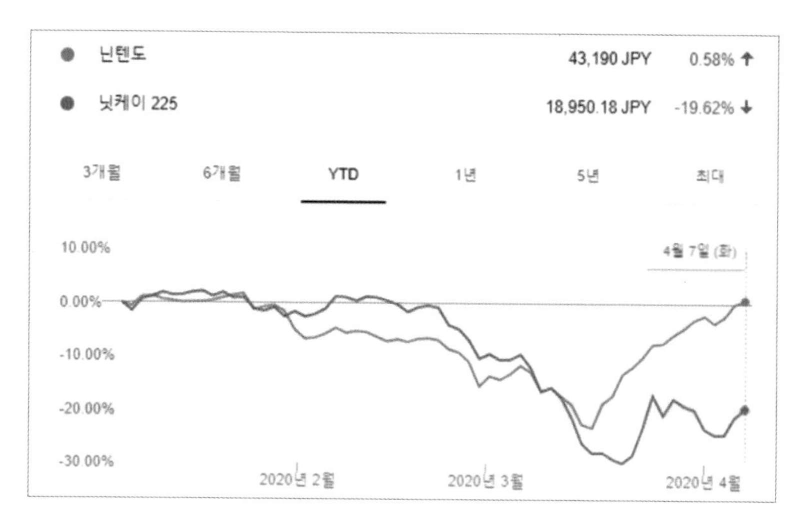

▲ 콘솔게임 '동물의 숲'이 대박난 덕에 코로나19로 인한 위기에도 불구하고 한 달여 만에 하락 전 최고점을 회복한 닌텐도 주가

이렇게 꼭 내가 직접 경험하지 않더라도 가족이나 지인들에게 들은 경험, 또는 누군가가 지나가며 내뱉은 한마디조차 놓치지 않고 투자로 연결하는 습관만 길러도 투자 실력을 쌓는 데 엄청난 도움이 된다. 당장 수익까지 챙기면 일석이조지만, 수익이 없더라도 나중에 이런 것들이 내공과 노하우로 자리 잡아 꾸준한 수익을 내는 것을 도와준다.

내가 특히 이런 식의 투자를 좋아하는 이유 중 하나가 꼭 어렵고 복잡하게 공부하지 않아도 생활 속에서 얼마든지 기회를 잡을 수 있기 때문이다. 잘 모르는 분야에서 주가가 급등해 대박이 난 사례들을 보면 전혀 부럽지 않다. 그런데 나도 충분히 기회를 찾을 수 있었을 만한 분야인데도 미처 눈치채지 못했을 때, 말 그대로 기회의 여신이 내 앞을 계속해서 서성였음에도 잡지 못했을 때의 아쉬움은 너무나도 크다. 집뿐만 아니라 직장에서도 레이더망을 가동하는 습관을 들인다면 또 다른 투자 기회를 틀림없이 발견할 수 있을 것이다.

[생활 속 투자 아이디어 발굴 및 정리 예시]

구분	행동	투자 기업	산업
출퇴근길	영상 시청, 음악 감상	알파벳(유튜브), 넷플릭스, 애플(애플뮤직), 스포티파이, 디즈니(디즈니 플러스) 등	미디어(OTT)
회사	업무용 소프트웨어 사용	마이크로소프트, 알파벳(구글), 줌, 도큐사인 등	소프트웨어
퇴근 후	카페·외식	스타벅스,맥도날드 등	외식산업
여가	쇼핑 결제·송금	아마존, 비자, 마스터카드, 페이팔	결제·전자상거래
취미	운동	나이키, 룰루레몬, 펠로톤 등	레저·피트니스
부업	재능공유·N잡	파이버, 업워크, 우버(우버이츠) 등	긱 이코노미
창업	온라인 창업	쇼피파이 등	전자상거래
항공	여행·숙박 예약	보잉, 아메리칸항공, 에어비앤비 등	항공·여행

그럼 접해보지 않은 기업엔 투자하면 안 될까?

물론 직간접적으로라도 어떻게든 그 회사의 제품이나 서비스를 경험해보는 것이 여러 측면에서 유리하다. 하지만 직접 경험하지 못했다고 해서 유망하다고 생각되는 좋은 주식들까지 놓칠 이유는 없다. 실제로 나 역시 게임 개발을 해본 적도, 어떻게 개발하는지도 모르지만 게임의 시대가 도래하면 가장 좋을 주식이라고 판단한 유니티(U)라는 주식을 매수해서 계속 보유하고 있다. 또한, 원격진료는 해본 적도, 직접 본 적도 없지만 관련 기업들에 투자한 적도 많다. 뿐만 아니라 우량 제약 기업들 중에서 그 회사가 만든 약을 복용해본 적이 없지만 투자한 경험도 매우 많다. 그럼에도 앞서 언급한 바와 같이 내가 조금이라도 더 잘 아는, 아주 작은 연결고리라도 있는 분야에 투자하는 것이 결국 더 큰 수익률을 가져다 준 것이 너무도 명확하기 때문에 이 방법을 강력 추천한다.

해외기업이라고 해서 너무 부담 가질 필요는 없다. 비슷한 분야의 국내기업 제품이나 서비스를 써보는 것만으로도 충분하다. 간접적으로라도 경험하면 그 산업에 대한 이해가 확실히 커지기 때문이다. 즉, 미국주식을 투자하기 전 해당 기업에 대해 잘 모르겠다면, 비슷한 국내기업을 공부해보는 것이 투자에 아주 큰 도움이 된다. 미국주식 공부를 시작하기도 훨씬 수월하다.

누군가를 통해 듣는 게 아니라, 직접 경험한 것을 기반으로 투자 대상을 찾고, 공부해나가는 것이야말로 훨씬 더 탄탄한 성과로 연결될 것이라 확신한다. 그런 의미에서 다음에 소개할 나만의 '도둑기업' 리스트를 스스로 한 번 만들어 볼 것을 강력 추천한다.

내 지갑을 점점 '더 많이' 털어가는 기업에 주목하라

**"내가 만약 가치 있는 것을 발견한 적이 있다면
다른 능력이 있어서라기보다는 참을성 있게 관찰한 덕분이다."**

- 아이작 뉴턴 -

이왕이면 내 지갑을 점점 더 많이 털어가는 기업을 찾자

단순히 내 시간과 돈을 뺏어가는 기업이 아니라 점차 그 시간과 돈의 비중이 늘어나는 분야일수록 좋다. 내가 지출을 늘리고 있다면, 다른 사람도 그럴 확률이 적지 않다고 생각해볼 수 있기 때문이다. 일명 '바늘 도둑이 소도둑 된다' 전략이다.

예를 들어, 최근 나의 지출 내역에서 음식배달 비중이 급격하게 늘어난 것을 발견했다고 치자. 그러면 거기서 그치는 것이 아니라, 음식배달 관련 분야의 대표 기업들을 한번 찾아본다. 내가 직간접적으로 사용해봤기 때문에 공부도 훨씬 수월하고 심지어 재밌기까지 하다.

특히 해외기업이라고 해서 겁먹거나 어려워할 필요는 없다. 비슷한 국내기업들부터 살펴보면 된다.

[소몽의 소도둑 기업 리스트와 투자 판단 예시]

일상·이벤트	분야	주요 기업	시간·돈 투입 증감	판단
4G 스마트폰을 5G 제품으로 교체했다	5G	애플, 퀄컴	10%(증가)	투자 확정
게임 플레이, 게임 시청을 위해 PC를 업그레이드했다	반도체, 게임	엔비디아, AMD, 유니티	10%(증가)	투자 확정
홈 피트니스&레저를 즐긴다	레저	나이키, 룰루레몬, 펠로톤	10%(증가)	투자 확정
사진, 영상, 각종 문서들을 클라우드에 저장한다	클라우드	아마존, 마이크로소프트	5%(증가)	투자 검토
집에서, 이동 중에 영화 및 각종 콘텐츠를 시청한다	미디어 (OTT)	디즈니, 넷플릭스, 로쿠, AT&T, 알파벳(유튜브)	5%(증가)	투자 검토
온라인 쇼핑을 즐겨 한다	전자상거래	아마존, 알리바바, 쇼피파이	5%(유지)	투자 검토
배달음식을 시켜 먹는다	배달	우버(우버이츠), 그럽허브, 도어대시	5%(증가)	투자 검토
주로 비대면으로 업무를 한다	비대면·언택	도큐사인(전자서명), 줌(화상회의), 마이크로소프트 (화상), 시스코(화상)	5%(증가)	투자 검토
코로나19 이후 영화관 신작 개봉이 기대된다	영화	AMC(영화관)	-5%(감소)	보류 but 관찰
코로나19 이후 여행 재개가 기대된다	항공 여행	아메리칸항공(항공) 익스피디아(여행) 에어비앤비(숙박)	-5%(감소)	보류 but 관찰

해당 산업의 대표 기업들의 주가는 큰 틀에서 중·장기적으로 비슷하게 흘러가는 경우가 많다. 국내 대표 음식배달 기업인 배달의민속, 쿠팡이츠, 요기요 등을 공부하고 자연스럽게 그 산업에 대해 이해하면, 미국의 우버이츠(UBER), 그럽허브(GRUB), 도어대시(DASH) 등에 투자하는 것이 수월해진다. 특정 분야의 대표 기업들을 찾는 방법은 뒤에서 소개하도록 하겠다.

수많은 데이터와 자료, 어디에 모으지? 클라우드에 주목

나의 지갑을 점점 더 많이 털어가고 있는 분야에 투자한 대표적인 사례가 바로 '클라우드'다. 본격적으로 미국주식을 시작한 2016년부터 꾸준히 투자해오면서 한 번도 주가 하락이나 악재에 흔들리지 않았던 대표적인 분야다.

[소몽의 연도별 클라우드 관련 월 소비 지출 금액]

연도	2016~2017년	2018년	2019년	2020년
월 평균 지출	무료	약 4,000원	약 10,000원	약 50,000원
사용 클라우드	네이버	네이버, 구글	네이버, 구글, 애플	네이버, 구글, 애플, 드랍박스, 원드라이브

그간 꾸준히 글을 써온 덕분에 수많은 데이터와 자료들을 모으는 것이 습관이 되었다. 이런 자료들은 누적해서 쌓이므로 컴퓨터 자체 저장공간만으로는 턱없이 부족했다. 게다가 유튜브를 시작하며 많은 영상을 보관하다 보니, 온라인 공간에 데이터를 저장하는 클라우드 서비스를 더욱 적극적으로 활용할 수밖에 없었다.

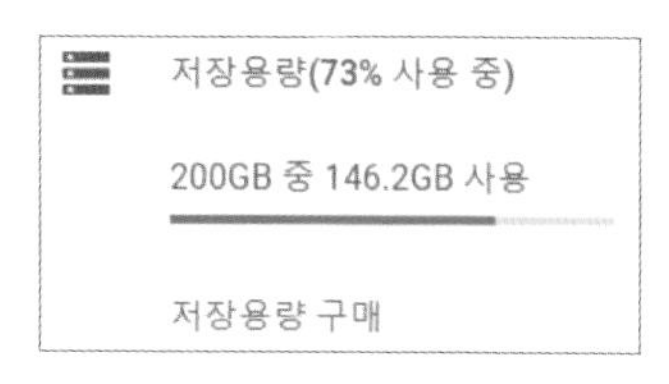

▲ 소몽의 드라이브 사용 용량 증가로 업그레이드 비용 지출 발생!

클라우드 분야 대장주는 무엇일까?

클라우드 서비스를 제공하는 회사들 대부분은 다행히도 기본적으로 약간의 공간을 무료로 제공해준다. 하지만 나의 경우 데이터가 계속해서 쌓이다 보니, 용량이 큰 요금제로 올려가며 더 많은 월 이용료를 낼 수밖에 없었다. 이러한 클라우드 서비스 기업들에 월마다 꼬박꼬박 이용료를 낸다는 것은 말 그대로 이들이 내 지갑을 계속해서 털어간다는 뜻이다. 게다가 지갑을 털어가는 비중이 점점 커지니 관심을 안 가질 수가 없었다. 나 같은 개인도 이렇게 클라우드 사용량을 계속 늘리는데 큰 기업, 기관들은 클라우드 사용량이 얼마나 많이 늘어날까? 이것은 단기적인 유행이라기보다는 구조적인 변화와 성장일 수밖에 없다는 생각에 검색창을 열었다.

내 지갑을 털어가거나 시간을 훔쳐가는 분야가 생기면 바로 검색해보는 것을 습관화하자. 가장 먼저 할 일은 1등주, 즉 대장주를 찾는 것이다. 클라우드 분야의 대장 기업에는 무엇이 있는지 살펴보니 2020년 기준으로 전 세계 클라우드 시장 1, 2, 3등은 아마존(AMZN), 마이크로소프트(MSFT), 알파벳(GOOGL)이었다. 더도 말고 3등까지만 추려서 장바구니에 넣어뒀다. 이렇게 관심종목을 장바구니에 넣어두는 것과 실제 투자는 별개의 문제다. 최소한의 합격 조건을 통과했다고 보면 된다. 이런 식으로 남의 지갑이 아닌, 내 지갑을 털어간 분야는 확실히 공부도 쉽고 이해도 잘될 뿐 아니라 투자로 이어졌을 때 성과도 나쁘지 않다.

소몽의 투자노트

지갑털이 전략 실전 사례 – 클라우드 편

❶ 어? 내 지갑을 점점 더 많이 털어가네?

❷ 대장기업은 어디지?

1등 아마존(33%)

2등 마이크로소프트(18%)

3등 알파벳(구글, 9%)

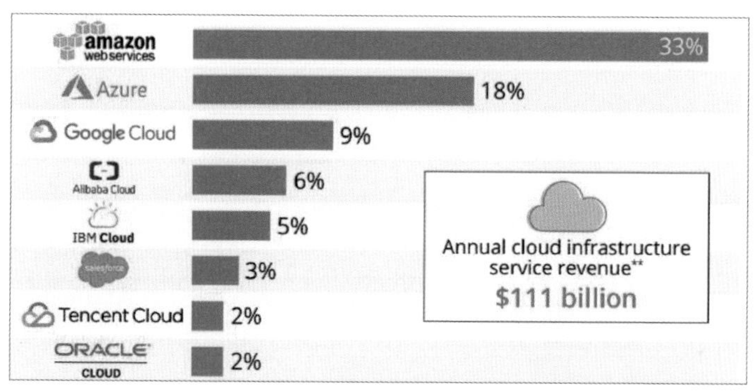

▲ 2020년 2분기 기준 클라우드 서비스 업체 시장 점유율(출처: Statista)

투자대상이 정해졌다면 언제 매수매도해야 할까?

다음 차트는 클라우드 1등 아마존과 2등 마이크로소프트의 약 3년간(2018.1~2020.11) 주가 흐름을 나타낸 자료다.

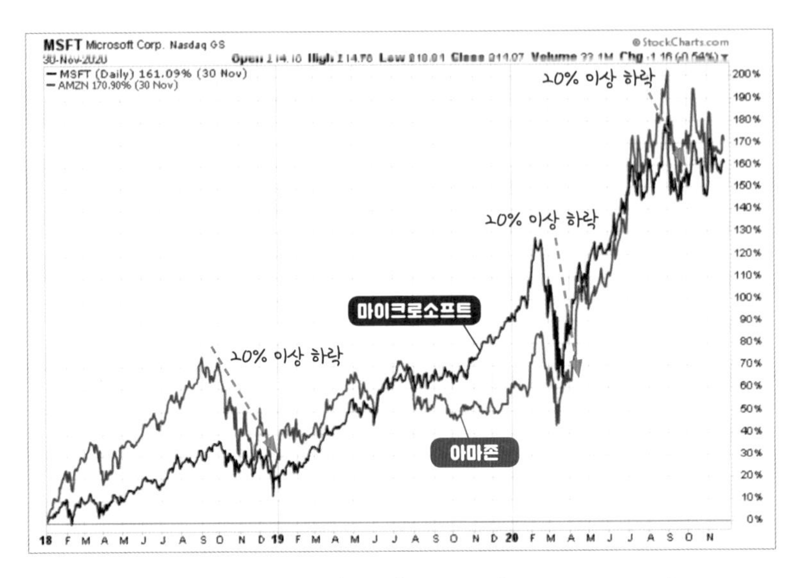

▲ 아마존(AMZN), 마이크로소프트(MSFT) 주가 흐름(2018.1~ 2020.11)

3년 내에도 고점 대비 20% 이상 하락한 구간이 3번이나 있었다. 제아무리 대표 우량주라도 이렇게 갑작스럽게 찾아오는 하락은 피할 수가 없다. -20%는 결코 작은 하락이 아니다. 1억원을 투자했다면 무려 2,000만원이 순식간에 날아간다. 게다가 이것보다 작은 폭의 하락은 1년 내에도 수차례 찾아온다. 앞선 전자서명 사례에서 살펴본 것처럼 결국 투자자의 수익률은 일시적인 하락을 버티느냐 아니냐에 따라 갈린다.

이렇게 누구나 알 만한 우량 주식이더라도 남의 말만 듣고 샀다면 이 정도의 하락을 버티기는 결코 쉽지 않다. 이런 하락이 올 때는 어김없이 온갖 나쁜 뉴스로 세상이 도배되기 때문이다. 주식시장은 이제 끝났다든가, 이제는 회복이 어렵다든가, 당장 주식을 팔아야 할 이유를 수십 개도 더 만들어내며 공포감을 준다. 그럴 때 남들과 달리 용기를 내서 반대로 움직인다는 것은 결코 쉬운 일이 아니다. 말 그대로 소수의견을 내고, 행동에 옮겨야 하기 때문이다.

그러나 이렇게 온통 부정적인 전망에도 불구하고 여전히 내 지갑을 털어가고 있다면, 투자 의견을 철회할 이유가 없다. 나는 여전히 유튜브, 온라인 강의를 위해 용량이 큰 고화질 영상들을 계속해서 찍었기에 클라우드 이용료를 더 내야 했다. 즉, 각종 '우려'와 '걱정'에도 불구하고 여전히 내 지갑을 털어가는 기업들에 투자하지 않을 이유가 없었다. 그리고 그렇게 행동한 결과는 결국 남들보다 더 나은 수익, 즉 초과수익으로 이어졌다.

소몽의 토막상식

생활 속에서 투자 대상을 찾아내는 핵심 팁

첫째

요즘 내가 특히 지출을 늘리거나 시간을 많이 쓰는 것이 어느 분야(산업)인지 살펴본다. 뉴스도 좋지만 생활 속에서 힌트를 얻는 것이 더 좋고, 남의 사례보다는 나의 경험이 더 좋다.

둘째

그 분야(산업)에 해당하는 대표 주식(1~3등)이 무엇인지 찾아본다(시가총액 순 또는 시장점유율 순으로 찾으면 좋다).

셋째

대표 주식 중 투자할 만한 기업을 최종적으로 엄선해서 장바구니에 담는다.

위와 같은 방식으로 찾은 수많은 투자 대상들 중에 내가 잘 아는 분야, 기업 또는 공부할 만한 투자 대상군을 비교적 손쉽게 추려낸다. 일종의 소거법으로 이 기준에 어긋난다면 '절대' 투자하지 않는다는 원칙을 세우거나, 투자하더라도 일정금액 이하의 소액으로 한다는 또 다른 기준을 세운다.

나는 위 원칙에 부합한다면 중장기 투자 대상으로 분류하여 관심종목에 넣어두고, 그렇지 못할 경우에는 과감히 투자 대상에서 제외하거나 투자하더라도 철저히 투자금액을 제한하는 편이다. 물론 그 기업의 서비스나 제품을 직간접적으로 사용한 적은 없지만 다른 요소들을 고려해봤을 때 투자하고 싶은 기업이 있을 수 있다. "요즘 어디가 핫하더라", "어디 넣어두면 돈 좀 될 것 같다더라" 등 하루에도 이런저런 유혹들이 많이 들어온다. 꼭 나쁜 '묻지 마' 투자가 아니어도 말이다. 나 또한 그런 경우에 현실적으로 '위험한 투자'를 아예 안 하는 것은 어렵다고 인정하고 대응책을 세워두었다. 아무리 다이어트하겠다고 굳게 마음먹더라도 기계가 아닌 사람이기에 라면, 치킨, 떡볶이 등 살찌는 음식의 유혹을 완벽하게 뿌리치는 것은 불가능에 가깝다. 그러므로 다이어트 중에도 일주일에 한 번 정도는 아예 맛있는 것을 먹는 '치팅 데이'를 정해 실패를 막듯, 투자에서도 '위험한 투자'를 허용하되 철저히 제한을 둔다.

나의 경우 '위험 투자'를 전체 투자금의 5% 미만으로 한정 지어 만약에 있을 손실의 범위를 최소화하려 노력한다. 예를 들어 전체 투자금이 1억원이라면, '위험 투자'에 해당하는 주식에는 최대 500만원까지만 투자하도록 스스로 제한하는 것이다. 그러면 최악의 상황이 닥

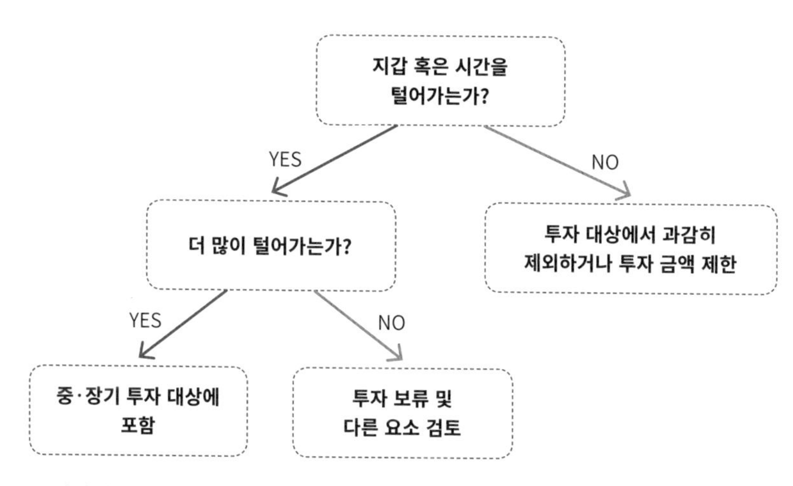

▲ 지갑털이 기업을 찾는 방법

치더라도 최대 손실 금액이 500만원이기 때문에 투자금 전체에서 최대 5%로 손실을 방어할 수 있다는 장점이 있다. 이렇게 하면 설령 잃더라도 전체 투자금에서 5%만 잃는 데 그친다.

그렇다면 '지갑털이' 전략에 해당하지 않는 주식은 사면 안 될까? 그렇지 않다. 나만 해도 차트와 같은 기술적 분석만을 근거로 투자한 적도 있고, 테마주로 불리는 주식들에 단기 투자한 적도 많다. 그러나 계속해서 강조한 것처럼 지갑털이 전략에 해당하는 주식들에 투자한 것이 결과적으로 큰 수익으로 돌아왔다. 잘 모르는데 투자하거나, 단순히 단기투자만을 목적으로 빈번하게 매수·매도했던 경우에는 조금 벌다가 크게 잃는 경우가 다반사였다. 지금은 뒤이어 계속해서 나올 나만의 투자 대상 고르는 3가지 전략을 조합해 점수를 매긴 뒤 그에 따라 철저히 금액, 기간, 목표 수익률 및 손실률을 제한하고 있다. 덕분에 만족할 만한 수익률을 지속적으로 거두고 있다.

점수가 낮은 기업의 주식에 단기투자하기로 정했다면

- 투자금의 5% 이상 투자하지 않는다.
- 10% 수익 확보 시 분할 매도를 시작한다.
- 5% 이상 손실이 나면 분할 매도를 시작하여 손실 확대를 차단한다.

내 시간과 돈 돌려받기

이렇게도 생각해볼 수 있다. 내가 직간접적으로 그 기업에 돈을 쓰거나 시간을 제공했으니, 반대로 그 기업의 지분을 사들여 이익과 성과를 나눠 갖는 것이다. 예를 들어, 나 같은 경우 페이팔(PYPL)이라는 기업의 서비스를 이용해 해외에 있는 개인, 기업과 돈을 주고받을 일이 점점 많아졌다. 수수료를 꽤 많이 떼는데도 불구하고 계속해서 페이팔을 쓰는 나 자신을 보고 최종적으로 투자를 결정했다. 결국 나 같은 소비자들이 모여 페이팔의 수익원이 될 것이고, 나는 그 회사의 지분을 소유함으로써 기업가치 상승, 즉 주가 상승 시 그 과실을 나눠 가지게 되는 셈이다. 결국 투자를 통해 내가 쓴 돈 이상을 돌려받는 것이니 나쁠 것이 없다.

또한, 기업의 과실을 나누는 방법으로 단순 기업가치 상승(주가 상승) 외에 주주들에게 현금으로 돌려주는 '배당'이라는 제도도 있다. 예를 들어, 나는 해외주식과 관련된 자료를 수집하기 위해 해외 주요 경제지를 구독할 때 주로 비자(V)나 마스터카드(MA)로 결제한다. 구독료를 지불할 때마다 일정 비율을 수수료로 이 기업들에 내는 것이다. 내가 낸 수수료는 이 기업들의 수익원 중 하나가 될 것이다. 이 경우에도 마찬가지로 비자 또는 마스터카드의 주식을 보유함으로써 받는 배당금을 통해 지불한 수수료의 일정 부분, 혹은 그 이상을 되돌려 받을 수 있다.

이를 활용한 보다 다양한 투자방법은 나의 또 다른 저서인 《잠든 사이 월급 버는 미국 배당주 투자》를 참고하면 도움이 될 것이다.

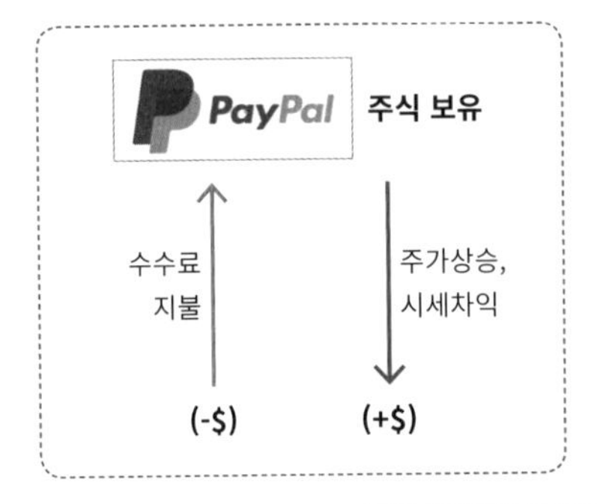

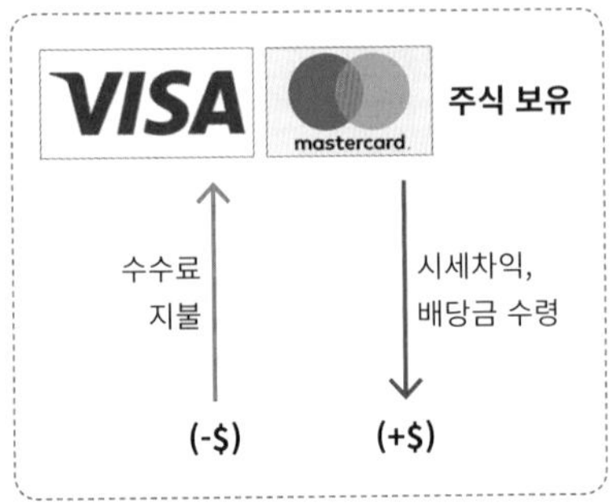

비용을 지불하고 시간을 들인
기업의 지분(주식)을 소유해서
이익과 성과를 돌려받기

전략 2

성장, 독점, 진입장벽을 확인하는 '올리고폴리' 전략

1등 기업들이 그 자리를 유지하는 데는 그만한 이유가 있다. 그래서 투자자들은 1등 기업, 소수의 독과점 기업을 특히 좋아한다. 여기서 중요한 것은 투자는 현재가 아닌 미래를 보고 해야 한다는 것이다. 즉, 지금뿐만 아니라 앞으로도 선두를 유지할 주식, 1등이 될 주식을 찾아야 한다. 이 장에서 소개할 '올리고폴리(독과점)' 전략이 큰 도움이 될 것이다.

그들만의 리그에 투자하자

"만약 매우 경쟁이 심하고 복잡한 업종에 속하며 뛰어난 경영진을 갖춘 우수한 회사의 주식을 갖는 것, 아무 경쟁도 없는 단순한 산업에 속하며 평이한 경영진을 갖춘 평범한 회사의 주식을 갖는 것 둘 중에서 선택하라면 나는 후자를 택하겠다. 우선 이해하기 쉽기 때문이다."

- 피터 린치 -

1~3등 기업에 투자하라, '올리고폴리' 전략

보통 많은 투자의 대가나 전문가가 '독과점 기업에 투자하라'라고 조언하곤 한다. 독과점이란 어떤 분야에서 소수의 기업이 시장 대부분(50% 이상)을 차지하는 것을 말하는데, 쉽게 말해 그 분야에서 힘이 센 1~3등 기업에 투자하는 것이 여러모로 좋다는 의미다.

소몽의 투자노트

독과점(=미래에도 반드시)의 의미

- 소수가 장악했다
- 경쟁이 치열하지 않을 확률이 높다
- 많이 남기며 장사할 수 있다(=영업이익률이 높다)
- 비싸도 소비자들이 찾을 확률이 높다(무언가가 있다)

예) 코카콜라, 애플의 영업이익률은 10년 이상 두 자릿 수를 기록 중

독과점이라는 말 자체가 소수의 기업이 시장을 장악하여 상대적으로 경쟁이 치열하지 않다는 말과 같다. 당연히 가격을 억지로 낮추지 않아도 물건·서비스가 잘 팔리니 많이 남길 수 있다는 얘기가 된다. 어려운 말로 마진율, 영업이익률이 높아지는 것이다.

대표적으로 우리에게 너무나 익숙한 코카콜라(KO), 애플 같은 경우 영업이익률을 수년간 20% 이상으로 유지해왔다. 가격을 낮추지 않아도, 심지어 가격을 올려도 사람들이 계속 찾기 때문에 이런 두 자릿수 영업이익률을 유지할 수 있는 것이다. 경쟁이 치열한 경우 두 자릿수 영업이익률은커녕 적자를 내는 기업도 허다하다.

과거와 달리 당장 영업이익률이 낮다고 해서 나쁜 것은 아니다. 대표적인 사례가 아마존, 테슬라, 넷플릭스다. 이런 고성장주들은 경쟁

자를 물리치기 위해 적자를 감수하기도 하고 의도적으로 낮은 영업이익률을 유지하기도 한다. 하지만 결국에는 경쟁자를 물리치고 시장에서 확고한 지위를 확보하면서 오히려 영업이익률이 높아지는 경우가 대다수다. 이것이 독과점의 힘이다.

아마존의 경우 2015~2017년까지 영업이익률이 고작 2~3%대에 불과했으나 2018년부터 본격적으로 상승하기 시작해, 2022년에는 8%대 영업이익률이 가능할 것으로 전문가들은 예상하고 있다. 테슬라는 수년간 적자를 지속하다가 2020년부터 본격적인 흑자로 돌아서면서 순식간에 영업이익률이 9%대로 올라섰다. 한 방에 업계 최고 수준의 수익성을 보여준 것이다. 넷플릭스 역시 2019년 영업이익률 12.9%에서 2020년 17.5%를 거쳐 2021년에는 19.3%까지 기대되는 등 오히려 수익성이 높아지고 있다. 결국 경쟁을 물리치고 더 굳건한 독과점을 형성하며 업계 선두에 올라선 기업들에 대한 보상이 더 높은 마진율로 돌아옴을 알 수 있다. 이는 당연히 주식 가격의 상승에 반영될 것이다.

핵심은 영업이익률과 같은 숫자에 집착하라는 것이 아니라, 그만큼 독과점의 힘이 강력함을 알아야 한다는 것이다. 그래서 주식시장에서는 독과점 기업들을 무척 선호한다. 이런 기업들은 주가에도 늘 프리미엄이 붙어있어 '비싼' 상태로 유지되며, 설령 일시적으로 주가가 하락하더라도 회복 속도가 빠른 편이다. '떨어지면 사야지'라며 기다리는 대기 수요가 늘 쌓여 있기 때문이다. 독과점 기업은 상대적으로 위기에도 돈을 잘 벌 확률이 높고, 돈을 잘 버는 기업 주가는 결국 오른다는 것을 많은 투자자들은 경험적으로 잘 알고 있다. 오죽하면 피터 린치가 투자(비즈니스)에서만큼은 경쟁보다 독점이 낫다고 했겠는가.

실전! 독과점 기업 찾는 법

독과점 기업은 어떻게 찾을 수 있을까? 해당 산업의 독과점 기업은 '점유율'이라는 키워드로 비교적 쉽게 파악이 가능하다. 우선 다음과 같은 2가지 방법으로 자료를 찾을 수 있다.

방법1

구글에 '기업명 + 점유율' 또는 영어로 '기업명 + market share' 검색

예)

테슬라 점유율 or Tesla market share

전기차 점유율 or electric car market share

방법2

증권사에서 제공하는 리포트 내 '점유율' 확인

방법1처럼 구글 검색창에 궁금한 기업명과 점유율을 함께 입력하는 것이 가장 쉽고 빠르다. 아무래도 미국주식이다 보니 국내 검색포

털인 네이버보다는 구글에 검색해야 더 정확하고 많은 자료를 찾아낼 확률이 높다. 또한, 이왕이면 한글이 아니라 영문으로 정확히 기업명과 점유율을 검색하는 것이 좋다.

예를 들어 전기차 기업 테슬라가 전기차 시장에서 차지하는 비중이 궁금하다면, 테슬라의 영문명인 'Tesla'와 시장점유율의 영문 표기인 'Market share'를 함께 입력하면 된다. 'Tesla market share'를 검색하면 테슬라가 전 세계 글로벌 전기차 시장에서 약 18%의 점유율로 1위인 것을 곧바로 알 수 있다. 뿐만 아니라 2, 3위의 순위와 대략적인 점유율도 체크할 수 있으니 역시 가장 쉽고 간편한 방법이라고 할 수 있다. 물론 출처나 조사기관, 검색시점에 따라 순위나 점유율의 정확한 숫자는 바뀔 수 있으므로, 필요한 시점에 다양한 다른 자료들을 확인해보는 것이 좋다.

만약 산업 내에 어떤 기업이 있는지 모르면, 궁금한 산업명을 그대로 검색해도 무방하다. 예를 들어 클라우드 시장의 점유율 1, 2, 3등을 어떤 기업이 차지하고 있는지 궁금하다면, 'Cloud market share'라고 검색하면 된다. 그럼 옆의 그림과 같이 비교적 최근 기준의 자료들이 검색되어 비중 상위 주요 기업들을 손쉽게 확인할 수 있다. 2020년 11월 검색 자료 기준으로 아마존의 클라우드 서비스명인 AWS가 32%로 점유율 1위, 마이크로소프트의 클라우드인 Azure가 19%로 2위, 구글 클라우드가 7%로 3위를 차지하고 있음을 알 수 있다.

구글에서 대부분의 자료들을 찾을 수 있지만, 조금 더 잘 정리된 자료들을 보고 싶다면 증권사들이 내놓은 양질의 리포트를 참고하면

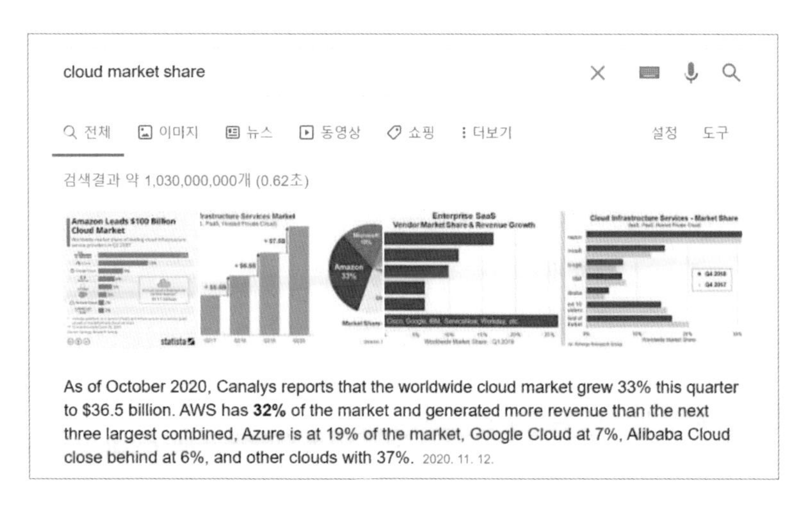

▲ 구글에서 'cloud market share(클라우드 시장 점유율)'를 검색한 화면

된다. 증권사에서 나오는 거의 모든 리포트가 시장 점유율을 다루기 때문에 간단한 검색만으로도 충분히 찾아낼 수 있다. 리포트를 찾고 활용하는 방법은 뒤에서 상세히 다룰 예정이다.

독과점 여부를 판단하는 법

독과점 여부에 대한 판단은 쉽게 말해 '상위 1~3등 기업의 시장 점유율 합이 50% 이상인가'를 기준으로 내릴 수 있다. 즉, 내가 투자하려는 산업 내 1~3등 기업의 점유율을 합쳐서 50% 이상이면 비교적 굳건한 독과점을 누리고 있다고 봐도 무방하다.

단순하게 생각해보더라도, 몇 안 되는 소수의 기업이 어떤 시장의 절반을 넘게 차지하고 있다면 그 힘은 매우 막강할 수밖에 없다. 제품·서비스의 가격을 마음대로 올리기도 수월할 것이고, 상대적으로 경쟁도 치열하지 않아 무리하게 투자하지 않아도 될 확률이 높다. 이런 기업들의 재무제표는 굳이 찾아보지 않더라도 건전할 수밖에 없다. 굳이 어려운 숫자를 힘들여 공부하기보다는 이렇게 독과점 기업을 찾는 것만으로도 좋은 투자 대상을 골라내기에 충분하다고 계속해서 강조하는 이유다.

반면에 최소 5개 이상의 기업이 각각 비슷한 점유율을 보인다면, 적어도 현시점에는 경쟁이 심하고 안정적인 독과점 형태로 보기 힘들다. 현재 업계 1등이더라도 2, 3위와 점유율 차이가 거의 나지 않는다면 언제든 순위가 뒤집힐 수 있다. 혹은 1, 2, 3위의 점유율이 각각 10%를 넘지 못한다면, 딱히 소수의 기업들이 시장을 장악하고 있다고 보기 어렵다. 그러므로 언제든 후발주자들에 의해 순위가 뒤집힐 수 있다는 우려를 껴안고 투자해야 한다. 마음을 불편하게 하는 요소가 하나 추가되는 것이다.

결국 독과점 여부를 판단하는 핵심은 단순히 상위 3개 기업의 점유율이 50% 이상이냐 아니냐가 아니라, 소수의 기업들이 시장을 장악하고 있느냐 여부다.

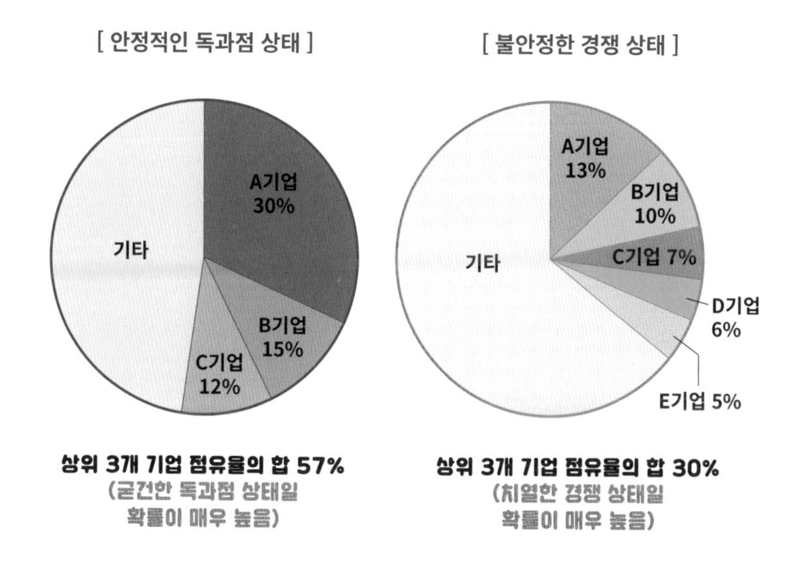

독과점의 변화를 관찰하는 법

앞서 언급한 것처럼 독과점 역시 계속해서 상황이 변할 수 있으므로 점유율의 변화를 주기적으로 관찰해야 한다. 예를 들어 상위 3개 기업의 점유율이 계속해서 줄어들고 신규 진입자 또는 후발주자들의 점유율이 계속해서 늘어나는 것은 독과점에 금이 가고 있음을 보여주는 강력한 신호다. 반대로 상위 3개 기업의 점유율이 계속해서 유지되거나 심지어 늘어난다면, 이는 기존 독과점 기업들이 진입장벽을 더욱 견고하게 유지하고 있음을 보여주는 신호가 될 수 있다.

지금 독과점이 앞으로도 독과점일까?

점유율 변화를 관찰하는 것의 중요성을 강조하는 이유가 있다. 한 번 생각해보자. '지금 독과점이라고 해서 영원히 독과점일까? 지금 1, 2, 3등이 10년 뒤에도 그 순위를 유지할 수 있을 수 있을까? 지금 1등이라고 덥석 투자했는데 5년 뒤든 10년 뒤든 더 이상 독과점, 1등 주식이 아니게 된다면 내 소중한 자산이 위협받을 수 있지 않을까?' 라는 의문을 가지려는 노력을 늘 해야 한다. 실제로 이번 코로나19 사태로 이런 우려가 현실이 되기도 했다.

[글로벌 기업들의 코로나19 전후 시가총액 변화표]

	분야	전통강자 = 독과점	신흥강자 = 침입	시가총액 순위
1	자동차	도요타(TM)	테슬라(TSLA)	역전
2	반도체	인텔(INTC)	엔비디아(NVDA)	역전
3	에너지	엑손모빌(XOM)	넥스트에라 에너지(NEE)	역전
4	금융	뱅크오브아메리카(BAC)	페이팔(PYPL)	접전
5	미디어	디즈니(DIS)	넷플릭스(NFLX)	접전

[2019년 말~2021년 2월 글로벌 기업들의 코로나19 전후 시가총액 변화 추이(단위: 10억달러)]

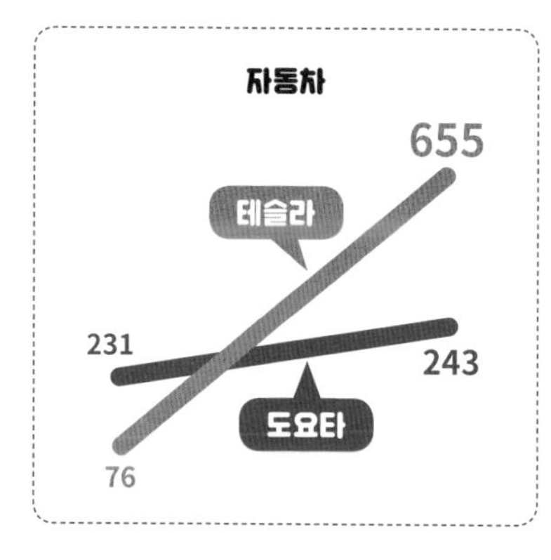

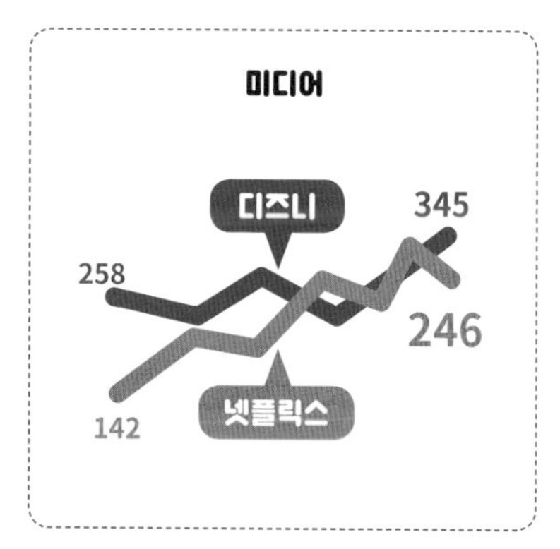

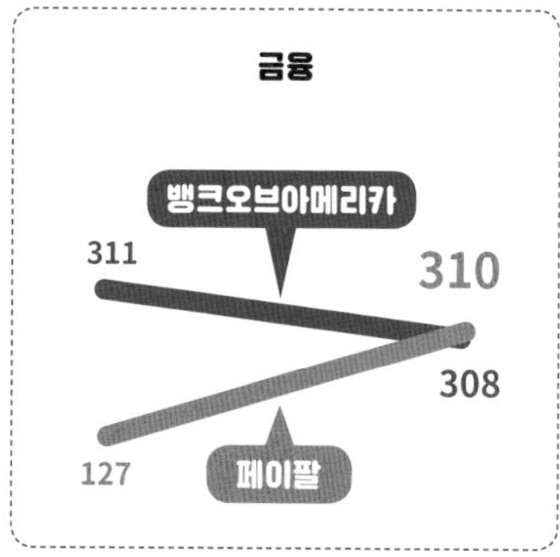

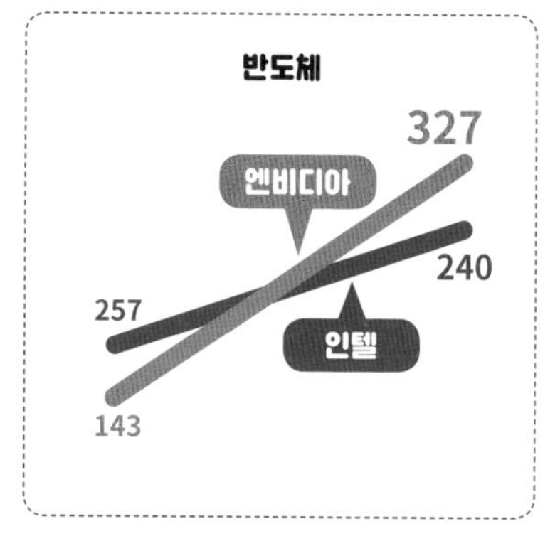

출처 야후 파이낸스, 닛케이

먼 미래의 일이 아니라, 벌써 현실에서 급격한 변동이 일어나고 있다. 2020년은 말 그대로 '전통 강자'와 '신흥 강자'의 자리바꿈이 일어난 시작점이라고 해도 과언이 아니다. 영원할 줄 알았던 전통 독과점 기업들을 새로운 강자들이 뛰어넘거나 맹렬히 따라잡고 있기 때문이다.

전기차 시대를 연 테슬라는 전통 자동차 강자들의 시가총액을 하나둘 뛰어넘으며 결국 규모 1위였던 일본 도요타 그룹의 시가총액을 훌쩍 뛰어넘어 화제가 되기도 했다. 지금 이 순간에도 자동차 산업은 내연기관 위주에서 친환경 위주로 빠르게 재편되고 있다. 기존의 독과점 지형도가 완전히 뒤집히고 있는 것이다.

반도체 분야에서도 수십 년간 왕좌를 지켜오던 인텔(INTC)이 신흥강자 엔비디아에게 시가총액 1위 자리를 넘겨주기도 했다. 뿐만 아니라 인텔이 절대적 강자로 군림하던 CPU 반도체 부분에서도 신흥 강자인 AMD에게 계속해서 점유율을 내주고 있는 상황이다. 영원한 강자는 없다는 것을 여실히 보여주는 사례다.

금융 부분에서는 핀테크 신흥 강자 페이팔(PYPL)이 전통 금융 강자인 미국 4대 은행 중 뱅크오브아메리카(BAC), 웰스파고(WFC), 시티 그룹의 시가총액을 뛰어넘었다. 이제 페이팔은 미국 최대 전통 금융강자 JP모건을 바짝 뒤쫓고 있다. 이미 기존 은행, 비자, 마스터카드가 지배하고 있던 견고한 독과점 영역 곳곳에 침투하고 있으며, 이 영향력이 더욱 강해질 것에 대한 투자자들의 기대감이 시가총액 상승으로 명확히 드러나고 있는 것이다.

에너지 분야에서도 신재생 에너지 강자 넥스트에라 에너지(NEE)가 전통 에너지 강자 엑손모빌(XOM)의 시가총액을 추월하기도 했다. 두 기업의 시가총액은 불과 3년 전만 해도 5배 가까이 차이가 났다. 말 그대로 지각변동에 가까운 사건이다.

엎치락뒤치락하고는 있지만, 신흥 미디어 강자 넷플릭스가 전통 미디어 강자 디즈니(DIS)의 시가총액을 넘어서며 주목을 받기도 했다. 5년 전 디즈니는 넷플릭스 시가총액의 3배를 훌쩍 넘는 기업이었다. 요즘 세미나에서 미디어 강자가 누구냐고 물으면 바로 '넷플릭스'라는 대답이 나오는 것을 볼 때마다 새삼 변화를 실감한다. 불과 3년 전 세미나에서는 똑같은 질문에 '디즈니'라는 답변이 대다수였기 때문이다.

독과점 기업에 실전 투자하는 비법, '올리고폴리' 전략

이런 변화가 지금 이 순간에도 일어나고 있는 것이 명확한데, 단순히 지금 1등 기업, 독과점 기업이라고 해서 앞으로도 변함없이 그 자리를 지킬 것이라고 생각한다면 너무 안일한 것이 아닐까? 혹은 공부하기 싫어서 그냥 스스로 합리화하려는 것은 아닐까? 남의 돈도 아닌 내 돈이다. 그래서 나는 내 돈을 지키기 위해 여기에 조금 더 엄격한 조건을 추가하기로 결정했다. 이름하여 '올리고폴리' 전략이다.

올리고폴리(Oligopoly)란 말 그대로 '과점'이라는 의미로 소수의 기업이 시장을 장악하는 형태를 말한다. 사실상 1개의 기업이 시장을 완전히 독차지하는 독점은 불가능하므로(미국은 특히 독점에 엄격하여, 반독점법을 통해 철저히 규제한다), '과점' 형태를 유지하는 주식들을 어떻게 찾고 골라내는지 나만의 실전 전략으로 만들고 '올리고폴리' 전략이라고 이름 붙였다. 지금부터 이 전략을 실전 사례들과 함께 좀 더 상세히 살펴보자.

10년 투자가 정말 쉬울까?
왜 자꾸 공부하라고 하는 것일까?

10년 가까이 개인 투자 블로그를 운영하다 보니 이런저런 질문을 정말 많이 받는다. 특히 유튜브를 시작한 이후로 하루에도 수십 통의 메일이 도착하는데, 제목의 8할이 이 단어로 시작한다. 바로 '10년'이라는 단어다. 앞으로 10년간 묻어둘 건데 괜찮은지 봐 달라는 것이다.

무슨 마음인지 너무나도 잘 알고 공감도 된다. 매일 주식창을 들여다보고 싶지도 않고, 좋은 주식을 잘 사두고 10년 뒤 확인해보면 분명 주가가 많이 올라 있을 테니 나무랄 데 없는 전략이다. 그런데 그게 그렇게 쉬웠으면 누가 투자 공부를 할까? 누가 부자가 되지 않을 수 있을까? 이 질문을 조금 더 솔직히 해석하면 그냥 사두고 공부하기 싫다는 뜻이다. 어느 누가 수험생도 아니고 매일 숫자를 들여다보며 공부하고 스트레스 받고 싶겠는가? 전적으로 동의한다. 나 역시 공부를 어떻게 하면 덜 할 수 있을까, 투자에 들이는 시간을 줄일 수 있을까 늘 고민한다.

하지만 최소한 앞에서 소개한 사례들처럼 큰 흐름의 변화, 혹은 내가 투자한 기업의 핵심적인 요소들은 체크해야 한다. 내 생각이 맞다면 누가 뭐래도 그냥 보유하면 된다. 그러다가 혹시라도 내 투자 판단이 틀렸거나 구조적인 흐름이 변한 것을 느꼈다면 빠르게 인정하고 판단을 바꾸면 된다. 더 늦기 전에 말이다. 공부라기보다는 '점검하자' 정도로 생각하면 되니, 부담 가질 필요가 전혀 없다. 다만, 내 돈이니 내가 지키자는 것이다.

'올리고폴리' 전략의 필수 조건 3가지

**"가장 강한 힘이나
가장 탁월한 지성을 지닌 종이 아니라,
변화에 가장 잘 적응하는 종이 살아남는다."**

- 찰스 다윈 -

지금 독과점이라고 해서 무작정 투자하면 안 되는 이유

나의 두 번째 투자 대상을 고르는 전략인 '올리고폴리' 전략을 소개하기 전 넷플릭스의 사례를 살펴보자. 지금 독과점이라고 해서 왜 무작정 투자하면 안 되는지를 보여주는 대표적인 예다.

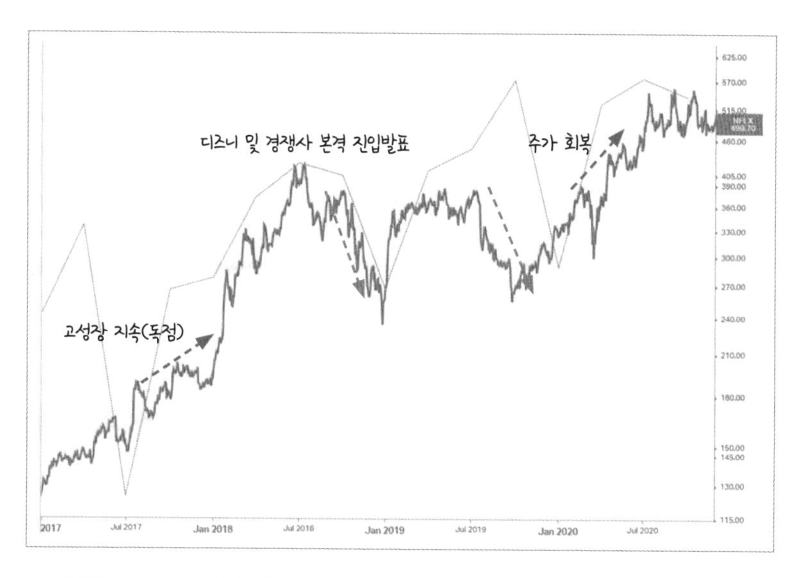

▲ 넷플릭스(NFLX)의 주가(빨간색), 순이익(회색) 차트 그래프(2017.1.1~2020.11.30)

위 차트는 신흥 미디어 강자로 불리는 넷플릭스의 최근 3년 주가 흐름을 나타낸 자료다. 지금은 흔한 수익 모델이 되었지만, 넷플릭스는 당시 저렴한 월 구독료로 수많은 콘텐츠를 볼 수 있다는 장점을 내세워 2018년까지 엄청난 고성장을 거듭했다. 당연히 성장에 대한 기대감으로 주가도 급등했다. 그런데 2018년 중순, 거대 경쟁사인 디즈니가 이 시장에 본격적으로 진출한다고 발표했다. 뿐만 아니라 AT&T를 포함한 다양한 통신사 및 여러 거대 방송사들도 앞다투어 이 시장에 들어오겠다고 선언하자 넷플릭스의 주가는 하락하기 시작했다. 경쟁이 치열해질 것에 대한 투자자들의 우려가 드러난 것이다. 실제로 얼마 지나지 않아 넷플릭스가 발표한 실적에서도 이러한 경쟁의 영향이 나타나기 시작했다.

회색 선은 넷플릭스의 순이익(정확히는 당기순이익)을 나타내는데 2018년 중순부터 일시적으로 아래로 꺾이는 것을 볼 수 있다. 경쟁이 심해지니 당장의 이익을 포기하더라도 미래를 위해 더 많이 투자하고, 홍보·마케팅에 돈을 써야 하니 투자자들의 기대치만큼 못 벌게 된 것이다. 고성장 주식의 성장(이익) 정체는 치명적이다. 당장은 아니더라도 점차 돈을 엄청나게 잘 벌 것이라는 기대로 주가가 오르는 것인데, 그 이유가 무너지면 주가 급락으로도 얼마든지 이어질 수 있다. 넷플릭스의 주가는 이익의 정체와 함께 큰 폭으로 오르락내리락하며 박스권에서 움직이다가 무려 2년 가까이 지난 2020년 여름이 돼서야 2018년 최고점을 다시 회복했다. 지나고 보면 2년이 짧은 것 같지만, 2018년 최고점에 넷플릭스를 산 투자자들에게는 아주 힘들고 긴 시간이었을 가능성이 매우 높다.

다시 말해, 아무리 좋은 산업에 속한 '현재' 독과점 기업이더라도 경쟁이 심해지면 주가가 언제든 하락할 수 있다는 점을 꼭 알아둬야 한다. 즉, '지금 1등이니까 묻어두면 어떻게든 되겠지'라는 생각은 너무 안일하다. 내 돈이니 최소한의 점검은 하자는 것이 나의 생각이다.

그럼 무엇을 어떻게 점검해야 할까? 나는 그래서 투자 대상을 고를 때 이 주식이 성장성, 독과점, 진입장벽 3가지를 갖추고 있는지를 확인하는데, 이것이 바로 소몽의 '올리고폴리' 전략(독과점 전략)이다. 지금부터 '올리고폴리' 전략의 3가지 조건을 하나씩 확인하면서 살펴보자.

첫 번째 조건: 성장하는 산업인가?

아무리 독과점이라고 해도 사양산업 또는 정체되는 상태에 있다면 주가는 오르기 힘든 경우가 많다. 결국 주식은 '성장'이라는 먹이를 먹고 자라기 때문이다. 어제까지 아무리 돈을 잘 벌던 기업이더라도 앞으로 돈을 못 벌 것 같으면 시장은 해당 기업의 주식을 철저히 외면한다. "라떼는 말이야"라며 한때 아무리 잘나갔던 기업이라고 우겨봐야 소용없다.

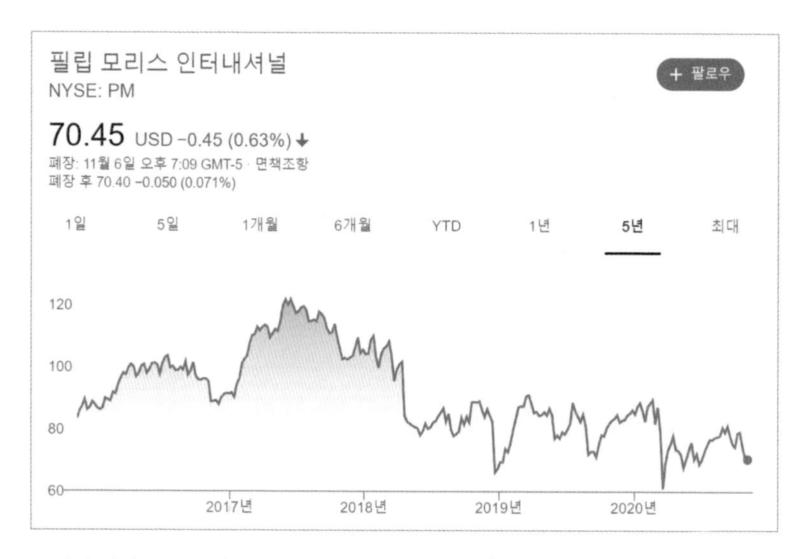

▲ 사양 산업 & 정체 상태의 독과점 기업 필립모리스(PM)의 5년 주가 흐름

대표적인 예가 바로 담배 산업이다. 한때 고성장 산업에 속하기도 했던 담배 산업은 지금도 여전히 소수의 기업들이 굳건한 독과점을

유지하고 있음에도 사양 산업에 접어들었다. 대표적인 기업인 필립 모리스(PM)의 주가 역시 장기 우상향 후 4년간의 하락을 보인 뒤에 바닥을 다지고 있는 모습이다. 실제로 최근 4년간 순이익이 아주 느린 속도로 오르며 거의 정체에 가까운 모습을 보였다. 함부로 신규 진입자가 들어올 수 없는 굳건한 독과점 기업이더라도, 성장 또는 최소한 성장에 대한 기대감 없이는 주가가 오르기 힘들다는 것을 보여주는 대표적인 사례다.

반대로 올해까지 적자였더라도, 당장 1~2년 내 돈을 벌 것 같다는 기대감만 생기면 주가는 급등한다. '성장'을 시작했기 때문이다. 그 성장이 우리가 흔히 생각하는 엄청난 성장을 의미하는 것만은 아니다. 단 1%라도 앞으로 나아가기만 하면 된다. 그래서 미국의 대형주식들은 성장 동력이 멈추거나, 성장세가 둔화될 것 같으면 인수합병(M&A)을 통해 재빨리 새로운 성장 동력을 만들어 낸다. 기업은 자전거와 같아서 아주 천천히라도 나아가기만 하면 괜찮지만 멈추는 순간 옆으로 기울며 넘어지기 때문이다. 대표적인 예로 코카콜라의 경우 주력산업이던 탄산음료 시장이 정체되자 계속해서 건강 음료, 유기농 음식 관련 기업을 사들이며 새로운 성장 동력을 만들어 내고 있다. 그리고 이러한 기업들의 인수합병 소식이 들릴 때마다 주가는 기대감을 반영해 급등하곤 한다.

또한, 아무리 1등 기업이더라도 구조적으로 정체되거나 사양길에 접어든 산업에 속하거나, 경기를 아주 심하게 타는 산업의 경우 투자가 까다롭다. 예를 들어, 전기차 시대의 도래로 인해 계속 매출이 줄어드는 내연 기관 자동차 부품 산업, 온라인 시대의 도래로 계속해서 매출이 감소하는 오프라인 유통 사업 등이 대표적인 정체·사양 산업이 될 수 있다. 철강, 조선, 석유화학 등도 경기를 크게 타는 대표적인 산업에 속한다. 많은 경험을 통해 투자 사이클을 판단하고 이를 통해 투자 타이밍을 재는 중수 이상의 투자자가 아니라면, 기본적으로 꾸준히 성장할 수밖에 없는 산업에 속한 주식에 투자하는 것이 훨씬 수월하다. 설사 최고점에 물리더라도 돈을 잘 벌고 성장만 한다면 앞선 넷플릭스의 사례처럼 결국 회복하는 경우가 많기 때문이다. 광기에 휩싸였던 닷컴버블의 최정점에서 다시는 오지 않을 가격에 아마존과 애플을 샀더라도 각각 8년, 6년 만에 그 가격을 회복한 것처럼 말이다.

[산업 분야별 주가 흐름 양상]

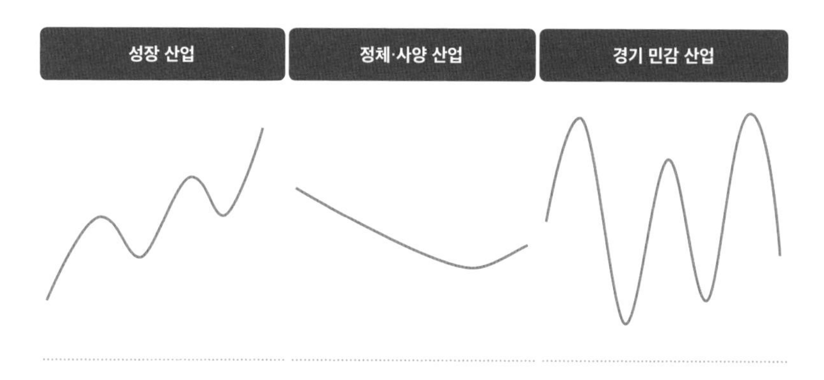

왼쪽 차트처럼 구조적 성장, 쉽게 말해 돈을 꾸준히 잘 벌 수밖에 없는 산업은 결국 우상향하므로, 고점마다 사서 단기로 물려도 시간의 차이일 뿐 결국 오를 확률이 비교적 높다.

반면 가운데 차트처럼 정체·사양하는 산업, 즉 구조적으로 이익이 줄어들 수밖에 없는 산업에 속한 기업의 주식을 잘못 사면 꽤 오랜 기간 원금 회복이 어려울 수 있다. 물론 최근 레트로 열풍으로 80~90년대 유행했던 제품, 서비스, 문화가 다시 주목을 받듯 사양산업이라고 생각했던 분야가 다시 주목을 받으며 다시 크게 회복할 수도 있지만 초보자들이 쉽게 투자할 수 있는 분야는 아니다.

오른쪽 차트와 같이 호황과 불황에 따라 경기를 크게 타는 산업도 자칫 잘못하면 고점에 물려서 마음고생을 심하게 할 수도 있으므로 유의해야 한다.

다시 한번 강조하지만, 결국 실적이 뒷받침 되는 산업에 속한 기업의 주가는 우상향하므로, 궁극적으로는 조금이라도 성장하는 산업에 투자해야 비교적 마음 편하게 돈을 벌 확률이 높다.

두 번째 조건: 현재 독과점인가?

두 번째 조건은 '현재' 소수의 기업이 시장점유율 약 50% 이상을 차지하며 경쟁이 치열하지 않은지 여부를 확인하는 것이다. 말 그대로 몇 개 안 되는 기업들이 시장을 꽉 잡고 있는지를 살펴본다. 성장하는 산업 내에서 1~3위 업체들이 전체의 절반 이상을 차지하고 있다면, 굳이 어려운 숫자를 찾아보지 않더라도 많은 이익을 남기고 있을 확률이 매우 높다. 반대로 5개 이상의 기업들이 각각 10% 미만의 점유율을 두고 치열하게 싸우고 있다면, 독과점으로 보기 어려우며 당연히 최소한 당분간은 돈을 잘 벌지 못할 확률이 높다. 특히 성장 초기에는 시장 점유율을 늘리기 위해 적자를 내는 경우도 허다하다.

실제로 2020년 10월 전기차 기업 테슬라는 무려 일주일 만에 두 차례나 제품의 가격 인하를 발표하며 주목을 끌었다. 루시드 모터스(LCID)라는 전기차 기업이 전기차 가격을 발표하자 곧바로 그 가격보다 조금 더 낮은 가격으로 인하한 것이다. 물론 테슬라의 경우 4분기 연속 흑자로 돌아서며 업계 선두를 굳히고 있어 해당되지 않겠지만, 확실한 경쟁우위가 보이지 않거나 적자에서 곧 흑자로 돌아설 신호가 보이지 않으면 투자자들은 철저히 그 주식을 외면하는 경우가 많다. 반대로 굳건히 독과점을 유지하고 있다고 판단되면, 프리미엄을 주고라도 그 주식을 더 사려고 하는 투자자들이 계속해서 늘어난다. 당연히 투자하려는 사람이 늘수록 주가의 상승여력 또한 커질 확률이 높아진다. 그러므로 현재 내가 투자하려는 기업이 독과점을 이루고 있는지를 확인하는 것은 아주 간단하면서도 효과가 강력한 방법이다.

세 번째 조건: 진입장벽이 높은가?(=미래의 독과점)

결국 '올리고폴리' 전략의 핵심은 바로 '진입장벽이 높은가?' 여부다. 이 질문의 답에 따라 이 기업이 계속해서 독과점을 유지할 수 있느냐가 결정되기 때문이다. 즉, 지금 잘하는 건 알겠는데 앞으로도 1등을 할 수 있느냐가 중요하다. 나는 진입장벽 여부를 판단하는 정도가 개인의 수익률을 가르는 요인이라고 생각한다. 다음의 예를 살펴보자.

소몽빵집이론: 지금 1등, 독과점이더라도 의미가 없을 수 있다

소몽이가 야심 차게 어느 동네에 '소몽베이커리'라는 빵집을 열었다. 장사가 너무 잘돼서 동네 사거리에 본점부터 4호점까지 순식간에 확장을 했다. 점유율 100%로 독점이니 굳이 빵 가격을 내리지 않아도 손님들이 물밀 듯이 찾아왔다. 덕분에 돈도 많이 남길 수 있었다.

그런데 이걸 보고 있던 CJ, SPC와 같은 식품 대기업들이 진입해 경쟁을 시작하면서 비슷한 빵을 훨씬 더 싼 가격에 내놓는다. 소몽이도 질세라 빵 가격을 내리기 시작한다. 이에 대기업들은 더욱 많은 비용을 책정해 공격적인 마케팅을 펼친다. 심지어 빵을 한 개 사면 한 개 더 주는 이벤트까지 시작한다. 포인트도 평소보다 2배로 쌓아주기 시작한다. 치킨 게임이 시작된 것이다.

결과는 어떻게 될까? 아마도 큰 이변이 없다면, 자본력에서 압도적으로 밀리는 소몽이는 결국 버티지 못하고 백기를 들 것이다. 한때 소몽베이커리는 성장하는 산업에, 1등(심지어 독점) 기업이었지만 순식간에 폐업할 위기에 처하게 된 것이다. 진입장벽을 고려하지 않은 채 단순히 소몽베이커리의 성장세만 보고 투자한 투자자가 있었다면 역시나 큰 손실을 피하지 못했을 것이다.

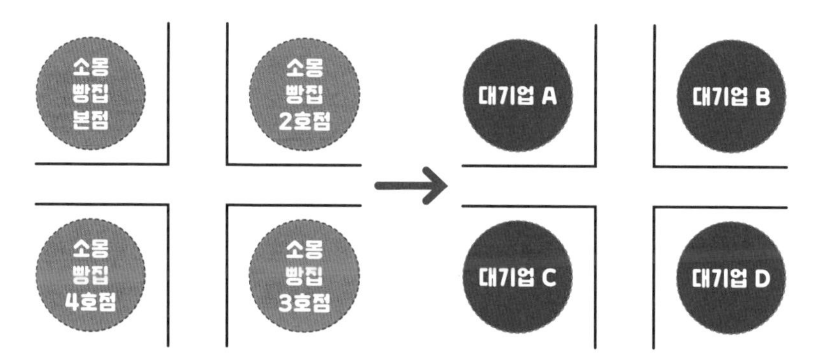

▲ 소몽빵집이론, 잘 나가던 소몽빵집은 대기업에 의해 결국 쫓겨남

나는 항상 투자 대상을 고를 때 이 '소몽빵집이론'을 떠올리며 현재 독과점이냐가 중요한 것이 아니라 앞으로도 독과점일 수 있느냐, 계속해서 시장을 장악할 수 있느냐를 판단한다. 주가는 현재가 아니라 미래의 가치를 반영하기 때문이다. 단기로 주식을 사고파는 것에 집중하는 투자자라면 이 조건이 크게 중요하지 않을 수 있다. 하지만 나처럼 기본적으로 1년 이상 중장기 투자로 가져갈 예정이라면 성장, 독점, 진입장벽이라는 3대 조건 중 필수로 이 3번 조건, '진입장벽이 높은가'를 확인하는 것이 좋다. 진입장벽을 확인하는 일은 내가 투자해 둔 주식을 미래에도 안전하게 지켜줄 보호막이 얼마나 두터운지 점검하는 것과 같다.

물론 현재도 중요하지만, 장기적으로 주가 우상향을 결정하는 것은 결국 앞으로도 독과점, 즉 진입장벽을 유지할지 여부다. 이것을 얼마나 잘 파악하느냐에 따라 개인투자자들의 수익률이 갈린다고 봐도 과언이 아니다. 이것을 확인하는 가장 쉬운 방법은 '시장 점유율'을 잘 유지 중인지 체크하는 것이다.

소몽의 투자노트

'올리고폴리' 전략이 먹히는 3대 전제 조건

❶ 성장하는 산업인가?(사양 & 경기민감 산업은 투자 난도 높음)

사양 & 경기민감 산업 예) 오프라인 유통, 영화관, 백화점, 내연 자동차, 전통에너지, 철강 등

❷ 독과점인가?(많이 남겨 먹는가)

❸ 진입장벽이 높은가?(독과점을 유지할 수 있는가)

예) 소몽 빵집 vs 대기업 빵집

독과점 상황이 변하고 있다는 3가지 신호

"1번의 대형 사고가 발생했을 경우,
이미 그전에 유사한 29번의 경미한 사고가 있었고,
그 주변에서는 300번의 이상 징후가 있었다."

- 하인리히 법칙 -

독과점 여부를 계속해서 체크해야 한다

앞서 소개한 넷플릭스 사례에서도 알 수 있듯 주가는 미래를 반영해 움직인다. 짧게는 며칠 뒤의 이벤트에 대한 기대를 미리 앞당기기도 하고 길게는 몇 년 뒤의 사건까지도 당겨와 주가에 반영하기도 한다. 즉, 지금은 어떤 기업이 1등 또는 힘이 센 독과점이더라도 투자자들이 당장 몇 달 뒤 혹은 길게는 수년 뒤에 이 기업의 굳건한 지위가 흔들릴 것이라고 생각하기 시작하면, 주가 역시 이에 빠르게 반응한다. 그래서 투자자들은 진입장벽이 높은 기업을 좋아한다. 아무나 쉽게 들어올 수 없게 강력한 성벽을 지닌 기업일수록 안정적인 상황을 오랜 기간 유지할 수 있기 때문이다.

하지만 고성장하는 1등 기업 역시 독과점과 관련해서는 투자자들의 의문과 우려를 계속해서 받을 수밖에 없다. 2020년 전 세계적으로 확산된 코로나19로 인해 집에서 운동하는 홈피트니스 시장이 급성장할 것으로 기대되며, 홈피트니스 분야의 대표 기업인 펠로톤(PTON)의 주가 역시 승승장구했다. 그런데 애플이 펠로톤과 거의 유사한 서비스로 보이는 '애플피트니스+'를 출시하자, 그날 장중 주가가 크게 출렁였다. 다행히 두 기업의 관계가 경쟁이 아닌 협력관계가 될 것으로 보이자 곧바로 주가가 회복되기는 했지만, 펠로톤의 '진입장벽'에 대한 투자자들의 우려가 그대로 드러난 것이다. 투자자들은 지금까지 펠로톤이 가진 견고한 커뮤니티, 즉 팬덤을 하나의 중요한 진입장벽으로 봤다. 그런데 전 세계 십억 명 이상의 이용자와 팬덤을 가진 강력한 애플이 등장하자 펠로톤의 견고한 장벽이 무너질 수도 있다고 생각한 것이다.

이렇듯 그 어떤 독과점 기업도 완전한 독점이 아닌 이상 이런 우려가 아예 없을 수 없으며, 선두 기업에 대한 경쟁사들의 끊임없는 도전은 이어질 수밖에 없다. 따라서 투자한 대상의 진입장벽에 대해 최소한의 공부와 점검이 필요하다. 그렇다면 무엇을 근거로 점검해야 할까?

1. 매출총이익률이 30% 이상인가?

이런 진입장벽이 높은 기업들의 공통적인 특징을 숫자로 확인하고 싶다면, '매출총이익률'이라는 지표를 참고하면 좋다. 실제로 강력한 파워를 가진 기업들은 보통 매출총이익률 30~40%대를 꾸준히 유지한다. 전체 매출에서 상품을 만드는 데 드는 원가를 뺀 나머지가 매출총이익률인데, 당연히 이 숫자가 높을수록 좋다. 매출총이익률이 높다는 말은 원가절감을 잘할 수 있는 능력, 즉 시장 내 파워가 세거나 애초에 원가절감이 잘될 수밖에 없는 좋은 비즈니스 모델을 가졌다는 뜻이기 때문이다. 무엇이든 매출총이익률이 높게 유지된다는 사실 자체로 나쁠 것은 없다.

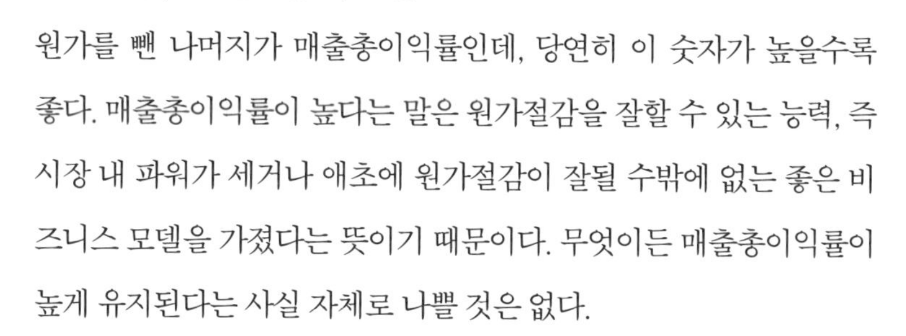

이는 기업리포트, 재무제표, IR자료상의 손익계산서(Income Statement)에서 확인 가능하다. 구글에서 '매출총이익률' 또는 'gross profit margin ratio' 단어를 기업명과 함께 검색해보자.

다음 이미지는 구글에 'Apple gross profit margin ratio(애플 매출총이익률)'를 실제로 검색한 결과다. 검색을 통해 애플의 2016~2020년 평균 매출총이익률이 38.4%임을 손쉽게 확인할 수 있다.

또는 야후 파이낸스(financc.yahoo.com)와 같은 주요 증권정보 사이트상의 손익계산서(Income statement)에서 직접 매출총이익률을 계산해볼 수도 있다. 매출총이익(Gross Profit)을 총매출(Total Revenue)로 나눈 것이 매출총이익률이다.

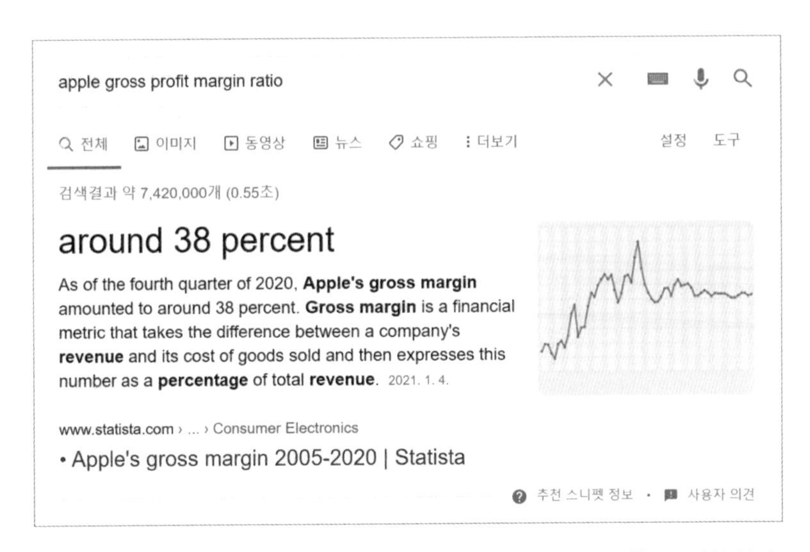

▲ 구글에서 'apple gross profit margin ratio(애플 매출총이익률)'를 검색한 화면

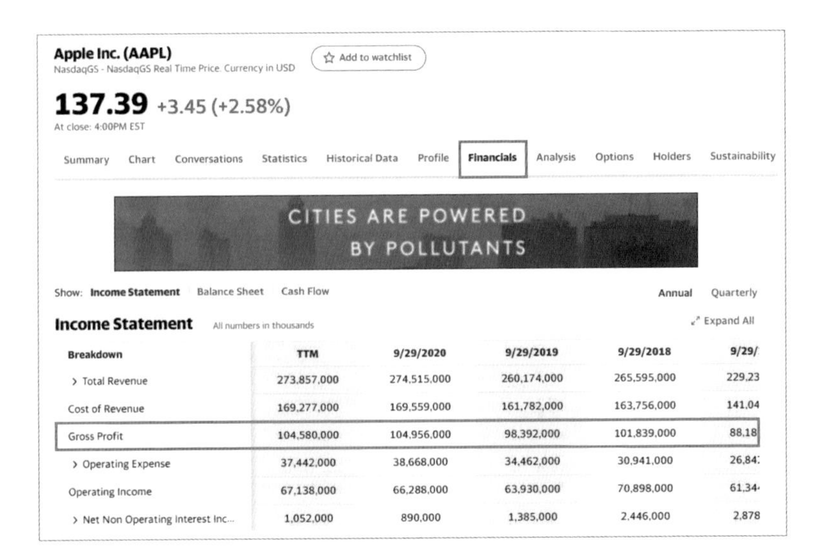

Breakdown	TTM	9/29/2020	9/29/2019	9/29/2018	9/29/
› Total Revenue	273,857,000	274,515,000	260,174,000	265,595,000	229,23
Cost of Revenue	169,277,000	169,559,000	161,782,000	163,756,000	141,04
Gross Profit	104,580,000	104,956,000	98,392,000	101,839,000	88,18
› Operating Expense	37,442,000	38,668,000	34,462,000	30,941,000	26,84
Operating Income	67,138,000	66,288,000	63,930,000	70,898,000	61,34
› Net Non Operating Interest Inc...	1,052,000	890,000	1,385,000	2,446,000	2,878

▲ 야후 파이낸스에서 'apple'을 검색하고 'Financials' 탭을 클릭한 화면

소몽의 토막상식

매출총이익률이란?

매출총이익률이란 기업이 판매한 상품에서 얼마만큼 이윤을 남기는지를 나타내는 지표다. 쉽게 말해 이 기업이 '얼마나 싸게 만들어서, 얼마나 비싸게 잘 파는지'를 나타낸다고 볼 수 있다. 이 기업이 얼마나 장사를 잘하고 있는지 참고할 수 있는 단서가 된다.

매출총이익률 = (매출총이익/총매출) × 100

2. 경쟁사의 진입 발표 vs 매각 발표

해당 시장에 새로운 경쟁자들이 등장하는 것은 경쟁심화의 대표적인 신호다. 청소기와 가전제품으로 유명한 영국 기업 다이슨이 갑작스럽게 전기차 시장에 진출하겠다고 발표하며 엄청난 화제를 모았다. 이후 이 계획을 철회하긴 했지만 만약 이 시장에 들어왔다면 또 하나의 경쟁사가 생기는 셈이므로, 기존 기업들에게는 강력한 독과점을 형성하기 어렵게 만드는 요인이 될 수 있다.

뿐만 아니라 2020년 초에도 가전제품으로 유명한 소니가 전기차 시장에 뛰어들겠다고 발표하며 이목을 끌었다. 이처럼 경쟁사들의 진입 발표는 이후 경쟁이 치열해질 수 있고, 이로 인해 독과점 지형도가 바뀔 수도 있음을 알려주는 신호가 될 수 있다. 그러므로 해당 시장에 새로운 진입자가 나타나는지를 꾸준히 모니터링하는 것 또한 좋은 방법이다.

반대로 경쟁이 치열하던 시장에서 기존 시장참여자가 해당 사업에서 철수하거나 사업을 매각하거나 서비스를 종료한다고 발표하면 이는 좋은 신호가 된다. 살아남은 기존의 독과점 기업들은 버티지 못하고 퇴출되는 이런 기업들을 헐값에 사들여 더욱 굳건한 독과점을 만들기도 한다. 실제로 2020년 중순 AT&T라는 통신사가 게임 사업부를 매각한다는 소식에 게임 업계가 들썩이기도 했다. 기존 시장참여자들 입장에서는 경쟁사가 하나라도 줄어들면 나쁠 것 없기 때문이다. AT&T는 결국 게임사업부를 매각하지 않기로 결정했지만, 이런 식의 기사를 눈여겨보면 해당 분야의 분위기 변화를 감지하는 데 매우 큰 도움이 된다.

3. 요금 인상과 요금 인하

제품 가격, 구독료, 서비스 이용료 등 가격을 인하한다고 발표하는 것은 전형적인 경쟁심화의 신호다. 경쟁이 치열하지 않은데 굳이 요금을 인하할 이유가 없기 때문이다. 전기차 기업 테슬라는 2020년 10월 일주일에만 무려 2번 연속 제품 가격을 인하해 화제가 되기도 했다. 테슬라는 중국 경쟁사들과의 싸움에 대응하기 위해 가격 인하를 발표했으며, 미국 내에서도 경쟁사가 가격을 발표한 다음 날 의도적으로 그보다 소폭 낮게 가격을 인하했다. 경쟁이 심하지 않다면 굳이 제품 가격을 인하하지는 않았을 것이다.

반대로 요금 인상은 전형적인 자신감의 표출이며 독과점이 굳건하다는 신호가 될 수 있다. 대표적으로 루이비통, 구찌 등 명품을 파는 기업들은 주기적으로 제품 가격을 올리는데도 판매가 줄기는커녕 더욱 늘어난다. 확고한 독과점으로서 경쟁이 심하지 않다는 강력한 증거다. 우리가 너무나 잘 아는 P&G와 같은 생활용품을 파는 기업들 역시 계속해서 제품 가격을 올린다. 신규 경쟁자의 등장이 제한적이고, 새롭게 경쟁사가 들어오더라도 자신들의 제품이 더 경쟁력이 있다는 것을 잘 알기 때문이다.

넷플릭스 역시 2020년 처음으로 미국에서 요금제를 인상한다고 발표했다. 적어도 미국에서는 경쟁사 대비 어느 정도 승기를 잡았다고 판단한 것이다. 반면에 여전히 경쟁이 치열한 아시아에서는 아직 요금을 인상할 계획이 없다고 밝혔다. 이런 식으로 해당 기업이 제공하는 제품이나 서비스의 가격 인상과 인하 발표를 통해 최소한 경쟁이 치열한 상황인지, 완화되고 있는지를 비교적 쉽게 판단할 수 있다.

실전! '올리고폴리' 전략

"무언가를 시작하는 방법은 그것에 대해 말하는 것을 멈추고 당장 행동하는 것이다."

- 월트 디즈니 -

실전사례 1. 클라우드 산업

지갑털이 전략을 통과한 투자 대상이라면 '올리고폴리' 전략을 사용해 빠르게 점검할 수 있다. 앞서 잠깐 소개한 클라우드 산업을 예로 들어보자(구체적인 수치로 확인하는 방법은 뒤에서 상세히 다룬다).

1. 성장하는 산업인가?

앞서 클라우드 시장이 앞으로도 꾸준히 성장할 것인지에 대한 내 답은 동그라미였다.

2. 독과점인가?

1, 2, 3 등의 시장점유율 합이 50%를 훌쩍 넘고 위협적인 경쟁사가 보이지 않는다.

3. 진입장벽이 높은가?

이 질문이 가장 어려울 수 있는 부분이다. 쉽게 생각해보면, 후발주자가 쉽게 이 시장에 들어올 수 있는지를 확인해보면 된다. 그러나 똑같은 자료를 보고도 개인의 의견차가 존재할 수 있기 때문에 여기서 수익률이 갈린다고 볼 수 있다.

만약, '클라우드는 데이터센터를 짓기 위한 엄청난 자본력은 기본이고 보안과 같은 핵심 기술까지 갖춰야 하는 기술자본집약적 산업이므로, 한 마디로 돈도 많고 기술도 받쳐줘야 해서 아무나 신규로 들어오기는 결코 쉽지 않아 보인다'라는 것에 동의한다면 3번 질문의 답은 동그라미가 될 것이고, 동의하지 않는다면 세모 또는 ×가 될 것이다. 동의하지 않는다는 뜻은 진입장벽이 높지 않다고 생각한다는 것이고, 그렇다면 결국 클라우드 시장의 독과점이 위협받을 수 있다고 보는 것이므로 투자하지 않는 것이 좋다.

소몽의 투자노트

실전 사례

- 클라우드, 게임 스트리밍 플랫폼 vs 스마트폰

소몽의 독과점 정의 = 1~3등이 50% 이상 장악

❶ 성장하는 산업인가? O

❷ 독과점인가? O

❸ 진입장벽이 높은가? O

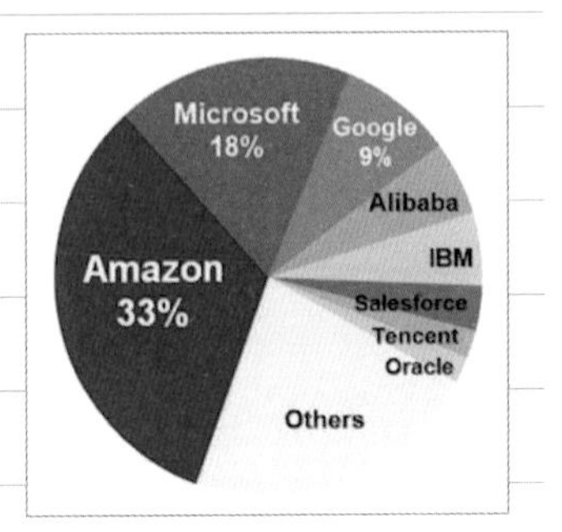

▲ 2020년 2분기 클라우드 분야 시장 점유율

실전 사례 2. 미디어(OTT) 산업

이 조건은 클라우드 외에도 당연히 모든 분야에 적용해볼 수 있다. 앞서 언급한 넷플릭스가 속한 미디어 산업에 똑같이 적용해보자.

1. 성장하는 산업인가?

넷플릭스가 속한 미디어 산업이 최소 3~5년간 고속성장을 유지할 수 있다는 것을 확인했고, 이에 충분히 공감했다.

2. 독과점인가?

2019년 기준으로 넷플릭스와 디즈니 양강 체제였던 미디어 스트리밍 시장에서 2020년 중반 기준 무려 8개(통신사, 신생 업체, IT업체 등)의 주요 시장참여자가 확인되므로, 확고한 독과점이라고 보기 어렵다는 판단이 들었다.

3. 진입장벽이 높은가?

이 시장은 영화, 드라마 등 콘텐츠의 대박 여부에 따라 규모가 작은 신생 기업도 순식간에 시장의 주요 참여자가 될 수 있으므로 진입장벽이 아주 높다고는 보기 어려웠다. 실제로 2020년 퀴비라는 신생 업체가 투자자들에게 펀딩 받은 돈을 기반으로 이 시장에 참여하며 주목을 끌기도 했다. 이런 경우에는 장바구니에 담을 때 감점하는 편이다.

단, 추후 상황이 바뀌어 경쟁이 다시 완화될 수도 있기 때문에 기본적으로 성장하는 산업의 대표 주식들은 장바구니에 담아두는 것이 좋다. 앞서 말한 퀴비(비상장)는 1년도 채 되지 않아 서비스 종료를 선언했다. 많은 투자를 받으며 기대를 모았지만, 서비스 시작 한 달 뒤 무료 이용권 기간이 끝나자 고객 이탈률이 무려 90%에 달했기 때문이었다. 또한, 현재 약 8개 주요 기업들이 경쟁을 펼치고 있지만, 한 가정당 평균 구독 가능 미디어 플랫폼 개수를 근거로 들어 향후 3개 내외의 기업만이 살아남을 것이라는 전망을 발표한 기관도 있었다. 이렇게 치열한 경쟁 속에서 버티지 못하는 기업들은 자연스럽게 퇴출되거나, 살아남은 강자에게 인수되면서 이 시장의 진입장벽은 더욱 굳건해진다. 여기서 핵심은 진입장벽 또한 주기적으로 바뀔 수 있다는 것이다.

소몽의 투자노트

실전 사례

– 넷플릭스(미디어 산업)

❶ 성장하는 산업인가 O

❷ 독과점인가 O

❸ 진입장벽이 높은가 X ⟶ 감점 요인

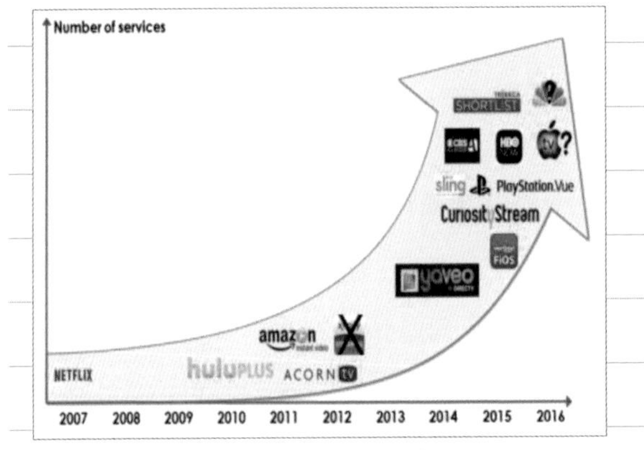

▲ 미디어 분야 성장 그래프(출처: MTM)

실전 사례 3. 스마트폰(4G → 5G)

이미 우리에게 매우 익숙한 스마트폰 산업에 다시 한번 관심을 가져야 할 시기가 도래했다. 4G에서 5G로의 전환이 본격적으로 시작되고 있기 때문이다. 2011년 3G에서 4G로 바뀌는 시점에 수많은 기업이 탄생하고 그 안에서 많은 투자 기회가 발생했다. 스마트폰 산업의 최대 시장이며 최대 격전지가 될 중국을 기준으로 살펴보자.

1. 성장하는 산업인가?

2019~2020년 중국 시장만을 놓고 봤을 때는 스마트폰 산업이 역성장했지만, 2021년 본격적인 5G 시대의 도래로 다시금 본격적인 성장성이 기대된다.

2. 독과점인가?

아쉽게도 화웨이를 포함한 중국 로컬 기업과 미국의 애플 등 최소 5개 이상의 기업들이 점유율 확보를 위해 치열하게 경쟁하고 있으므로 확고한 독과점이라고 보기는 어렵다.

3. 진입장벽이 높은가?

소수의 기업이 장악한 독과점 상태라기보다는 경쟁이 심한 상황이며, 5G와 같은 새로운 시장이 열리더라도 구글, 아마존과 같은 자본력이 뒷받침되는 기업들이 얼마든지 스마트폰 시장에 진입할 수 있으므로 진입장벽 역시 아주 높다고 보기는 어렵다.

소몽의 투자노트

실전 사례

- 스마트폰

❶ '지갑털이' 전략 O

❷ '올리고폴리' 전략 X

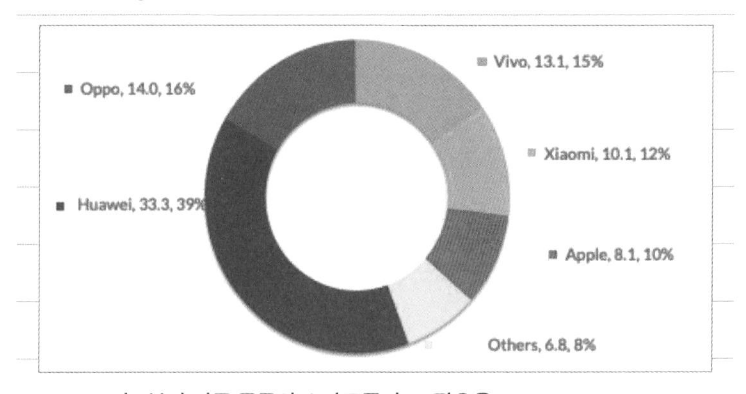

▲ 2019년 4분기 기준 중국의 스마트폰 출고 점유율

※ 아직 본격적인 5G 시대가 도래하기 전이므로, 2019년 자료를 기준으로 한 내용임을 참고하기 바란다.

지금까지 소개한 '올리고폴리' 전략을 참고해 다음과 같은 점수표를 만들어, 투자 여부를 판단하는 근거로 삼아보자. 성장성, 독과점, 진입장벽 여부를 판단해 점수를 매기고, 최종 점수를 통해 장기투자 또는 단기투자 및 투자 대상 제외 여부를 결정하는 것이다. 참고로 이 점수표는 작성 시점에 따라 점수가 달라질 수 있으므로 주기적으로 업데이트해야 한다.

[소몽의 올리고폴리 기업 점수표 예시]

※ 100점 기준으로 동그라미: 감점 없음, 세모: 감점 10점, ×: 감점 30점

구분	대표기업	성장성	독과점 (현재)	진입장벽 (5년 내)	점수	판단
클라우드	아마존, 마이크로소프트	○	○	○	100점	장기
반도체	엔비디아, AMD	○	○	○	100점	장기
반도체 장비	ASML, 램리서치	○	○	○	100점	장기
게임개발 플랫폼	유니티	○	○	○	100점	장기
전자상거래	아마존, 알리바바	○	○	○	100점	장기
미디어 플랫폼	넷플릭스, 디즈니	○	△ (치열)	○ (완화 예상)	90점	중장기
전기차	테슬라, 니오	○	△ (치열)	○ (완화 예상)	90점	중장기
게임 제작	액티비전블리자드	○	△ (치열)	△ (치열)	80점	단기
항공	델타항공, 아메리칸에어	△ (보통)	△ (치열)	○ (완화 예상)	80점	보류 (관심)
담배	필립모리스	× (정체)	○	○	70점	보류 (제외)

2020년 기준

전략 3

건물주 기업에 투자하기, '아무나 이겨라' 전략

돈을 버는 기업은 늘 따로 있다. 치열한 경쟁에서 누가 살아남을지는 모르지만, 그 뒤에서 조용히 웃으며 돈을 버는 기업은 항상 존재해왔고 앞으로도 그럴 것이다. 마치 어떤 세입자가 들어오든 돈을 버는 것은 건물주인 것처럼 말이다. 수익률은 더 높이면서 스트레스는 확실히 덜 받는 투자법이 바로 이 '아무나 이겨라' 전략이다. 평생 묻어놓을 주식을 찾는다면 이 전략이 큰 도움이 될 것이다.

평생 묻어둘 만한 주식 골라내는 '아무나 이겨라' 전략

"勝兵(승병)은 先勝以後求戰(선승이후구전)이라.
이기는 군대는 먼저 이길 수 있는 상황을 만들어 놓고 싸우는 군대다.
敗兵(패병)은 先戰以後求勝(선전이후구승)이라.
지는 군대는 일단 싸워놓고 승리의 방법을 찾는 군대다."

- 《손자병법》 중에서 -

좋은 주식 중에서도 더 좋은 주식을 골라내자!

투자 대상을 고르는 전략 3가지 중, 앞서 소개한 첫 번째 '지갑털이' 전략과 두 번째 '올리고폴리' 전략을 통과한 것만으로도 사실 엄청나게 까다로운 조건을 충족한 셈이다. 정성평가(내가 잘 아느냐)와 정량평가(성장, 독과점, 진입장벽)의 두 가지 관점에서 필터링을 거쳤기 때문이다. 그러므로 이를 통과한 주식은 중·장기 투자에도 문제가 없을 확률이 높다.

이처럼 앞서 소개한 2가지 전략들이 좋은 종목을 골라내는 작업이었다면, 지금 소개하려는 마지막 세 번째 전략은 일종의 가산점 전략으로 가산점을 주는 목적으로 사용하고 있다. 필수는 아니지만, 여기에 해당한다면 정말 베스트 오브 베스트다. 개인적으로는 여기까지 통과하면 100점 만점을 주고 있다. 그리고 실전에서도 이 전략을 적용한 종목들이 큰 수익을 안겨준 적이 많았다.

나에게 영감을 주어 이 전략을 만드는 데 큰 역할을 한 두 가지 사례를 먼저 소개하고자 한다.

돈을 버는 기업은 항상 따로 있었다

19세기, 미국 캘리포니아 등지에서 사금(상업적 가치가 있는 금)이 발견되며 전 세계 노동자들이 금을 캐기 위해 이주한 것을 '골드러시'라 부른다. 정작 그 당시 돈을 번 것은 땀 흘려가며 일한 광부들이 아니라, 그들이 입는 청바지를 만든 회사였다는 사례는 아주 유명하다. 그때 전 세계적으로 유명세를 탄 리바이스(LEVI)라는 기업은 지금도 미국주식시장에서 활발히 거래되고 있다. 그런데 그 리바이스보다도 훨씬 더 많은 돈을 번 회사는 송금 업체였다고 한다. 광부들이 번 돈을 고향에 있는 가족들에게 보내야 했기 때문이다. 어떻게 보면 일하는 사람 따로, 돈을 번 사람은 따로 있었던 셈이다.

멀리 미국의 사례가 아니더라도, 국내의 한 유명 투자자문사 대표의 유명한 일화도 있다. 당시 한국의 껌이 중국에서 잘 팔린다는 기사를 접한 그는 남들이 모두 껌을 만들어 파는 제과회사에 관심을 보일 때 껌을 싸는 '은박지 회사'에 투자해서 큰 수익을 올렸다고 밝혔다. 어떤 제과회사의 껌이 잘 팔릴지는 확실하지 않지만 그 회사들에 독점적으로 은박지를 공급하는 회사는 보다 안정적이고 확실한 수익을 올릴 확률이 높기 때문이었다.

실제로 이 두 사례를 내 '아무나 이겨라' 전략의 모태로 봐도 무방하다. 먹이사슬 최상단에 있는 기업에 투자하는 것, 뒤에서 반드시 웃을 수밖에 없는 기업에 투자하는 것, 이것이 '아무나 이겨라' 전략의 핵심이다.

실전!
'아무나 이겨라' 전략

"세상에서 가장 파괴적인 단어는 '나중'이고,
인생에서 가장 생산적인 단어는 '지금'이다."

- 《실행이 답이다》(이민규 저) 중에서 -

실전 사례 1. 콘솔게임 뒤에서 웃는 반도체 기업, AMD

2020년 초, 약 7년 만에 마이크로소프트와 소니의 신작 게임기들이 출시된다는 기사를 봤다. 이 게임기들을 일컬어 '콘솔게임'이라고 하는데, 소니의 플레이스테이션이 대표적인 제품에 해당한다. 이런 기사를 보고, 경험이 있고 눈치 빠른 투자자들은 다음과 같이 생각한다. '이번에 신작 게임기가 잘 팔리면 주가 좀 오르겠는데? 미리 사볼까?' 이런 생각을 실천으로 옮기기만 해도 이미 충분히 좋은 투자 방법이다. 남들보다 한발 앞서 투자하는 것이기 때문이다.

앞서 소개한 전략들을 기준으로 점검해보면, 첫째 콘솔게임을 포함한 게임시장은 확실히 성장하는 시장이다. 둘째, 독과점인지 살펴보니 완전 최신 자료는 아니지만 확실히 소니, 마이크로소프트, 닌텐도 3개 기업이 10년 넘게 꽉 잡고 있는 시장이다.

▲ 마이크로소프트의 엑스박스

▲ 소니의 플레이스테이션

이런 상황에서 신규 진입자가 갑자기 뜬금포로 게임기 시장에 들어올 것 같지는 않은 것으로 판단했다. 시장의 선두주자인 소니조차도 게임기를 팔아 적자를 내고 있기 때문이다(게임기는 팔수록 손해를 보지만, 별도 게임 타이틀 구매를 통해 이익을 확보하는 구조). 그렇다면 '지갑털이' 전략과 '올리고폴리' 전략에 모두 부합하기 때문에 이 주식들을 공부하여 사놓아도 크게 문제는 없어 보인다.

그런데 문제는 마이크로소프트와 소니 중 누가 더 장사를 잘할지 모른다는 것이다. 설령 게임에 대해 아주 빠삭한 투자자라도 시장의 반응을 정확히 예측하기는 어렵다. 심지어 내부자조차도 제품 발표 후 고객들의 실질적인 반응과 구매가 어떨지는 예측하기 힘들다. 예를 들어, 분명히 이번에는 마이크로소프트의 게임기가 대박이 날 것 같았는데 막상 출시되고 나서 시장 반응이 생각보다 차가울 수 있다.

소몽의 투자노트

(콘솔)게임 투자를 결정하는 지표

❶ (콘솔)게임 산업은 성장하는 산업인가? O

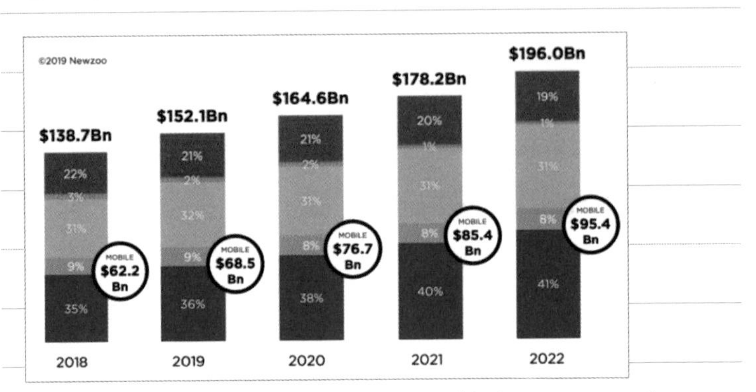

▲ 2018~2022년 글로벌 게임 산업 분야 성장율(출처: newzoo.com)

❷ 독과점인가? O

❸ 진입장벽이 높은가? 미래에도 독과점인가? O

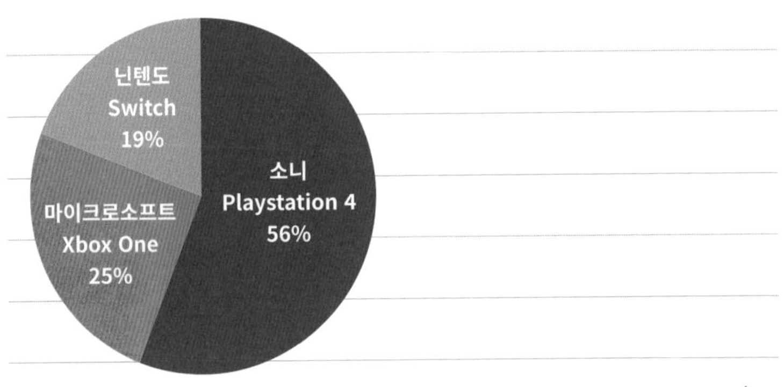

▲ 2019년 3월 기준 콘솔게임 업계 시장의 점유율(출처: factschronicle.com)

그럼 마이크로소프트의 주가 상승에 베팅한 투자자들의 실망감으로 인해 주가는 하락할 수 있다. 반대로 투자자들이 별로 기대하지 않았던 소니 제품의 반응과 판매량이 기대 이상이라면, 소니의 주가는 급등하고 마이크로소프트를 선택한 투자자들은 그저 올라가는 주가를 보며 손가락만 빨게 될 수도 있다. 이런 관점에서 보면 결국 자신도 모르게 50:50의 홀짝게임에 베팅해버린 셈이 된다. 물론 둘 다 오르거나, 둘 다 떨어질 수도 있지만 말이다.

말 그대로 아무도 결과를 알 수 없지만, 나는 여기서 더 나아가 '아무나 이겨라' 전략을 사용한다. 소니의 신작 게임기인 플레이스테이션이 잘 팔리든, 마이크로소프트의 신작 게임기인 엑스박스가 잘 팔리든 누가 이겨도 상관없이 전체 게임기 판매량만 늘면 돈을 버는 기업이 있기 때문이다. 바로 이 두 게임기에 주요 반도체를 '독점' 공급하는 AMD라는 기업이다.

누가 더 성과가 좋을지 마음 졸이거나 하루 종일 스트레스를 받을 필요 없이 AMD라는 주식을 사두기만 하면 누가 이기든지 웃을 수 있다. 이것이 바로 '아무나 이겨라' 전략의 핵심이다. 마치 어떤 임차인 들어와도 공실만 나지 않고 임대료만 또박또박 잘 받으면 돈을 버는 건물주와도 같아서, 건물주 전략이라고도 부른다. 예를 들어, 야심차게 창업하며 건물에 들어온 임차인 소몽이는 건물주에게 월세를 내고도 남을 만큼 돈을 벌어야만 살아남을 수 있다. 장사가 잘되면 건물주보다도 훨씬 더 많은 수익을 챙길 수 있지만, 장사가 안된다면 월세는커녕 폐업을 걱정해야 할 수도 있다. 크게 벌 수도 있지만 크게 잃을 수도 있는 임차인 형태의 주식을 선택할 것이냐, 아니면 크게 벌지는 못하더라도 리스크가 적은 건물주 형태의 주식을 살 것이냐는 투자자 개인 성향에 따라 다를 수밖에 없다. 정답이 없는 선택의 문제지만, 나처럼 리스크는 줄이고 수익은 높이고 싶은 투자자라면 '아무나 이겨라' 전략을 사용해 볼 것을 강력히 추천한다.

▲ AMD(AMD), 마이크로소프트(MSFT), 소니(SNE)의 주가 흐름(2020.4~10)

실전 투자에서 '아무나 이겨라' 전략의 수익률은 낮지 않다. 실제로 나는 2020년 4월 해당 기사를 본 뒤 공부하여 유튜브에도 업로드했을 뿐 아니라 투자도 실행했다. 그리고 위 자료를 보더라도 11월 콘솔게임 출시 직전까지 주가 상승률을 살펴보면 마이크로소프트와 소니보다 AMD가 오히려 훨씬 더 높은 것을 알 수 있다. 10월 말 기준, 연초와 비교하면 나는 AMD(65%)로 마이크로소프트(30%), 소니(23%) 대비 최소 30% 이상의 초과 수익을 올릴 수 있었다.

이처럼 아무나 이겨라 전략에 해당하는 기업은 마치 건물주의 상황처럼 경쟁이 덜하기 때문에, 오히려 경쟁이 심하면서 사람들의 주목을 많이 받는 기업들보다 변동성은 적고 주가 상승은 큰 편이다. 이렇게 치열하게 싸우는 기업들 뒤에서 조용히 돈 벌며 웃는 기업들이 생각보다 꽤 많다. 또 다른 나의 실전 투자 사례를 살펴보자.

실전 사례 2. 전기차보다 배터리, 충전소?

전기차의 핵심 요소인 배터리에 주목하기

'아무나 이겨라' 전략의 최대 장점은 모든 분야에 바로 적용이 가능하다는 것이다. 예를 들어 2020년 가장 큰 화두였던 전기차 시장을 살펴보자. 전기차 시장이 본격적으로 성장한다는 기사가 나오기 시작하면 대부분의 사람들은 전기차 기업에 투자한다. 가장 큰 시장 점유율을 차지하고 있는 현재 1등 기업, 혹은 아직 외면당하고 있지만 크게 치고 나갈 여력이 있는 후발주자들을 각각의 성향과 분석 결과를 토대로 투자하는 것이다.

하지만 나는 '누가 이길지 아무도 모른다', '지금 1등이더라도 앞으로도 1등일지는 확신할 수 없다'라고 생각했다. 실제로 2020년 10월 기준 전기차 시장 점유율 약 18%를 차지하고 있는 테슬라를 추격하기 위해 미국뿐 아니라 중국, 독일의 기존 자동차 업체들과 신생 업체가 온 힘을 다 쏟아붓고 있고 실제로 계속해서 격차가 줄어들고 있다. 과연 누가 이길지, 이기더라도 계속 그 자리를 유지할지 해당 업계 종사자라고 해서 더 확실하게 알 수 있을까? 특히 이런 신산업 같은 경우, 신생 기업 또는 재무구조가 우량하지 않은 기업에 투자했다가 최악의 경우 상장폐지를 맞을 수도 있다. 물론 반대로 베팅이 성공한다면 위험을 감수한 만큼 혹은 그 이상의 보상을 가져갈 수도 있다. 그러나 나는 '음, 전기차 시장이 확대되는 것은 분명한 사실이겠네. 그럼 어떤 전기차가 잘 팔리든 세상에 전기차가 많이 굴러다니겠지? 좋아! 전기차의 핵심 요소인 배터리를 공급하는 회사를 살펴보자'라는 생각으로 어떤 전기차 기업에 투자할지 고민하는 데서 조금 더 나아가 '아무나 이겨라' 전략을 적용해보았다.

2020년 10월 기준 전기차 배터리 시장 점유율은 LG화학(24.6%), 중국의 CATL(24%), 일본의 파나소닉(19.2%)으로 1, 2, 3위를 한중일 기업이 나란히 차지하고 있다.

3개 기업의 시장 점유율이 50%를 훌쩍 넘으므로 독과점이라고 봐도 무방하다. 다만, 점유율에서 볼 수 있듯 선두권 다툼도 치열할뿐더러 후발주자들과의 경쟁도 매우 치열해 실적과 함께 주가의 변동성도 심할 것으로 예상할 수 있다.

실제로 중국의 배터리 회사 CATL은 독점적으로 중국의 주요 전기차 업체들에 배터리 공급 계약을 체결하며 현재 1위인 LG화학을 위협하고 있다. 나는 이렇게 치열한 상황에서는 투자를 조금 보류하고 지켜보자는 입장이라서 관심 종목에 넣어둔 채 다른 기회를 찾아 보기로 했다. 더 좋은 투자 기회가 있을 수도 있으니 말이다.

전기차와 함께 필수적으로 늘어날 수밖에 없는 '충전소'에 주목!

'전기차 배터리 시장도 성장성이 뛰어나지만, 아무래도 지금은 경쟁이 치열해 보이네. 그럼 전기차 시장이 성장하면 수혜를 볼 수밖에 없는 충전소 시장을 살펴볼까?'

이렇게 전기차 충전소 1, 2위 업체를 찾아보는 것도 '아무나 이겨라' 전략이 될 수 있다. 실제로 미국의 전기차 충전소는 차지포인트(CHPT)가 약 44%의 시장 점유율로 1위, 테슬라가 2위(22%), 블링크차징(BLNK)이 6%로 3위를 차지하는 독과점 형태를 띠고 있다. 물론 이 기업들의 주식에 투자하기 전에도 반드시 앞선 전략을 적용해야 한다. 전기차는 5개 이상의 기업이 과점을 이루고 있을 뿐 아니라 신규 기업들의 진입도 계속 이어지고 있어 당분간 경쟁이 치열할 것으로 보이므로 상대적으로 매력도가 떨어졌다. 배터리 업체 또한 절대강자 없이 5개 이상의 기업이 과점을 이루고 있어서 '아무나 이겨라' 전략의 효과가 상대적으로 작을 수 있다. 그런데 충전소 업체는 실질적으로 1위 업체가 거의 절반에 달하는 시장 점유율을 차지하고 있으며, 사실상 상위 3개사가 진입장벽을 높여가고 있는 것으로 판단되어 투자 매력도가 더 높아 보였다.

나는 이러한 의사결정 과정을 거쳐 최종적으로 차지포인트, 테슬라, 블링크차징 3개 기업에 골고루 분산 투자하여 지금까지 보유하고 있다.

뒤에서 별도로 다루겠지만, 주기적인 점검을 통해 시장 점유율과 새로운 기업의 진입 여부만 체크해도 주식을 계속 보유해야 할지 여부를 판단하기에 충분하다.

이 사례를 읽고, "그럼 전기차 기업, 배터리 기업에는 투자하지 않는 것이 좋으냐"라고 묻는다면 그렇지 않다. 나는 전기차 기업도 매력적이고, 배터리 기업도 매력적이지만, 보다 더 매력적인 투자 대상이 충전소 관련 기업이었기 때문에 기회비용을 고려해서 선택했다. 경쟁이 덜 치열하므로 투자 안정성은 높고, 시장 성장의 수혜는 같이 받아 기대 수익률이 높다고 판단한 데 따른 것이었다. 전기차와 같은 신성장 산업에 대한 투자 판단의 좋은 기준으로는 '침투율'이 있으며, 이것은 챕터 4에서 상세히 다룰 예정이다.

실전 사례 3. 게임의 시대에 무조건 돈 버는 유니티

2021년부터 본격적으로 게임의 시대가 열린다는 기사를 본다면 사람들은 어디에 투자할까? 당연히 어떤 게임이 인기를 끌까를 고민하며 개별 게임 기업에 대한 투자를 검토할 것이다. 하지만 나는 어떤 게임 기업이 더 잘나갈지 예측하는 것은 능력 밖의 일이라는 사실을 빠르게 인정하고 '게임의 시대가 오면 무조건 돈을 벌 수밖에 없는 분야는 무엇일까? 그러면서도 경쟁이 치열하지 않은, 뒤에서 돈 버는 기업은 어디일까?'라고 생각하며 다른 투자 대상을 찾기로 했다.

한국뿐 아니라 미국에서도 크고 작은 많은 게임 기업들이 치열한 경쟁을 벌이고 있었고, 게임 플랫폼 역시 경쟁이 본격화되는 시점으로 보였다. 기존 클라우드 게임 분야에 있던 마이크로소프트, 구글뿐 아니라 2020년 말에는 아마존과 페이스북까지 진출을 선언했기 때문이다. 그러던 중 유니티라는 게임 개발 엔진(플랫폼) 회사의 상장 소식을 듣고 관심을 가지게 되었다. 게임 시장이 커지면 반드시 게임 개발에 대한 수요도 늘어날 것이라고 생각했다.

쉽게 말해 게임을 개발하려면 유니티라는 기업의 제품을 필수적으로 사용해야 한다. 게임을 만들 수 있는 도구와 환경을 제공하는 것이다. 실제로 2019년 기준 유니티는 전 세계 게임 개발 시장에서 점유율 50%를 차지하고 있으며, 이미 상위 100대 게임 개발사 중 93개에 달하는 기업을 고객으로 둘 정도로 영향력이 막강하다.

[글로벌 게임엔진 개발 기업 유니티의 시장 점유율]

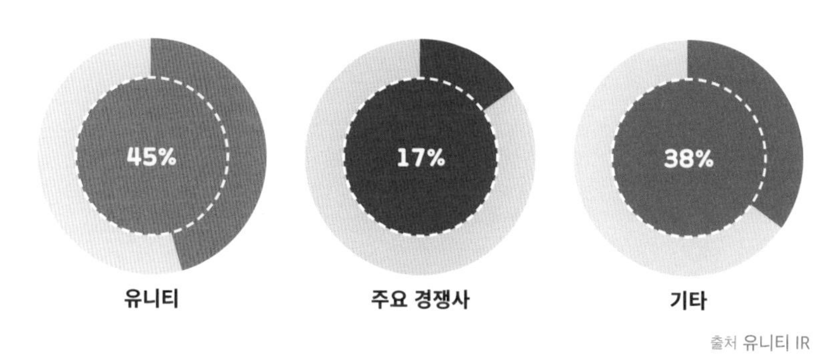

출처 유니티 IR

나는 게임의 시대가 오면 무조건 돈을 벌 수밖에 없으면서 경쟁도 치열하지 않은 '아무나 이겨라' 전략의 대상으로 유니티를 선정한 뒤, 상장일을 기다려 매수한 후 보유할 수 있었다. 이런 명확한 근거가 있으면 주가가 하락하더라도 다시 오를 수밖에 없다는 믿음이 있으므로 매수 후 장기보유 전략이 유효하다.

실전 사례 4. 5G 스마트폰 뒤에서 웃는 퀄컴

또 다른 실전 투자 사례를 보자. 2020년 10월 5G의 시작을 알리는 애플의 신제품 발표가 예정되어 있다는 자료를 보고 눈치 빠른 투자자들은 '애플 주식을 미리 사둘까?'라고 생각했다. 이것만으로도 충분히 좋은 생각이지만 앞서 소개한 내용처럼 스마트폰 시장은 경쟁이 심각한 상황이다. 고성장 시기에는 여러 기업이 나눠 가질 몫이 충분했지만 최근 들어 성장성이 둔화되며 업체 간 경쟁은 더욱 치열해졌고, 부르는 게 값이던 잘나가는 애플마저 가격 올리는 것을 조심스러워하는 상황에 이르렀다. 그러니 앞으로도 애플이 잘나갈지 삼성이 대박 날지, 중국 업체가 점유율을 늘릴지 함부로 단정짓기 어려웠다.

이때 내가 분명하다고 판단한 한 가지 사실은 3G에서 4G 시대로 넘어가며 엄청난 스마트폰 교체 수요가 일어났듯이, 4G에서 5G로 넘어가며 또 한 번 거대한 교체의 물결이 있을 것이라는 점이었다.

이를 기반으로 선택한 나의 '아무나 이겨라' 전략 대상은 퀄컴

(QCOM)이라는 기업이었다. 퀄컴은 스마트폰의 머리에 해당되는 반도체(칩셋)를 만드는 회사라고 생각하면 되는데, 현재 출시되는 대부분의 스마트폰에 퀄컴의 제품이 들어간다고 봐도 과언이 아니다. 삼성전자, 샤오미, 비오, 오포, 샤프, 소니 등 2020년에 출시된 거의 모든 5G폰에 이미 퀄컴의 반도체가 탑재되었다.

[퀄컴의 반도체 시장 점유율 전망치]

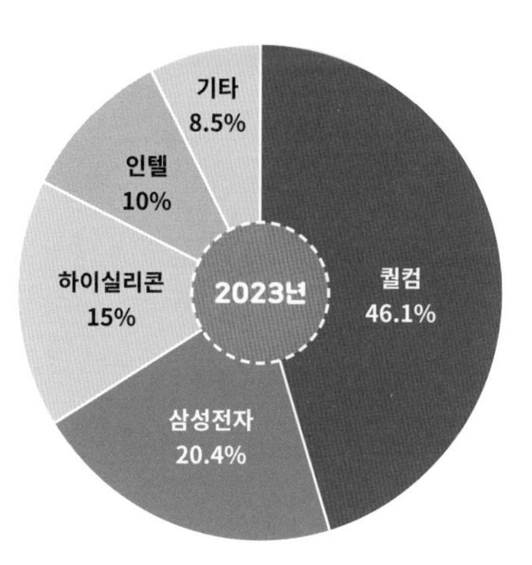

출처 스트레티지 애널리틱스

그러니 한국의 삼성이 잘 팔든, 중국의 샤오미가 잘 팔든, 일본의 소니가 잘 팔든 5G 시대가 열리면 퀄컴은 웃을 수밖에 없다. 스마트폰 제조사들이 치고 박고 싸우며 가격 할인 전쟁에 마케팅, 홍보 전쟁까지 치르며 피를 흘리는 동안, 퀄컴을 선택하면 상대적으로 작은 리스크를 부담하며 수혜는 함께 누릴 수 있다. 다시 말해 실패해도 크게 문제가 없고, 성공할 경우 크게 웃을 수 있다.

▲ 퀄컴(QCOM), 애플(AAPL)의 주가 흐름(2020.6~11)

다음 장에서 매수·매도 시점에 관해 보다 자세히 이야기할 테지만, 나는 당시 애플의 5G폰 발표가 예정된 10월로부터 약 3개월 전 퀄컴을 매수하여 정작 많은 사람들이 관심을 가졌던 애플보다 약 30% 이상 더 높은 수익을 확보할 수 있었다. 퀄컴은 누가 이기든 돈을 벌지만, 생각보다 많은 투자자들이 뒤에서 웃는 이 기업에 관심이 없는 편이다. 그래서 나는 이 전략이 더욱 좋고, 여기에 앞으로도 여전히 돈 벌 기회가 있다고 생각한다.

실전 사례 5. 반도체 싸움이 치열할수록 돈 버는 기업?

이 간단한 전략을 통해 다른 반도체 기업에도 성공적으로 투자한 사례를 소개한다. 2020년 초부터 반도체를 생산하는 대표 기업인 삼성전자와 대만의 TSMC가 공격적인 투자를 하겠다고 발표했다. 수십조원을 들여 국내와 해외에 공장을 짓고 미래를 대비하겠다는 내용이었다. 보통 이런 기사를 보면 대부분의 사람들은 삼성전자와 TSMC를 좋게 보고 투자한다. 물론 이것 또한 충분히 좋은 전략이다. 미래를 위해 앞 다퉈 투자하는 기업이니 말이다.

어떤 반도체 기업이 이기든 무조건 반도체는 생산해야 할 테니 반도체를 생산하는 대표 기업들에 투자하는 것 또한 '아무나 이겨라' 전략이 될 수 있다. 당시 1위인 TSMC의 시장 점유율은 무려 50%였고, 2위인 삼성전자가 약 19%를 차지했다. 나는 반도체 시장은 지속 성장할 것이고, 1, 2위가 독과점이며, 중국의 반도체 생산 기업 SMIC가 중국 정부의 지원에 힘입어 바짝 추격하고 있지만, 경쟁자의 추가 등장은 어려워 보여 진입장벽도 어느 정도 존재한다고 판단했다. 따라서 TSMC와 삼성전자에 나눠 투자하거나 분석을 거쳐 한곳에 투자할 수도 있었다.

[반도체 생산 기업 시장 점유율]

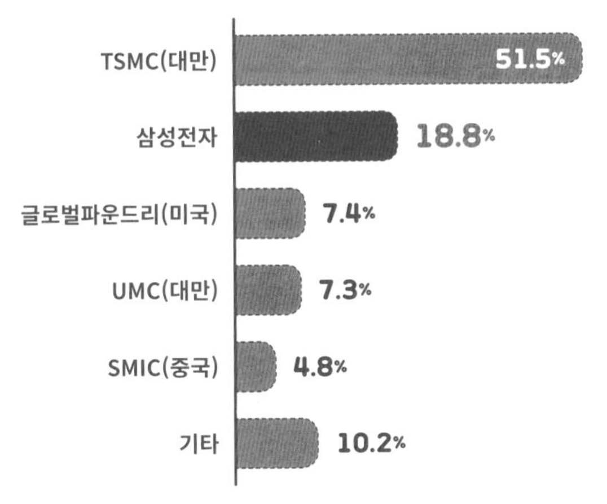

출처 트렌드포스, 2020년 2분기 글로벌파운드리 매출 기준 점유율

여기까지가 '아무나 이겨라' 전략에 해당되며 나는 실제로 TSMC에 투자하기도 했다. 여기서 한발 더 나아가보자. "이 기업들이 반도체 생산에 사활을 걸고 투자한다면 정작 돈을 바로 버는 곳은 어디일까? 중국의 반도체 기업 SMIC가 바짝 쫓아온다는데 과연 하루아침에 기술이 생길 수 있을까? 그 기술을 빠르게 확보하려면 어떻게 해야 할까?" 이런 질문에 대한 해답은 바로 최신 장비와 설비를 들여오는 것이었다. 한국의 삼성전자도 대만의 TSMC도 중국의 SMIC도 조금이라도 경쟁사보다 더 많은, 더 나은 반도체를 만들기 위해서 반드시 최신 반도체 장비를 앞 다퉈 들어오려고 노력할 것이라고 생각했다. 보다 많은 공장, 보다 많은 최신 설비를 바탕으로 한 경험과 노하우가 하루라도 빨리 쌓여 있어야 경쟁사를 제치고 수많은 글로벌

반도체 기업의 주문을 따낼 수 있을 테니 말이다. 그 후 반도체 장비 회사를 살펴보니 약 3개의 회사가 굳건한 독과점 체제를 형성한 것을 보고 투자를 결정했다. 이것 또한 '아무나 이겨라' 전략이다.

[2019년 반도체 장비 글로벌 시장 점유율]

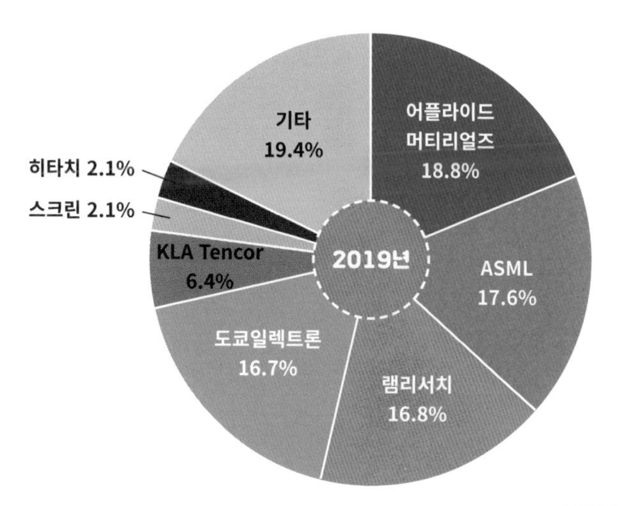

출처 디인포메이션네트워크

특히 ASML의 경우, 미중 무역분쟁이 터졌을 때 트럼프 전 대통령이 직접 중국에 판매하지 말라고 공개적으로 요청할 만큼 중요한 장비를 만드는 기업이다. 이 핵심 반도체 장비를 중국에 팔지 않아야 중국이 기술력으로 쫓아오지 못하기 때문이다. 삼성전자의 이재용 부회장이 직접 네덜란드의 본사에 찾아가 화제가 되기도 했다. 장비 1대를 받으려면 약 18개월을 기다려야 하는데 이마저도 경쟁이 치열하다. 돈이 있어도 이 기업의 장비를 사기 어려운 상황이다 보니,

ASML은 납품을 하는 일종의 '을'의 입장임에도 을이 아닌 '슈퍼 을' 기업으로 불리기도 한다.

▲ ASML(ASML)과 S&P500 ETF(SPY)의 주가 흐름(2020.1~11)

이러한 관점에서 나는 ASML 투자를 집행했다. 앞으로도 반도체 기업 중 누가 이기든 상관없이 무조건 웃는 기업이 될 것이기에 어떤 뉴스가 나오든 흔들릴 필요가 없기 때문이다. 장기로도 문제없고, 혹여나 일시적으로 주가가 하락을 하더라도 스트레스를 덜 받는다는 점에서 이 '아무나 이겨라' 전략은 개인 투자자에게 너무나 매력적인 전략이다.

3가지 전략을 조합해서 나만의 투자 대상 선정하기

지금까지 내가 실제로 가장 유용하게 활용하고 있는 투자 대상을 고르는 3가지 핵심 전략을 소개했다. 전략 소개를 위해 의도적으로 나눠서 설명했지만, 실전에서는 결국 3가지를 조합해서 사용하게 된다. 만약 이번 장에서 소개한 투자 전략에 동의한다면 아래의 예시처럼 표를 만들어 점검해보는 것도 좋은 방법이다. 몇 분도 채 걸리지 않지만, 직접 표를 만들고 작성하는 것만으로도 더 이상 단순한 감과 추측이 아닌 자신만의 근거와 기준을 토대로 투자할 수 있어 큰 도움이 된다. 만약 이 원칙에 맞지 않지만, 그럼에도 여러 이유들로 투자하고 싶다는 생각이 들면 소액투자로 금액을 제한할 것을 권한다.

[소몽의 원칙 적용 점수표 예시]

구분	대표 종목	지갑털이	올리고 폴리	아무나 이겨라	점수	투자 기간 판단
클라우드	아마존, 마이크로소프트	○	○	○	100점	중·장기
반도체장비	ASML 램리서치	○	○	○	100점	중·장기
콘솔게임	마이크로소프트, AMD	○	○	○	100점	중·장기
5G	퀄컴	○	○	○	100점	중·장기
OTT(미디어)	디즈니	○	△	△	80점	중·단기
항공산업	○○항공	○	×	×	60점	단기

예를 들어, ○○항공의 경우 국내여행과 해외여행을 다니며 항공편을 이용해봤으니 '지갑털이' 전략에 일단 해당한다. 직접 돈도 지불했고 시간도 썼으니 말이다. 하지만 2020년 코로나19로 인해 성장성이 더욱 악화되었고, 저가 항공사들의 진입과 치열한 경쟁이 이어지고 있어 '올리고폴리' 전략에 부합한다고 보기는 어렵다. 게다가 뒤에서 웃는 기업이 아니라 직접 경쟁하는 기업의 위치에 있으므로 '아무나 이겨라' 전략을 적용하기에도 부적절하다. 이렇게 전략별로 점수를 정해 감점, 가점을 판단한 후 종합점수를 매긴다.

○○항공의 경우 60점으로, 90점 미만이니 과감하게 투자 대상에서 제외한다. 점수가 낮은데도 호재, 이슈 등의 이유로 꼭 투자하고 싶다면, 소액투자로 금액을 철저히 제한한다. 예를 들어 90점 이상의 종목은 1,000만원 이상 투자가 가능하지만, 90점 미만 또는 전략에 부합하지 않는 종목의 경우 최대 500만원까지만 투자할 수 있도록 나만의 기준을 만들어 철저히 금액을 제한한다. 최악의 경우에도 크게 잃지 않기 위해서다.

서문에서 밝혔듯, 투자의 대가 100명이 있다면 100개의 전략이 있을 수밖에 없다. 남의 전략을 따라해봤자 나와 맞지 않는 옷이라면 갑갑할 뿐만 아니라 심지어 건강을 해칠 수도 있다. 내가 소개한 이 전략들 역시 누군가에게는 도움이 되겠지만 누군가에게는 독이 될 수 있다.

"아, 이 사람은 이런 식으로 전략을 정해놓고 투자하는구나" 정도로만 참고하고 자신만의 전략과 기준을 만들어보길 강력히 추천한다. 안정성 측면에서도, 성과 측면에서도 결과가 한층 더 좋아지는 것을 느낄 것이다.

순위를 보면 묻어둘 기업이 보인다?

단순히 주가가 오르는 기업이 아니라 시가총액 기준으로 순위가 올라가는 기업을 관심 있게 보고 투자하는 것도 하나의 실전팁이 될 수 있다. 다 같이 오르는 것이 아니라, 한 계단 한 계단 위로 올라가는 것 자체가 시대 변화를 반영하는 것일 수 있기 때문이다. 소수몽키 유튜브에 '시가총액 순위 변화를 통해 오래 묻어둘 주식 찾기'라는 영상에서도 이 방법에 대해 상세히 다뤘으니 함께 보면 실전 투자에 더욱 도움이 될 것이다.

▲ 2020.8에 업로드한 유튜브 영상 섬네일

이제 투자 대상을 정하는 방법을 알고, 투자 대상도 골랐으니 이왕이면 언제 사는 게 좋을지, 만약 팔아야 한다면 언제 파는 게 좋을지 다음 챕터에서 본격적으로 알아보자.

산업 구조와 메가트렌드 변화에 대한 관심이 필요한 이유

[10년 단위 시가총액 순위변화표(1960~2020)]

순위	1960	1970	1980	1990	2000	2010	2020
1	AT&T	IBM	IBM	Exxon	Microsoft	Exxon Mobil	Apple
2	General Motors	AT&T	AT&T	General Electric	General Electric	Microsoft	Microsoft
3	Dupont	General Motors	Exxon	IBM	Cisco	Walmart	Amazon
4	Exxon	Eastman kodak	General Motors	AT&T	Walmart	Apple	Alphabet
5	General Electric	Exxon	Amoco	Phillip Morris	Exxon Mobil	Johnson& Johnson	Facebook
6	IBM	Sears Roebuck	Mobil	Merck	Intel	Proctor& Gamble	Tesla
7	Texaco	Texaco	General Electric	Bristol-Myers	Lucent	IBM	Berkshire Hathaway
8	Union Carbide	Xerox	Chevron	Dupont	IBM	JP Morgan Chase	Visa
9	Eastman kodak	General Electric	Atlantic Richfield	Amoco	Citigroup	AT&T	Walmart
10	Sears Roebuck	Guif oil	Shell Oil	BellSouth	AOL	General Electric	Johnson& Johnson

* Fxxon과 Mobil은 1999년에 합병되어 이후 Exxon Mobil이 되었다.

옆의 표는 10년 단위로 미국기업의 시가총액이 어떻게 변화했는지를 보여준다. 1960년에는 대표적인 통신사였던 AT&T가 1위를 차지했고, 2위는 대표적인 자동차 기업인 GM이 차지했으나 2020년에는 두 기업 모두 10위 내에서 아예 사라진 것을 알 수 있다.

1970년과 1980년에는 한때 전 세계 컴퓨터 시장의 70~80%를 차지했던 IBM이 1위를 차지했지만, 역시 2020년 순위권에는 보이지 않는다. 1990년부터 2010년까지는 중간 닷컴 버블 시기에 마이크로소프트에 잠시 자리를 내준 것을 제외하면, 전통적인 에너지 강자 엑손모빌이 왕좌의 자리를 차지하고 있는 것을 알 수 있다. 그리고 2010년 중반부터 2020년까지는 애플이 왕좌를 지켜오고 있다. 2020년에는 심지어 비교적 신생 기업에 속하는 테슬라가 연말 기준 순식간에 6위에 안착했다.

이러한 사실을 통해 내가 지금 강하게 믿고 있는 것이 정말 '확실한' 것인지 곰곰이 생각해볼 필요가 있다. 지금 유망하다고 해서 10년 뒤에도 그럴지는 아무도 모르기 때문이다. 이러나저러나 나의 돈을 지키기 위해서는 지속적인 관심과 공부를 피할 수 없다. 피할 수 없으면 즐겨야 하지 않겠는가!

Chapter 3

수익률 높이는 매수매도 타이밍 잡기

기준을 세우는 것만으로도 수익률이 올라간다

"명확한 목적이 있는 사람은 가장 험난한 길에서조차도 앞으로 나아가고, 아무런 목적이 없는 사람은 가장 순탄한 길에서조차 앞으로 나아가지 못한다."

- 토머스 칼라일 -

대부분 생각 없이 사고, 생각 없이 판다

아마도 투자를 시작한 지 얼마 되지 않은 소위 '주린이(주식어린이)'들 대부분은 특별한 기준 없이 주식을 사고팔 것이다. 내가 이 주식을 왜 사는지, 얼마나 보유할지 언제 팔지에 대해 구체적으로 생각해보지 않고 매매하는 경우가 대부분일 것이다. 나도 그랬으니까.

나름 좋은 주식이라고 생각해서 일단 사긴 샀는데, 이 주식을 애초에 계속 모아가려고 산 것인지, 얼마간 수익을 내면 팔기로 마음먹고 산 것인지 기준을 세운 적이 없으니 주가가 올라도 떨어져도 그저 혼란스럽기만 하다.

어느 날 투자 고수가 TV 또는 유튜브에 나와 "장기투자가 답이다!"라고 말하면, 고개를 끄덕이며 "그래, 역시 자주 사고파는 것보다는 수십 년 묻어두는 것이 좋지!"라고 다짐한다. 그러나 하염없이 떨어지는 주가를 보며 불안한 마음에 TV, 유튜브를 켜보니 이번엔 또 다른 투자 고수가 나와서 "적당한 시기를 잘 노려 매도해서 수익실현을 해야 내 것!"이라고 하니 또 그 말도 맞아 보인다.

TV와 유튜브가 문제라는 말이 아니다. 투자의 대가들이 쓴 명저들을 보더라도 각자의 매수, 매도 기준이 모두 제각각이다. 심지어 서로 상반되는 내용도 있다. 이 방법, 저 방법 좋아 보이는 것을 따라 하다가 지쳐 결국은 그냥 감으로, 기분에 따라 매매하는 나를 발견하게 된다.

장 시작 전까지는 꼭 사겠다고 굳게 마음먹었던 주식도 장이 열리고 급락하면 더 떨어질까 겁나서 매수를 포기한다. 절대 안 팔겠다고 마음먹었던 주식도 안 좋은 뉴스 하나에 충동적으로 매도해 버리고 만다. 투자를 하고는 있는데 기준 없이 감으로 하다 보니 크게 경험도 쌓이지 않는 것 같지도 않고 시간은 시간대로 흘러간다.

꼭 대단한 기준이 있어야 하는 것은 아니다

내가 이번 챕터에서 말하고 싶은 점은 수익을 내기 위해서 꼭 대단한 기준이 있어야만 하는 것은 아니라는 것이다. 내 지인은 주식을 들고 있다가 5%만 수익이 나면 무조건 판다는 '기준'을 세웠다. 말 그대로 '5% 수익 확보' 전략이다. 그 지인은 개인 사업을 하며 계속 주식 시장을 보는 것도 스트레스인 데다, 직접 경험해 보니 그 이상 욕심을 내면 꼭 손실이 커진다고 말했다. 그러므로 자신은 딱 수익 5%만 확보하자는 생각으로 투자하는 것을 원칙으로 삼았다고 했다.

다른 누군가에게는 너무나 단순하고 허점 많은 전략 같아 보여도 이 지인에게는 많은 시행착오 끝에 얻어낸 '가장 마음 편하게 수익을 낼 수 있는' 최적의 전략일 수 있다. 적어도 아무런 기준이 없는 것보다는 훨씬 낫다.

나에게 맞는 옷은 내가 가장 잘 안다

평소 "몇 퍼센트 수익이 나면 혹은 몇 퍼센트 손실이 나면 파는 게 좋을까요?"라는 질문을 정말 많이 받는다. "10년 투자할 건데 종목 추천 하나 해주세요"라는 것에 이어 내 메일함의 두 번째 지분을 차지하는 질문이다. 어떤 마음으로 이 질문을 하는지 너무나 잘 알지만 마땅히 답변할 방법이 없다. 그 주식을 왜 샀는지, 어떤 기준으로 샀는지 알아야 주식을 파는 시점과 전략이 나오기 때문이다. 이 질문을 한다는 것 자체가 애초에 '아무런 기준 없이 주식을 샀다'는 것을 스스로 인정하는 것과 다름없다. 이는 마치 길을 가다가 지나가는 사람을 붙잡고 목적지가 어딘지, 거기로 가는 이유가 뭔지도 말해주지 않고 "지금 지하철을 타는 게 좋을까요, 버스를 타는 게 좋을까요, 택시를 타는 게 좋을까요?"라고 묻는 것과 같다.

투자 성향과 목표, 개인의 능력이 모두 천차만별인데 누구에게나 딱 맞는 전략이 있을 리 만무하다. 그런데도 내 자산을 어떻게 해야 할지 남에게 정해달라고 하는 것은 잘못된 것이 아닐까? 결국 내가 기준을 정해야 한다. 물론 처음부터 혼자 기준을 만드는 것은 어려울 수 있으니 나보다 먼저 시행착오를 겪은 사람들의 노하우를 빠르게 흡수하면 더욱 좋다. 이것을 나에 맞게 변형해서 적용하면 된다. 설령 그것이 조금 잘못되었더라도 나에게 딱 맞는 옷을 찾을 때까지 하나씩 수정, 보완해나가자. 시간이 걸릴 수밖에 없으니 조급해할 필요 없다. 처음부터 나에게 딱 맞는 옷을 찾으려는 것 자체가 욕심이다.

누구에게나 무조건 맞는 '단 하나의 정답'이 없을 뿐 각자에게 맞는 답은 있다. 나 역시 그 답을 찾기 위해 많은 시간을 들였고, 앞서 소개한 '좋은 투자 대상을 고르는 기준'보다 이번 장에서 소개할 '사고 파는 기준'에 대한 전략을 세우는 데 훨씬 더 오랜 시간이 들었다. 실전 투자를 하면서 마주치는 다양한 상황에서 잘 적용할 수 있어야 하기 때문이다. 결국 나는 나에게 딱 맞는 핵심적인 전략 4가지를 세웠다. 그리고 이 전략들을 조합해서 투자한 이후로는 기대 이상의 수익을 꾸준히 낼 수 있었다. 거듭 강조하지만, 앞으로 소개할 이 전략들이 누구에게나 맞는 옷은 아니다. 그저 독자들이 자신만의 투자 기준을 세우는 데 도움이 되길 바랄 뿐이다.

이제부터 수익률을 높이기 위한 소몽의 매수매도 전략을 하나씩 알아보자.

소몽의 수익률 높이는 매수매도 전략 4가지

1. ‘여름에 패딩 사기’ 전략(언제 사나요?)
2. ‘내가 이걸 왜 샀지?’ 전략(언제 파나요?)
3. ‘갈아타기’ 전략(포트폴리오 교체, 리밸런싱)
4. ‘반반’ 전략(알 듯 모를 듯)

전략 1

먼저 가서 여유 있게 기다리는 '여름에 패딩 사기' 전략

주식투자는 1등을 겨루는 시합이 아니다. 남들보다 딱 한발만 더 먼저 움직이면 된다. 모두가 패딩을 찾기 전 미리 움직이는 것만으로도 훨씬 더 싼 가격에 패딩을 구매할 수 있듯 말이다. 뉴스를 뒤쫓는 것이 아닌, 먼저 가서 여유있게 기다리는 것이 '여름에 패딩 사기' 전략이다.

한발 먼저 사서 기다리는 '여름에 패딩 사기' 전략

"증권시장이란 인내심 없는 자로부터
인내심 있는 자에게로 돈을 이동시키기 위한 도구다."

- 워런 버핏 -

돈은 모래와 같다는 것을 깨닫다

돈은 모래와 같아서 오히려 꽉 움켜쥘수록 손에서 빠져나가는 경향이 있다. 아무런 기준과 원칙 없이 마음만 급했던 나의 초창기 주식 투자도 마찬가지였다. 조급해하면 할수록 수익은 나빠졌다. 오늘 사서 내일 오를 주식, 지금 사서 당장 몇 분 안에 오를 주식을 찾아 헤매면 헤맬수록 수익은커녕 손실만 더욱 커질 뿐이었다. 빨리 수익을 내려는 마음이 커질수록 계좌의 돈 역시 빠르게 빠져나갔다. 특히 언론뿐 아니라 온라인 커뮤니티의 많은 사람들이 관심을 갖는 주식일수록 위아래로 더욱 심하게 흔들렸고, 문득 돌아보니 나도 모르게 분위기에 휩쓸려 도박하듯 홀짝게임에 베팅을 하고 있었다. 무언가 놓치고 있는 게 분명했다.

주식은 현재가 아닌 미래를 반영한다

차츰 경험이 쌓이자 '주식은 철저히 미래를 반영한다'는 사실을 깨달았다. 그런데 대부분의 뉴스를 포함한 미디어에서는 '이미 벌어진 일'을 다루고 있었다. 대다수의 사람들 역시 그것들을 보며 전날 왜 그 주식이 급등하고 급락했는지 이유를 찾고, 이해하는 데 많은 힘을 쏟는다. 그러니 유튜브에서도 급락과 급등, 특히 '요즘' 핫한 이슈를 다루는 영상이 인기다. 하지만 얄궂게도 이런 주가에는 이미 일어난 일에 대한 투자자들의 반응이 거의 다 반영되어 있다고 보면 된다.

다시 말해 우리가 이미 벌어진 일에 대한 뉴스를 보고 유튜버의 분석을 들으며 충분히 이해한 다음 투자 판단을 하려고 할 때면, 주가는 '이미 벌어진 그 일'이 아닌 그다음 사건에 대한 기대와 우려에 따라 움직이고 있을 확률이 높다. 이미 한 박자 늦은 것이다. 대부분의 투자자가 시장 또는 투자한 종목의 가격이 하락하면 그에 대응하기 위해 '주가가 왜 떨어졌는지'에 대한 이유를 열심히 분석한다. 그리고 그다음 날 주가가 다시 오르면 '주가가 왜 올랐는지' 이해하기 위해 몇 시간씩 경제방송과 유튜브를 보며 또 공부한다. 이렇게 뉴스를 '뒤쫓는' 방식으로는 원하는 수익을 내기 어렵다. 하루에도 셀 수 없이 많은 뉴스들이 터져 나오는데 하나하나 쫓아다니며 모든 주가 변동에 대한 원인을 찾으려다가는 결국 지쳐서 나가떨어지기 쉽다.

계속해서 '공부하고 있는 듯한 느낌'은 드는데, 노력과 투입 시간 대비 성과가 안 나온다는 느낌이 들면 방법이 잘못됐을 가능성도 있다는 것을 염두에 두자. 본인이 투자하는 목적이 '최대한 다양한 지식과 이슈를 습득'하고 싶은 것(일종의 알쓸신잡)이 아니라 '자산을 불리고 싶은 것'이 맞다면, 현재(사실상 이미 일어난 과거)가 아니라 미래를 보는 연습을 하는 것이 훨씬 도움이 된다. 주가는 현재에 머무르지 않고 계속해서 미래를 반영하며 앞서가기 때문이다. '많이 아는 것'과 '투자해서 돈을 버는 것'은 철저히 다른 영역이다. 투자로 돈을 벌고 싶은 것이 맞다면 이 질문에 스스로 답해 보는 것이 좋다. 계속해서 힘들게 뒤꽁무니만 쫓을 것인가, 먼저 가서 여유롭게 기다릴 것인가?

최소 시간, 최대 효율이 투자의 핵심

많이 공부하고 많이 아는 만큼 투자 수익률이 좋다면, 독서실에서 24시간 투자를 공부하는 학생이나 모니터를 여러 대 놓고 앞에서 상시 대기하는 전업투자자의 수익률이 압도적으로 높아야 할 것이다. 그렇지만 현실은 그렇지 않다는 것을 다들 잘 알 것이다.

그러므로 우리는 최대한 많은 시간을 투입하는 것이 아니라, 최소 시간을 투입해 최대 효율을 낼 수 있는 방법을 찾으려 노력해야 한다.

'주식'이라는 직원이 알아서 일하게 하도록 하기 위해서는 '뉴스'라는 녀석의 뒤꽁무니를 쫓아다니는 습관을 버려야 한다. 이 습관을 버리는 것만으로도 투입 시간은 줄고 효율, 즉 수익률이 높아지는 것을 경험할 수 있을 것이다.

'여름에 패딩 사기' 전략(=한발 먼저 가서 기다리기)

"그럼 도대체 어떻게 미리 길목에 가서 기다리라는 말인가?"라는 의문에 대한 답을 위해 소개할 전략이 바로 '여름에 패딩 사기' 전략이다.

한여름, 백화점에 가보니 두꺼운 패딩을 파는 코너가 있다. 게다가 엄청나게 크게 70% 할인이라고 쓰여 있고, 가까이 가서 보니 평소에 갖고 싶었던 브랜드의 비교적 최신 제품이다. 하지만 반팔 입기에도 푹푹 찌는 날씨에 겨울은 먼 얘기라고 생각해서 사지 않는다. 그러나 겨울은 눈 깜짝할 새 다가오고, 다시 백화점에 가니 여름에 봤던 패딩보다 질이 떨어지는 제품을 할인은커녕 제값 다 주고 살 수밖에 없다.

눈치 빠른 독자들은 이 이야기의 교훈을 벌써 알아챘을 것이다. '여름에 패딩 사기' 전략이란, 말 그대

로 '어차피 찾아올' 겨울을 대비해 남들보다 조금만 더 빨리 주식을 매수해 놓는 방법이다. 이 방법은 아주 약간의 인내심만 있다면 누구나 할 수 있다. 그러나 효과는 기대 이상이다. 그럼 도대체 '겨울'이 언제라는 걸까? 그걸 알아야 미리 사둘 것 아닌가.

결국 겨울은 온다

결국 주가는 실적에 수렴한다는 말을 들어본 적이 있을 것이다. 여기서 말하는 실적이란 '기업이 돈을 버는 것'을 의미한다. 그러므로 회사가 돈을 잘 벌 것이라는 기대감이 커지면 주가는 가치를 앞당겨 반영하며 상승하기 시작한다. 발 빠른 투자자들이 낮은 가격에 주식을 선점하러 하나둘 들어오기 때문이다.

이렇게 투자자의 기대감을 부풀리는 주요 이벤트(D-day)들이 주기적으로 반복된다는 것이 이 전략의 핵심이다. 마치 매년 여름이 지나면 반드시 가을을 지나 겨울이 오는 것처럼 기업의 실적에 영향을 끼치는 주요한 이벤트는 주기적으로 반복될 수밖에 없다.

예를 들어, 애플의 신제품(신형 아이폰, 애플워치, 애플 글래스 등) 발표행사는 일정이 지연될 수는 있어도 결국은 열릴 확률이 매우 높다. 테슬라의 신형 자동차 발표 역시 출시가 늦어질 수는 있어도 테슬라가 문을 닫지 않는 이상 결국 진행될 것이다. 새로운 스마트폰, 새로운 자동차가 나온다는 말은 구형 제품에서 신제품으로의 교체 수요와 신규 수요가 동시에 생긴다는 것을 의미한다. "새로운 스마트폰이 나왔네, 한번 바꿔볼까?", "이번 기회에 자동차 한 대 장만해 볼까?"와 같은 수요는 곧 기업의 이익 증가, 실적에 영향을 끼치는 중요한 이벤트다. 신제품, 신규 서비스가 흥행할 것이라는 기대감이 커질수록 투자자들은 수요 증가에 따른 이익 증가 기대감으로 더욱 몰려든다.

예를 들어, 애플이 신제품 발표에서 기존에 없었던 새로운 분야에 진출한다는 루머가 돌기 시작하면, 투자자들은 애플이 추가 수익을 낼 것이라는 기대감에 몰려든다. 설령 새로운 분야에서 뭘 할지 정해진 것은 아무것도 없는데 말이다.

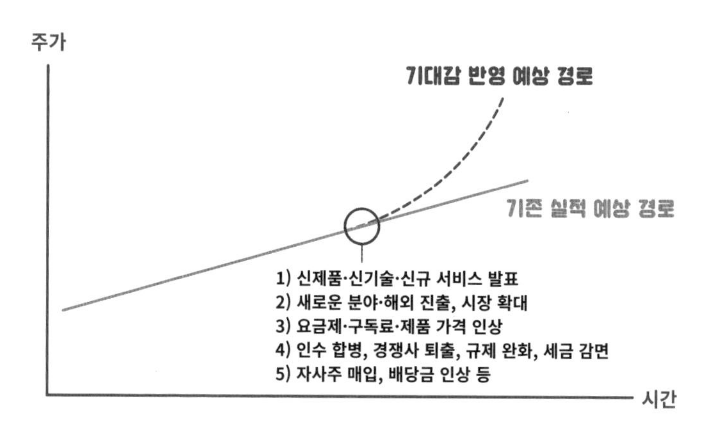

▲ 실적에 영향을 미치는 이벤트에 대한 기대감으로 주가가 미리 오르기 시작한다(빨간색 선은 주가를 의미).

그렇기 때문에 막상 주요 이벤트가 열리는 '당일'에는 주가의 변동성이 커진다. 뉴스를 보고서야 뒤늦게 새로 유입되는 투자자들과 미리 사놨다가 수익을 실현하기 위해 팔고 나가려는 투자자들 사이에 힘겨루기가 치열하게 펼쳐지기 때문이다. 이때는 주가가 위아래로 심하게 요동쳐서 뒤늦게 들어온 개인투자자는 버티기가 무척 힘들다.

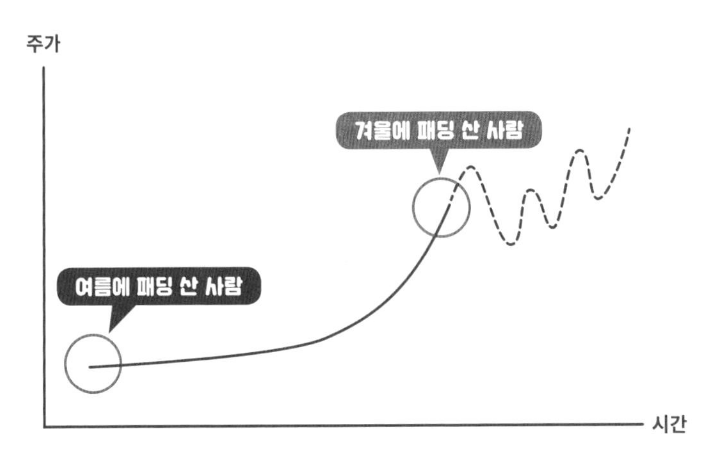

▲ 여름에 산 투자자는 여유가 있지만, 뒤늦게 겨울에 산 투자자는 큰 변동폭을 견뎌야 한다.

해당 주식에 정말 강한 확신이 있는 투자자라면 버티겠지만(그 정도로 강한 확신이 있다면 이미 선점해서 사놨을 확률이 높다), 쏟아져 나오는 호재를 다룬 뉴스를 보고 나서야 뒤늦게 추격 매수한 투자자들은 보통 충분히 분석하지 않고 들어온 경우가 많다. 그렇기 때문에 길어야 한 달 정도만 주가가 지지부진해도, 혹은 10%만 하락해도 견디지 못하고 금세 주식을 매도해 버린다. 결국 '3~6개월 전에 먼저 산 것' 하나로 누적 수익률의 차이는 더욱 벌어질 확률이 높다.

이벤트가 열리는 날, 즉 D-day에 대비해 주식을 미리 사둔 투자자는 이미 어느 정도 수익이 확보된 상태이므로 여유를 가지고 더 오를지 떨어질지 지켜볼 수 있다. 하지만 뒤늦게 들어온 투자자는 해당 이벤트에 대한 기대치가 이미 주가에 거의 다 반영된 뒤이기 때문에 단기간에 큰 상승을 기대하기 어렵다. 그래서 주가가 일시적으로 조금만 하락해도 팔고 나가므로, 결국 재상승하는 경우의 수익도 확보하지 못할 확률이 매우 높다. 즉, 버는 사람은 더 벌고 못 버는 사람은 더 못 벌게 된다.

단순히 조금 먼저 사놨다는 사실만으로도 수익의 차이가 벌어진다. 특정 이벤트, 즉 D-day가 다가올수록 주가의 변동성이 커지므로, 비싼 가격에 뒤늦게 진입한 투자자들은 지금이 고점이라며 팔고 나가는 경우가 많다. 손실이 커질까 두려워하며 주가가 조금만 하락해도 금방 매도하는 것이다. 반면, 겨울을 대비해 여름에 미리 패딩을

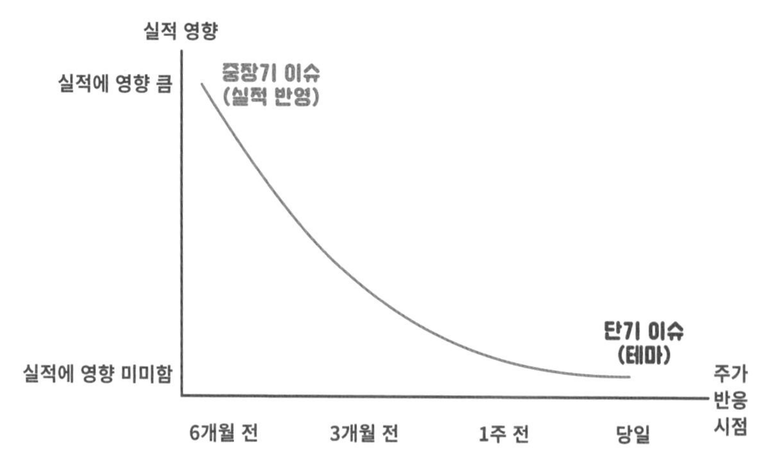

▲ 실적에 영향을 크게 미치는 이벤트일수록 주가에 더 빨리 반영된다(빨간색 선은 주가를 의미).

사 놓은 투자자들은 여유를 갖고 지켜볼 수가 있다. 그것만으로도 두 투자자 간의 중·장기 수익률의 차이가 벌어질 확률이 매우 높아진다.

앞서 언급한 것과 같이 주식은 3~6개월 정도 미래를 선반영한다. 실적에 영향을 많이 미치는 이벤트일수록 더 빨리 반영된다. 물론 실적에 큰 영향을 미치지 못하는 이슈 등으로 주가가 잠깐 오르는 경우도 있는데, 이는 '테마성 움직임'에 가까우며 다시 하락할 가능성이 높으므로 유의해야 한다.

주식만 이런 것은 아니다. 부동산을 예로 들더라도 근처에 지하철역이 들어온다는 뉴스에 한 번, 지하철역을 짓는 삽질(착공식)에 한 번, 지하철역이 진짜로 들어오고 나서 한 번 더 가격이 오르는 것이 거의 공식에 가깝다. 대다수의 사람들은 이렇게 교통이 불편한 지역이 어떻게 이 가격이냐고 말도 안 된다고 하지만, 이미 눈치 빠른 투자자들은 그 자리에 지하철역이 들어온 뒤의 변화를 상상하고 가격을 매긴다. 지하철역이 그 일대의 부동산 가격(주식으로 치면 실적)에 중·장기적으로 미치는 영향력이 그만큼 크기 때문에, 3~6개월 수준이 아니라 몇 년을 앞서 가는 '여름에 패딩 사기' 전략을 구사하는 것이다.

테마와 성장은 한 끗 차이?

좋은 뉴스로 인해 주가가 급등하는 경우, 이것이 내가 투자할 기업의 실적에 진짜로 좋은 영향을 미치는지를 냉정하게 판단해야 한다. 단순히 '○○ 테마주', '○○ 관련주'라며 많은 뉴스들과 함께 일시적으로 오르는 주식들의 대다수는 실적과 무관하게 단기 기대감으로 움직이는 편이다. 즉, 실적에 아무런 영향이 없다는 사실이 확인된다면 언제라도 다시 주가가 제자리로 돌아오거나 그보다 더 하락할 수 있다. 따라서 이런 뉴스에 좌우되어 충동적으로 매매하지 않는 습관을 들여야 한다. 소중한 투자금을 잃지 않는 중요한 방법 중 하나다. 만약 늘 내가 사기만 하면 '고점'이라는 생각이 든다면 위 방법처럼 습관을 바꿀 필요가 있다. 손실을 줄이고 수익률을 높이는 데 큰 도움이 될 것이다.

기다리는 것? 전혀 지루하지 않다

아마 성격 급한 사람은 이렇게 반문할 수도 있다.

"아니, 좋은 방법이긴 하지만, 3~6개월은 너무 긴데 어떻게 기다리나요. 너무 지루할 것 같아요."

그런데 주가는 그렇게 지루해질 틈을 주지 않는다. 눈치 빠른 투자자들로 인해 한발 앞서 미래를 반영하러 달려가기 때문이다.

다음 차트는 투자자들이 상상하는 가상의 주가 흐름이다. 대부분의 사람들은 해당 주식의 실적에 영향을 미치는 주요 이벤트 6개월 전에 주식을 사두는 것은 상당히 재미없고 지루하며, 심지어 시간 낭

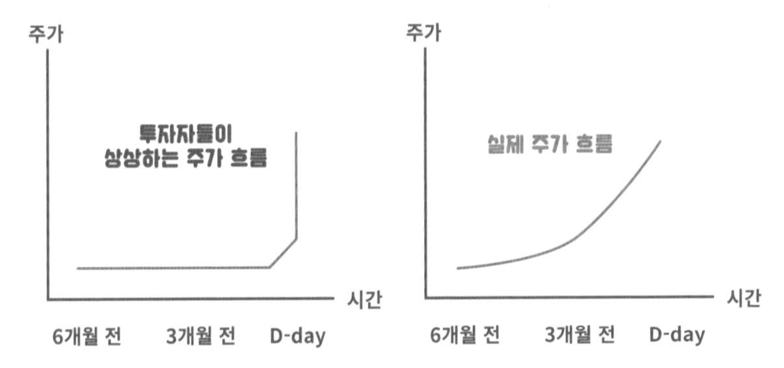

▲ 주요 이벤트 발표 6개월 전부터 D-day까지 주가 흐름도, 상상(좌) vs 실제(우)

비라고 생각한다. 그러나 실제로 주가는 위 오른쪽 차트처럼 움직인다. 보통은 3개월 전부터 눈치 빠른 투자자들이 낮은 주가에 주식을 선점하기 위해 들어오기 때문에 주가는 서서히 오르기 시작하며, D-day가 가까워질수록 오르는 속도가 빨라진다. 오히려 D-day 직전까지 과도하게 많이 오른 후 정작 당일에 하락하는 경우도 허다하다. 좋은 뉴스밖에 없는데도 주가가 하락하는데, 이런 경우가 바로 '소문에 사서 뉴스에 팔라'의 대표적인 사례가 된다. 지금부터 '여름에 패딩 사기' 실전투자 사례를 살펴보자.

실전!
'여름에 패딩 사기' 전략

"자신이 어떤 주식을 왜 갖고 있는지,
납득할 만한 이유를 말할 수 있는가?
'이 주식은 반드시 오를 것'이라는 생각은
별로 중요하지 않다."

- 피터 린치 -

게임기 출시 이벤트를 활용한 AMD 사례

앞서 나온 아무나 이겨라 전략의 사례로도 소개했지만, 내가 반도체 기업 AMD를 매수했던 시점이 전형적인 '여름에 패딩 사기' 전략을 활용한 사례다.

어느 날, 나는 마이크로소프트와 소니의 신형 콘솔게임기가 2020년 11월 출시 예정이라는 기사를 접했다. 무려 7년 만의 신작이니 엄청난 교체 수요와 신규 수요가 있을 것으로 예상되었다. 즉, 오래된 구형 게임기를 교체하려는 고객들뿐 아니라 이번 기회에 새롭게 게임기를 구매하려는 잠재 고객들까지 확보할 수 있는 대형 이벤트였다.

여기서 수혜를 보는 대표적 기업이 마이크로소프트와 소니의 게임기에 단독으로 반도체를 공급하는 AMD라는 생각에 D-day(여기서는 콘솔게임기 출시일)로부터 약 4개월 전 미리 투자를 해두었다.

▲ AMD(AMD)와 S&P500 ETF(SPY) 주가 흐름(2020.4.1~11.30)

위 차트에서 볼 수 있듯 신규 콘솔게임기 출시 약 4개월 전인 7월 중순부터 AMD의 주가(검은색 선)는 먼저 반응하기 시작한다. 미국주식시장(S&P500 ETF)을 나타내는 파란색 선보다 훨씬 더 가파르게 상승하는 것을 알 수 있다. 정작 실적으로 반영되는 것은 제품 출시 이후인데도 주가는 이렇듯 기대감으로도 움직인다.

소몽의 투자노트

AMD 종목 투자 성공 사례

- 주요 사용 전략: '여름에 패딩 사기', '아무나 이겨라' 전략
- 매수 시점: 이벤트로부터 약 4개월 전(7월 20일)
- 매도 점검: 이벤트 2주 전~이벤트 직후 2주(11월 중순 기점)
- 확보 수익률: +70%(시장 대비 60% 초과 수익 확보)
- 판단: 보유(장기투자 대상)

반복되는 이벤트(대선)를 활용한 트위터 사례

다음으로 대표적인 소셜미디어 기업인 트위터(TWTR) 역시 주기적으로 반복되는 이벤트인 '대선'이라는 포인트를 근거로 여름에 패딩 사기 전략을 활용해 수익을 확보한 케이스다. 사실 이 전략을 사용할 수 있었던 배경은 2016년의 경험이 컸다. 4년 전 대선 당시 미국주식시장에서 어떤 주식들이 특히 더 올랐는지 생생히 기억하고 있었기 때문이다.

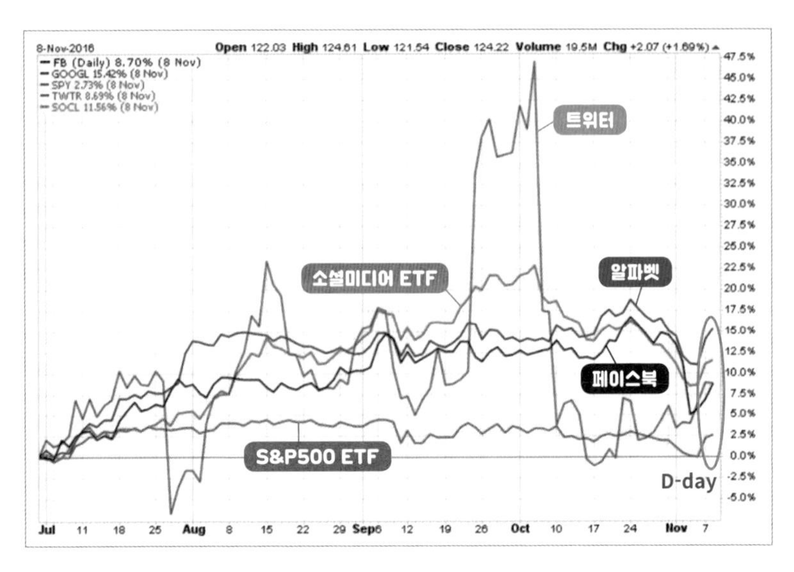

▲ 2016년 미국 대선 4개월 전 페이스북(FB), 알파벳(GOOGL), S&P500 ETF(SPY), 트위터(TWTR), 소셜미디어 ETF(SOCL) 주가 흐름

위 자료는 2020년 대선을 4개월 앞두고 소수몽키 유튜브에 올린 영상의 자료다. 영상을 올린 날로부터 딱 4년 전인 2016년 7월 1일부터 D-day인 2016년 11월 8일(대선 당일) 4개월간의 주요 소셜미디어 기업과 미국주식시장(S&P500)의 주가 흐름을 나타내고 있다. 대선 시기가 되면 특히 이용자가 많은 소셜미디어 플랫폼에 각 후보자들이 공격적으로 광고를 집행하기 때문에 실제로 실적이 급상승할 확률이 매우 높아진다.

당연히 이에 대한 기대감으로 주가는 몇 개월 앞서 먼저 움직이기 시작했다. 당시 대선의 수혜를 가장 많이 받았넌 소셜미디어 기업인 트위터의 주가가 D-day 약 3~4개월 전부터 시장을 본격적으로 앞서

기 시작했음을 알 수 있다. 그뿐만 아니라 상대적으로 시가총액이 커 주가 상승률이 낮아 보이지만, 페이스북과 알파벳(구글 모회사, 유튜브 및 광고 포털 보유) 역시 3~4개월 전부터 본격적으로 시장 대비 주가 상승률이 높아지기 시작했다.

또한, 대선이 가까워지자 상승폭이 줄어들면서 시장과의 수익률 격차가 계속해서 좁혀진 것을 알 수 있다. 즉, 대선 효과로 인한 실적 기대감에 미리 주가가 상승했고, 해당 효과가 사라지는 시점이 다가올수록 과도하게 부풀었던 기대감이 줄어들며 주가도 함께 하락하는 것을 확인할 수 있다.

위 트위터의 사례가 실전에서 주가 움직임을 나타내는 전형적인 경우라고 보면 된다. 일반적인 생각으로는 주가가 당연히 직선으로 우상향해야 한다. 만약 시작점이 80이라면 목표지점인 100을 향해 직선으로 올라가는 것이 이론상으로는 맞지만, 실제 주가는 대부분 다음 장의 그래프처럼 80에서 120까지 올라갔다가 다시 100으로 내려간다. 이벤트에 대한 기대감으로 과열되었다가, 과열이 식으며 정상가격(또는 일시적으로 그 이하)으로 돌아가는 것이다. 주식시장에서 이런 일은 매우 비일비재하다. 나는 이것을 기억하기 위해 아예 '80-120-100법칙'이라고 이름 붙인 뒤 투자에 항상 참고하고 있다.

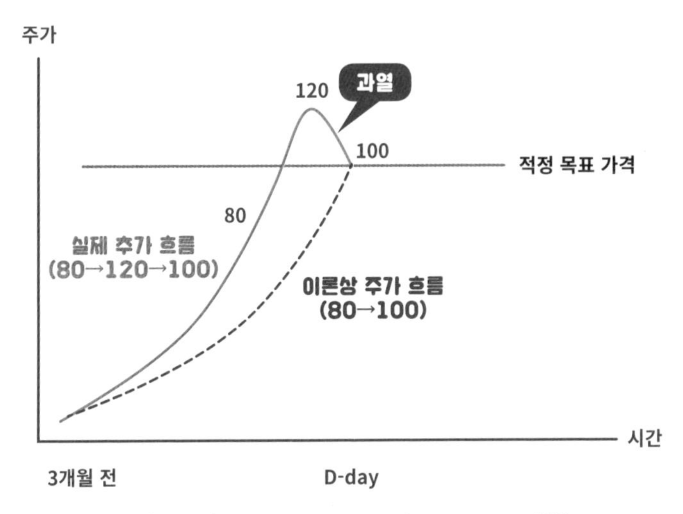

▲ 정작 이벤트 당일(D-day) 주가는 하락. 소몽의 '80-120-100법칙'

인간의 심리를 고려하라, 소몽의 80-120-100법칙

앞서 소개한 '80-120-100법칙'만 알아도 2가지 이점이 있다. 첫째는 단기 매매 타이밍에 대한 기준이 생긴다는 점, 둘째는 큰 손실을 막을 수 있다는 점이다. 만약 D-day를 안다면, 주가가 100으로 되어 돌아가기 전 단기 과열인 120 수준에 도달한 시점에 주식을 전량 또는 일부 매도하여 수익을 확정 짓는 것이 하나의 실전 전략이 될 수 있다. 또한, D-day 직전 또는 D-day 부근에서는 주가가 많은 관심을 받아 과열된 상태일 확률이 매우 높다는 것을 인지하고 있어서 신규 투자 시 유의할 수 있다. 이 시점에는 돈을 벌 확률보다 잃을 확률이 높기 때문이다. 이렇듯 '80-120-100법칙'으로 주가가 움직인다는 사실만 알아도 수익률은 높이고 손실은 줄일 수 있다.

4년 만에 돌아온 기회, 이번엔 반드시 잡는다

앞서 소개한 것처럼 나는 2016년 당시 트위터에 투자할 수 있었던 좋은 기회를 놓쳤다. 계속해서 관찰은 하고 있었지만 경험이 없어 확신이 부족했고, 확신이 부족하니 투자할 용기가 나지 않았다. 그래서 그 당시 4년 뒤 다시 이런 기회가 온다면 놓치지 않겠다고 다짐했다.

미국대선이 있던 해에 증시는 주로 올랐을까 내렸을까(Feat. 주의해야할 시기는?)
소수몽키 • 조회수 6.6만회 • 11개월 전
재미로 참고만 해주세요^^

▲ 2020.1에 업로드한 영상 섬네일. 2020년 대선을 무려 11개월이나 앞두고 업로드

오죽하면 위와 같이 2020년이 되자마자 대선에 관련된 영상을 올렸겠는가. 무려 대선까지 11개월이 남았지만 그만큼 칼을 갈았다. 이번만큼은 승리할 확률이 높은 전투에 반드시 참여하겠다고 말이다. 물론 승리가 어느 정도 확보되었다고 해서 위험이 없다는 것은 결코 아니다. 2016년과 같이 대선 3~4개월을 앞두고 소셜미디어 대표 주식인 트위터를 선점하기 위해 계속해서 지켜보고 있던 찰나 악재가

터졌다. 인종차별과 관련된 글을 방치했다는 이유로 소셜미디어 전체에 대한 여론이 나빠지면서, 이를 지켜만 보던 대기업들조차 광고 불매운동, 즉 보이콧에 참여한 것이다.

소셜미디어의 실적에 영향을 미치는 제1요소는 당연히 첫째도 둘째도 광고다. 단순히 고객들의 불만 상승이 아닌 광고의 감소는 실적에 직접적인 영향을 미치기 때문이다. 트위터의 주가는 이러한 우려를 반영해 급락했다. 언론에서는 계속해서 늘어나는 보이콧 참여 대기업 리스트를 헤드라인에 띄우며 투자자들에게 겁을 줬다. 만약 2016년의 경험이 없었고, 투자 경험이 부족했다면 나 역시 별 수 없이 겁먹고 주식을 팔아 버렸을 것이다. 하지만 2016년의 경험 덕에 오히려 이런 악재를 기회로 삼아 비교적 저가에 트위터 주식을 매수하여 보유할 수 있었다. 그리고 2016년 대선 한 달 전 주가가 단기 고

▲ 트위터(TWTR), S&P500 ETF(SPY) 주가 흐름(2020.1.1~11.30)

점을 찍고 내려왔던 것을 기억하고 대선 2주 전까지 분할 매도를 완료했다. 공교롭게도 아래 차트와 같이 트위터는 2020년 11월 대선을 앞두고 급락하는 모습을 보였다. 4년 전과 아주 흡사하게 말이다.

소몽의 투자노트

트위터 종목 투자 성공 사례

- 주요 사용 전략: '여름에 패딩 사기', '아무나 이겨라' 전략
- 매수 시점: 이벤트로부터 약 4개월 전(7월 1일)
- 매도 시점: 이벤트로부터 약 2주 전(~10월 20일)
- 확보 수익률: +40%(시장 대비 약 30% 초과 수익 확보)
- 판단: 매도(매수 사유 소멸)

'여름에 패딩 사기' 전략의 중요한 포인트는 주식마다 영향을 미치는 이벤트가 다르므로, 내가 산 주식 혹은 내가 사려고 지켜보고 있는 주식의 가격에 큰 영향을 미치는 이벤트가 무엇인지 확인하는 것이다. 그것은 분기마다 돌아오는 실적 발표가 될 수도, 신제품 출시가 될 수도, 블랙 프라이데이 같은 연례행사가 될 수도 있다. 이 이벤트가 곧 겨울이자 D-day이므로, 우리는 남보다 조금 더 앞서 주식을 선점할 수 있게 된다. 쉽게 말해 매수를 언제 하면 좋을지 기준이 생긴다. 뒤에서도 언급하겠지만, 결국 매수하는 기준이 생기면 매도하는 기준도 생긴다. 산 이유가 사라지면 팔면 되기 때문이다.

손실 막는 투자를 하고 싶다면 먼저 D-day를 찾자!

"공격은 관중을 부르고,
수비는 승리를 부른다."

- 폴 브라이언트-

손실을 막아주는 '여름에 패딩 사기' 전략

'여름에 패딩 사기' 전략이 좋은 또 하나의 이유는 '잃는 것을 막아준다'는 사실이다. 옆의 차트에서 검은색 선은 대표적인 전기차 업체 테슬라의 주가 흐름(2020.6~9)을 나타낸다. 테슬라의 주요 행사인 배터리데이(2020.9.22)를 3개월 앞둔 시점으로, 주가 상승에 대한 기대감으로 인해 주가는 더욱 가파르게 상승하기 시작했다.

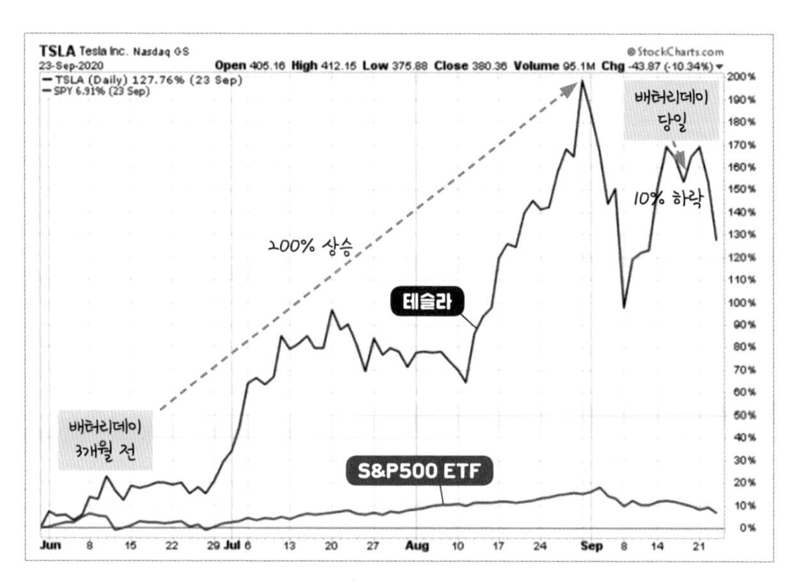

▲ 테슬라(TSLA), S&P500 ETF(SPY) 주가 흐름(2020.6.1~9.22)

왜 하필 '배터리데이'라고 할까? 전기차를 구성하는 부품 가격 중 배터리가 차지하는 비중이 거의 40%에 달하는 만큼 배터리의 변화가 기업의 이익, 즉 실적에 미치는 영향이 크기 때문이다. 그러므로 배터리데이는 테슬라의 실적에 영향을 끼칠 것으로 판단되는 D-day, 즉 '겨울'이 된다. 당시 D-day(배터리데이)에 테슬라가 배터리와 관련된 혁신적인 기술 또는 계획을 발표할 것이라는 기대감과 함께 주가는 3개월 전부터 쉬지 않고 달렸다.

물론 테슬라의 주가가 오른 데는 다른 이유도 많았지만, 주가의 상승을 더욱 가파르게 만드는 데 이 이벤트가 큰 비중을 차지했다는 사실은 부인하기 힘들다. 행사 당일 주가의 변화추이를 보면 알 수 있

소몽의 토막상식

배터리데이(Battery day)란?

테슬라가 주최하는 배터리데이란, CEO인 일론 머스크가 테슬라의 비전과 미래에 대한 청사진을 공개적으로 발표하는 연례행사다. 전기차에서는 특히 배터리가 중요한 역할을 하므로, 상징적으로 '배터리데이'라는 이름으로 진행된다. 테슬라뿐 아니라 대부분의 기업들이 주주총회 기간에 다양한 이름으로 발표 시간을 가진다. 대표적인 경쟁사 중 하나인 중국의 전기차 업체 니오(NIO)는 'Nio Day'라는 이름으로, 스타벅스와 디즈니를 포함한 대부분의 기업들은 '인베스터데이(Investor day)'라는 이름으로 매년 투자자들에게 중·장기 계획을 발표하고 있다.

다. 이런저런 기대감으로 무려 3개월 만에 200% 가까이 오른 테슬라의 주가는 정작 당일 행사를 마치고 나서 10% 넘게 하락했다. 물론 기술, 계획에 대한 언급이 기대에 비해 턱없이 부족했던 탓도 있지만 80에서 100으로 가야 할 주가가 80에서 120으로 간 뒤 100으로 간

것이다. 앞서 소개한 소몽의 '80-120-100법칙'의 전형적인 사례다.

이런 식으로 주가는 미래를 선반영하는 경우가 많다. 즉, 뉴스, 커뮤니티, 유튜브에서 모두가 같은 얘기를 할 때는 이미 한발 늦었을 수도 있음을 항상 명심해야 한다. 스스로 '지금이라도 사야 할까?'라는 생각이 든다면, 내 옆 사람도, 지구 반대편의 평범한 개인 투자자도 나와 같은 조급증을 내고 있다는 사실을 떠올리며, 단기 과열은 아닌지 냉정하게 판단할 필요가 있다. 만약 '여름에 패딩 사기' 전략을 사용했다면, 미리 주식을 싼 가격에 선점해 느긋하게 이 변동성을 즐길 수 있었을 것이다. 다시 말해 지금이 한겨울이고, 그렇기에 패딩이 싸지 않다는 사실을 알기만 해도 잃는 것을 줄일 수 있다.

그러므로 D-day를 기준으로 3~6개월 정도만 앞서서 미리 챙겨놓자. 이 방법은 결코 어렵지 않으며 생각 이상으로 괜찮은 수익률을 확보할 수 있다. 여기서 포인트는 각 회사, 업종, 산업마다 주가를 움직이는 D-day가 다르다는 것이다. 기업, 크게는 산업마다 실적 상승을 불러오는 요소가 다르니 당연히 이벤트의 시점과 반복 주기도 다를 수밖에 없다. 스스로 이 D-day를 찾는 방법은 뒤에서 별도로 상세히 다루도록 하겠다.

주요 산업/기업별 D-day(겨울)

예를 들면, 가전제품 관련 산업 및 기업의 주요 D-day들은 미국의 경우 소비가 집중되는 연말 드라이빙 시즌(12월)에 많은 편이다. 전자상거래의 경우 대규모 소비가 일어나는 중국의 춘절과 국경절, 대형 할인 행사(아마존 블랙프라이데이, 알리바바 광군제, 징동데이 등)에 주가 변동이 확대되는 편이다. 이 외에도 바이오·제약 분야에서는 매월 주제가 다른 학회가 열리며, 게임·엔터·미디어 회사의 경우 신작·음반 발표, 제조 업체의 경우 공장 건설, 해외 진출, 신제품 발표 등이 주가에 영향을 미친다. 건설, 인테리어 관련 기업들은 주택 판매, 착공 그리고 대출 금리(모기지 금리) 등의 지표에 영향을 받기도 한다. 당연히 경기 민감주는 금리를 포함한 각종 경제지표, 유가 동향 등에 따라 움직인다.

이때 주가를 움직이는 '가장 큰 한 가지 요인'을 알아두는 것이 핵심이다. 이것은 공부 측면에서도, 주식의 보유·매도 여부에서도 결정적 역할을 한다. 그러므로 내가 투자한 주식이 어느 업종에 속해 있는지, 또는 어떤 이슈나 이벤트에 따라 주가 변동이 크게 발생하는지 정도는 미리 챙겨두면 투자에 큰 도움이 된다.

[주요 업종별 D-day 예시]

구분	대표 기업(예시)	D-day(겨울)
가전, 스마트폰	애플, 베스트바이	12월 소비시즌, 신제품 발표
전자상거래	아마존, 월마트	주요 할인 행사
게임/엔터	액티비전블리자드, 테이크투	신작 발표
플랫폼	넷플릭스, 트위터, 페이스북	구독자수 발표
건설, 인테리어	홈디포, 레나	주택지표, 모기지 금리 (착공, 신규판매 등)
자동차	테슬라, 포드, GM	신차 발표, 공장 확대, 월별 자동차 판매량
제약/바이오	존슨앤존슨, 화이자	주요 학회, 컨퍼런스, 임상실험 결과 발표
경기민감	US스틸, 엑손모빌, 뱅크오브아메리카 등 금융	각종 경제지표 (금리, 유가 등)

실적과 테마는 종이 한 장 차이

물론 실적에 큰 영향을 미치지 않는 단기 이벤트의 경우 1~2주 전부터 투자자들이 단기 시세차익을 목적으로 접근할 수 있으니 유의해야 한다.

예를 들면, 버진갤럭틱(SPCE)이라는 민간기업은 우주선 발사 관련 이벤트 직전 1~2주 전부터 주가가 오르기 시작하다가 이벤트가 끝나면 또다시 가라앉기를 반복한다. 실적이 아닌 단순 기대감과 우려를 기반으로 주가 상승과 하락을 반복하는 전형적인 케이스다. 국내에서도 북한과의 갈등과 관련된 뉴스가 나오면 소위 '방산(방위산업)주'로 불리는 주식들이 급등하며 상한가를 치기도 하는데, 미국도 마찬가지다. 심지어 록히드마틴(LMT)과 같은 대형 우량주조차도 미국과 타 국가 간에 무력 갈등 이슈가 불거질 때마다 주가가 단기에 급등하기도 한다. 하지만 본질적인 실적에 영향을 미치는 이슈가 아니므로 주가는 금세 제자리로 돌아간다. 그러므로 이 이슈가 실적에 진짜 영향을 미치는지 잘 따져보고, 그게 아니라면 단기 이슈나 테마에 그칠 수 있으니 투자 여부를 판단할 때 참고해야 한다.

▲ 버진갤럭틱(SPCE), S&P500 ETF(SPX) 주가 흐름(2020. 1~10)

D-day가 보이면 매도 시점도 보인다!

"완벽한 기회를 선택하기 위해
너무 많은 시간을 낭비하지 마라.
그러다 보면 진짜 좋은 기회를 놓치게 된다."

- 마이클 델 -

패딩은 겨울에 팔 때가 가장 좋은 법

실전에서 '여름에 패딩 사기' 전략은 매수 시점을 판단할 때 매우 유용한 전략이다. 그뿐만 아니라 매도 시점을 판단할 때도 명확한 기준이 생긴다는 점에서 활용도가 매우 높다. 여름에 비교적 저렴하게 산 패딩을 언제 매도해야 할지 최초로 고민하는 시점은 패딩 가격을 가장 높게 부를 수 있는 겨울이 되기 전일 것이다.

결국 누가 뭐래도 '겨울'은 반드시 온다는 전제로 하므로 겨울에 수익을 거두는 것이 기본 원칙이다. 쉽게 말해 D-day 3~6개월 전 사서 D-day 전후로 적절하게 분할 매도하여 수익을 실현하는 것이 좋다. 말 그대로 '겨울에 패딩을 파는' 전략이다.

실전에서는 뒤이어 소개할 전략들과 조합하여 계속해서 보유할지, 오히려 더 살지를 결정하는 것이 좋다. 실제로 앞서 소개한 반도체 기업 AMD 투자 사례의 경우, '여름에 패딩 사기' 전략이 아니더라도 장기투자 대상에 속했기 때문에 나는 기존 투자 예정금액보다 많은 150%를 매수한 뒤, 여름에 패딩 사기 전략이 종료됨과 동시에 보유한 주식의 50%를 매도하고 나머지 100%만 들고 가는 방식을 사용했다. 쉽게 말해 원래 AMD를 1,000만원어치만 매수할 계획이었다면, 여름에 패딩 사기 전략까지 고려해 500만원을 더한 1,500만원어치를 매수한다. 그리고 '여름에 패딩 사기' 전략 종료(D-day 전후) 시점에 500만원어치를 팔고, 원래 계획대로 1,000만원어치는 장기투자 목적으로 지속 보유하는 방식이다.

소몽의 투자노트

'여름에 패딩 사기' 전략의 원칙과 실전

- **원칙: 패딩은 여름에 사서 겨울에 파는 것이 원칙**
- **실전: 다른 전략과 조합하여 주식의 지속 보유 또는 일부 매도 여부 결정**

결국 '여름에 패딩 사기' 전략을 들여다보면, '주식을 산 이유'가 사라졌을 때가 곧 매도 시점이 된다. D-day를 대비해 주식을 샀으니 D-day가 끝나면 주식을 파는 것이 정석이다(실전에서는 D-day 2주 전부터 분할 매도하는 것이 가장 안전하다). 그럼에도 불구하고, 수시로 내가 이 주식을 계속 들고 있어도 되나, 팔아야 하나, 더 사야 하나 등등 고민이 들 때가 있다. 다음에 소개할 '내가 이걸 왜 샀지?' 전략이 그 고민을 말끔하게 해결해줄 것이다.

전략 2

간단하지만 강력한 '내가 이걸 왜 샀지?' 전략

주식을 팔아야 할지 고민이 될 때마다 1순위로 해야 할 행동은 '이 주식을 산 이유'를 떠올리는 것이다. 애초에 이 주식을 왜 샀느냐는 것이다. 아주 사소하더라도 이 주식을 산 가장 큰 이유가 한 가지 있을 것이다. 여기서 핵심은 '가장 큰 단 한 가지' 이유다. 그 주식을 산 5번째, 10번째 이유가 아닌 첫 번째 이유가 결국 주가의 지속적인 보유 여부를 결정하기 때문이다. 간단하지만 강력한 매도 판단 기준이 되는 '내가 이걸 왜 샀지?' 전략을 소개한다.

산 이유가 사라지지 않으면 팔 이유도 없다

"주식투자에 뛰어들려면 기꺼이 위험을 감수하겠다는 정신적 준비운동이 필요하다. 확실한 수익을 보장해주는 주식시장은 세상 어느 곳에도 없다."

- 앙드레 코스톨라니 -

언제 팔아야 할지 궁금하다면? 산 이유부터 찾자!

'여름에 패딩 사기' 전략이 언제 사는지에 대한 기준을 세워주는 가장 좋은 실전 전략 중 하나라면, 지금부터 소개할 '내가 이걸 왜 샀지?' 전략은 팔고 싶을 때, 혹은 판다면 언제 팔아야 할지 궁금할 때 쓰면 좋은 전략이다. 물론 나의 기본 전제는 되도록 팔지 않는다는 것이다. 애초에 팔고 싶지 않을 만큼 좋은 주식을 골라 장기 우상향의 수혜를 누리는 것이 가장 마음 편한 투자 중 하나이니 말이다. 하지만 이런저런 이유로 매도해야 하는 상황이 발생할 수 있고, 그때마다 우리에게는 판단할 기준이 필요하다.

결론부터 말하면, 최초에 주식을 산 이유가 사라지지 않는다면 그 주식을 팔 이유가 없다. 그러므로 내가 왜 그 주식을 샀는지 그 이유가 가장 중요하다. 남이 산 이유, 남이 좋다고 하는 이유는 전혀 중요하지 않다. 기준은 '나'다.

모든 하락은 지나고 보면 매수 기회였다

대부분의 경우 지나고 보면 결국은 팔지 않는 것이 옳았다. 내가 만나본 투자를 잘하는 사람들의 공통적인 특징은 바로 긍정적이라는 것이다. 되도록 쓸데없는 고민이나 걱정을 하지 않고 정말 중요한 부분에 대해서만 고민한다. 우선순위를 정하는 것이다. 이렇게 긍정적인 사람들은 좋은 면을 보려고 노력하기 때문에 계속해서 들려오는 주식을 팔아야 할 이유들, 부정적인 이슈와 소식은 되도록 무시하거나 외면한다. 오히려 팔지 않아야 할 이유를 찾으려 계속해서 노력하기 때문에 장기 우상향의 수혜를 누릴 가능성이 높다.

반면에 투자 경험이 부족한 사람들(주린이)은 걱정하지 않아도 될 부분에 대해 과도하게 염려하는 경향이 있다. 당연히 경험이 부족하니 그럴 수 있다. 그러나 우리가 걱정하는 대부분의 일들은 중·장기적으로 주식에 크게 영향을 미치지 못한다. 오히려 정말 좋은 매수 기회였음을 다음과 같이 이미 수십 년간 이어져 온 주식시장의 주가 차트가 증명해주고 있다.

▲ 수많은 팔아야 할 이유들을 뚫고 우상향해 온 미국주식시장(S&P500 지수, 2009.3~2020.12)

뉴스를 켤 때마다 우리가 주식을 팔아야 할 이유가 하루에도 수십, 수백 가지는 나온다. 전례 없는 규모의 태풍, 유례없는 폭염과 혹한, 대규모 사상자를 내는 전염병, 내부자의 매도, 정부의 규제와 소송, 국가 간 갈등, 경제 위기 등 하루에도 수 분 단위로 쉬지 않고 발표되는 수많은 경제 지표들과 뉴스들이 우리를 흔든다. 더 이상 스트레스를 받지 않게끔 빨리 주식을 팔고 마음 편히 쉬고 싶다는 생각이 머리끝까지 차오른다.

그러나 투자 경험이 쌓이다 보면 이런 뉴스들 대부분이 결국은 주식의 본질, 즉 기업의 실적에 아무런 영향을 미치지 못한다는 것을 느끼게 된다. 그런 뉴스들을 분석하고 고민하는 데 쓴 시간이 얼마나 아까운지도 깨닫게 된다.

'내가 이걸 왜 샀지?' 전략의 핵심은 1순위 이유 찾기

이렇게 우리를 온통 흔드는 뉴스가 많으면 많을수록, 소음이 많으면 많을수록 꺼내 봐야 하는 한 가지는 바로 '이 주식을 산 이유'다. 도대체 이 주식을 왜 샀느냐는 것이다. 그냥 남이 추천해서, 좋아 보여서 별 생각 없이 산 것이 아니라면 반드시 그 주식을 산 가장 큰 한 가지 이유가 있을 것이다. 여기서 핵심은 '가장 큰 단 한 가지' 이유다. 그 주식을 산 5번째, 10번째 이유가 아닌 첫 번째 이유가 결국 주가의 움직임을 결정하기 때문이다.

예를 들어 친구에게 어떤 맛집에 가자고 제안했다고 해보자. 친구가 "어떤 맛집인데?"라고 물으면 보통은 1가지 대표 메뉴를 댈 것이다. 그 집 하면 떠오르는 시그니처 메뉴 말이다. 물론 다른 메뉴도 맛이 다 괜찮더라도 보통은 거기까지 찾아갈 만한 대표적인 메뉴가 있기 마련이다. 그리고 우리가 또다시 그 맛집을 가는 이유도 아마 3번째, 6번째 메뉴가 아닌 첫 번째 메뉴 때문일 확률이 크다.

즉, 지금 나를 흔드는 수많은 소음들이 내가 그 주식을 산 이유를 깨트릴 정도의 진짜 큰 위협이 되지 않는다면 그 주식을 팔 이유가 전혀 없다. 오히려 더 살 수 있는 좋은 기회로 삼아야 한다. "몇 % 상승하면 무조건 팔아라", "몇 % 하락하면 팔아라"와 같은 류의 조언은 우리에게 아무런 도움도 되지 않는다. 주식을 철저히 숫자로만 보고, 그 숫자 뒤에서 기업이 뭘 하고 있는지에 대해서는 전혀 관심이 없기 때문이다.

나는 그래서 이 엄청난 소음 공격에서 살아남기 위해 편리한 디지털 기기들을 놔두고, 굳이 종이 노트에 연필로 내가 개별 주식들을 왜 샀는지 각각의 이유를 한 줄씩 적어둔다. 그리고 혹시라도 마음이 심란해질 정도로 나를 흔드는 소음이 발생하면, 그 노트를 꺼내 읽어본다. 다시 확인하면 대부분의 소음은 역시나 내가 주식을 샀던 이유를 깨지 못한다.

그래도 고민이 된다면 주식을 단순히 숫자로만 보지 말고, 그 숫자 뒤에서

기업이 돈을 벌기 위해 무슨 일을 하고 있는지 떠올려보자. 그러면 내가 이 주식을 정말 팔아야 하는지 아닌지가 명확해질 것이다.

다시 말해 도대체 언제 그 주식을 파느냐는 질문에 대한 답은 명확하다. 내가 산 이유가 사라지거나 약해지면 그때가 가장 명확한 매도 시점이다. 더 이상 함께할 이유가 사라졌다면 뒤도 돌아보지 않고 헤어진다. 단기투자가 좋으냐, 장기투자가 좋으냐 고민할 시간에 내가 이 주식을 왜 샀는지 생각해보는 것이 빠르다. 물론 우리를 흔드는 소음은 꺼두고 말이다.

우리가 주식을 팔아야 하는 두 가지 상황

"하락장에서 당신이 불안한 이유는 쓰레기 같은 회사에 당신이 평생 모은 돈을 공부도 안 하고 몰빵했기 때문이다."

- 피터 린치 -

주식을 산 이유가 사라지면 매도한다는 관점에서, 우리가 주식을 파는 것을 고려하는 상황은 크게 2가지다.

첫 번째 상황. 특정 이벤트가 다가올 때(D-day 전후)

두 번째 상황. 더 이상 저평가가 아니라고 판단될 때(저평가 해소)

첫 번째 상황을 적극 활용한 전략이 앞서 소개한 '여름에 패딩 사기' 전략이다. 특정 D-day를 노려 미리 매수하였으니 이 전략의 매도 시점은 매수 사유가 사라지는 시기, 즉 D-day 당일 전후가 된다. 각각의 상황에 대해 좀 더 자세히 살펴보자.

첫 번째, 특정 D-day가 다가올 때(D-day 전후)

예를 들어, 액티비전블리자드(ATVI)라는 미국의 게임사가 3달 뒤 게임 발표를 할 예정이다. 조사해보니 이 게임이 흥행할 확률이 매우 높을 것으로 판단된다. 그렇지만 앞서 소개한 투자전략을 고르는 기준에 따라 장기투자로 가기에는 별로 적합한 대상이 아닌 것 같다. 게임 판매 회사들은 특히 신작 게임의 반응에 따라 실적의 부침이 큰 경우가 많고, 주가 변동성 역시 심한 경우가 많기 때문이다.

이러한 판단 아래 이 기업의 매수 시점은 '여름에 패딩 사기' 전략에 따라 게임 발표 3~6개월 전이며, 명확한 매도 시점은 게임 발표 직전 정도가 된다. 실전에서는 기대감으로 주가가 가장 과열되는 시점, 즉 주가가 시작점(80)에서 목표지점(100)을 넘어 단기과열지점(120)까지 도달한 약 2주 전부터 분할 매도를 시작하는 것이 좋다. 애

소몽의 투자노트

액티비전블리자드 종목 투자 예시

- 대상 판단: '지갑털이'(O), '올리고폴리'(△), '아무나 이겨라'(X) 전략 → 단기투자
- 매수 판단: '여름에 패딩 사기' 전략(신작 출시 3개월 전)
- 매도 판단: 매수 사유 소멸(D-15부터 10%씩 분할 매도), D-day에 주가 흐름 및 향후 추가 D-day 유무에 따라 50% 지속 보유 여부 결정

초에 이 주식을 산 이유가 기업의 가치 평가 여부를 떠나서 D-day를 노린 단기투자이므로, D-day 2주 전부터 10%씩 분할 매도한다. 그리고 D-day까지 신작 발표에 대한 여론과 주가 흐름을 관찰하며 나머지 50% 정도를 더 보유할지, 모두 매도할지 판단한다.

가장 반복적으로 찾아오는 이벤트는 바로 실적 발표다. 미국에서는 매 1, 4, 7, 10월 중순부터 실적 발표 시즌이 시작되는데, 앞서 말한 것과 같이 주가는 약 3개월을 미리 반영한다는 말이 나온 데는 이 실적발표의 영향도 있다. 즉, 3개월 뒤 실적이 잘 나올 것으로 기대되면 주가가 이를 반영해 미리 움직인다. 생각해보면 너무나도 당연하다. 애플의 신제품이 생각 이상으로 잘 팔리는 것이 뻔히 보인다면, 테슬라의 신차 판매량이 생각 이상으로 잘 나오는 것이 눈에 보인다면, 모든 이가 실적이 발표되기 전에 애플이나 테슬라의 주식을 사놓을 것이다. 그래서 정작 실적 발표가 난 당일에는 주가가 하락하는 경우가 많다. 기대감이 주가에 이미 충분히 반영된 데가 오히려 실적 발표가 있는 D-day 당일에는 차익을 실현하려는 사람들이 쏟아져나오기 때

[미국주식 시장의 D-day 시즌]

▲ 미국에서는 매년 1, 4, 7, 10월 중순부터 실적 시즌이 시작되며 한 달 정도 지속된다.

문이다. 반대의 경우도 마찬가지다.

실제로 실적이 잘 안 나올 것 같으면 주가는 이를 미리 반영해 약 3개월 전부터 하락한다. 애플의 예가 대표적이다. 스티브 잡스 이후 팀 쿡이 CEO를 맡으면서 항상 실적 발표 바로 전날까지 비관론과 부정적인 기사들로 도배가 되다시피 했다. "애플의 시대는 끝났다", "팀 쿡 이후로 애플의 혁신은 사라졌다"와 같은 부정적인 여론과 함께 애널리스트들 역시 애플의 목표주가를 앞다퉈 하향 조정하면서 주가는 하락했다. 하지만 정작 실적 발표 때마다 기대 이상의 숫자가 나오면서 주가가 튀어오르는 일이 많았다.

2020년 3분기 대표적인 미디어 스트리밍 플랫폼 기업인 넷플릭스의 실적 발표 때도 비슷한 현상이 있었다. 넷플릭스의 연간 구독자 수의 성장세에는 아무런 문제가 없었지만, 이미 주가는 넷플릭스의 구독자가 엄청나게 많이 증가할 것이라는 기대감을 반영한 터라 실적 발표 당일 정작 실적이 잘 나왔음에도 수익을 확정하려는 투자자들로 주가가 인해 6% 이상 하락했다.

반대의 경우도 많다. 미국의 4대 항공사 중 하나인 사우스웨스트 항공(LUV)은 코로나19로 인해 역사상 최악의 실적 발표를 기록했음에도 당일 주가가 5% 이상 급등했다. 실적 발표 직후 CEO가 다음 분기부터는 여행 수요가 조금씩 회복될 것이라고 밀했기 때문이다. 주가는 이미 발표된 실적이 아닌 다음 분기 실적을 향해 움직인다는 것을 이 사례만 봐도 잘 알 수 있다.

두 번째, 저평가가 아니라고 판단될 때(저평가 해소)

두 번째 판단기준은 성장성 대비 저평가라고 생각할 때를 활용한 기준인데, 첫 번째로 소개한 기준보다 아무래도 다소 어려울 수밖에 없다. 기업의 가치를 정확히 평가한다는 것 자체가 쉬운 일이 아니기 때문이다. 그럼에도 불구하고 나름의 분석을 통해 이 기업이 각종 우려와 안 좋은 기사들 때문에 적정가치보다 저평가된 사실이 분명해 보인다면 이 기업의 1차 매도 고려 시점은 적정 가치에 근접했을 때가 된다. 매수 이유가 '싸다'였기 때문이다. 싼 것이 해소되면 매수 이유도 사라지므로, 과감히 매도하는 것이 맞다. 반대로 내가 산 기업이 적정가치보다 비싸다는 것이 명확하면 그것 또한 매도 사유가 될 수 있다.

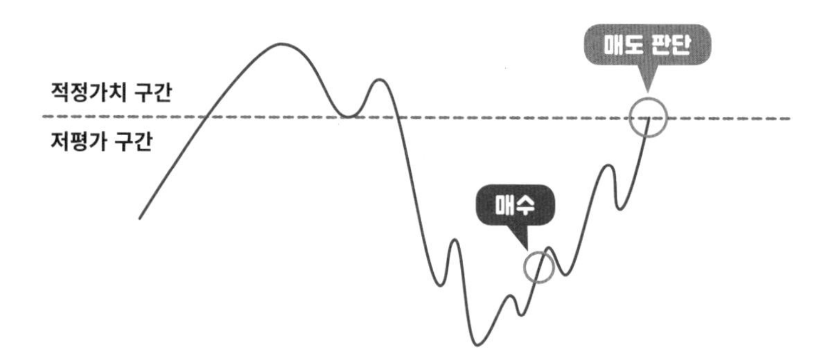

▲ 적정가치보다 싸다는 것이 매수 이유라면, 저평가 해소는 매도 판단 사유가 된다.

하지만 적정가치를 정확히 구하는 것이 결코 쉽지 않으므로 단순히 비싸다고 해서 팔면 나중에 후회할 수도 있다. 좋은 주식, 즉 인기주식은 늘 프리미엄을 받아 비싼 편에 거래되는 경우가 많기 때문이다. 조금 비싼 것 같아서 팔았는데 주가가 생각보다 많이 하락하지 않고 바로 회복해 버리거나 계속 우상향하면 괜히 팔아버린 것이 된다. 특히 미국 우량주의 경우, 수익이 조금 났다고 해서 팔았다가 주가가 계속 올라버려 더 비싼 가격에 다시 사야 하는 경우가 허다하다. 이렇듯 타이밍을 맞추는 것은 결코 쉽지 않다.

사실 실전 투자는 위 두 가지 조건을 조합하는 것이 일반적이다. 적정가치보다 저렴하거나, 적정가치 수준인데 향후 3~6개월 내 주가를 더욱 상승시킬 만한 촉매제(이벤트, 호재)가 있다면 일시적으로 비중을 늘리는 것도 방법이다. 그리고 그 매수 사유가 소멸하거나, 소멸할 것으로 기대되는 시점이 다가오면 비중을 늘렸던 부분만큼 매도한다. 설령 손실 중이더라도 원칙대로 '매수 이유가 사라지면' 실수를 인정하고 매도하는 것이 낫다. 주가를 상승시킬 만한 촉매제가 있다고 판단했음에도 주가가 오르지 못했다면, 그 이유가 사라진 뒤 주가가 더욱 하락하거나 지지부진할 가능성이 높기 때문이다. 작은 손실이 두려워 망설이다가 손실 금액을 더욱 키울 수 있음에 유의해야 한

저렴한가
(성장성 대비 저평가인가)

판단요소: P/E, P/S

\+

촉매제가 있는가

판단요소: 이벤트, 실적 발표, 호재

다. 실수를 빠르게 인정하는 것도 투자에서 아주 중요한 기술이자 노하우다.

소몽의 토막상식

P/E(Price/Earning), 실제 버는 돈 대비 얼마로 평가받는가?

P/E란 쉽게 말해 버는 돈 대비 얼마의 가격으로 평가받고 있는지를 판단하는 대표적인 지표다. 여기서 버는 돈이라 함은 기업의 순이익을 말한다. 예를 들어 애플이 1년에 버는 순이익이 1억달러인데, 시가총액이 10억달러로 평가받고 있다면 애플은 현재 버는 돈 대비 10배로 평가되고 있음을 알 수 있다. 애플이 최근 5년간 약 20배의 가치로 평가받고 있었는데, 현재 10배로 평가된다면 일시적 저평가일 가능성이 높으므로 매수를 고려할 수 있다.

P/S(Price/Sales), 매출 대비 얼마로 평가받는가?

P/S 역시 P/E와 활용법 및 개념은 같으나 순이익이 아닌, 매출을 기

준으로 가치를 평가한다는 점이 다르다. 테슬라의 1년 매출이 2억 달러인데, 시가총액이 20억달러라면 현재 테슬라는 P/S 기준 10배로 거래되고 있음을 알 수 있다. 특히 현재 돈을 벌지 못하고 적자를 내고 있는 기업을 평가할 때 이 지표를 많이 활용한다. P/E는 실제 버는 돈이 있어야 사용할 수 있기 때문이다. 동종 업계 경쟁사보다 P/S가 낮게 거래되고 있거나, 비슷한 성장세를 보이는 다른 주식 대비 낮게 거래되고 있다면 매수를 고려할 수 있다.

실전 심화 팁

주의할 점은 과거 실적이 아닌 향후 미래 실적도 반드시 함께 고려해서 저평가 여부를 판단해야 한다는 것이다. 과거에는 돈을 잘 벌었으나 앞으로는 못 벌 것으로 판단된다면 그 기업은 더 이상 저평가라고 볼 수 없다. 따라서 현재 P/E뿐 아니라, 선행 P/E 역시 꼭 살펴봐야 한다. 선행 P/E란 앞으로 벌 돈 대비 얼마로 평가되고 있느냐로 생각하면 된다.

기본은 현재 P/E: 현재 시가총액 / 최근 1년 기업의 순이익
실전은 선행 P/E: 현재 시가총액 / 향후 1년 기업의 순이익 예상치

소음을 제거하고 명확한 이유만 남기자!

정리해보면, 우리가 신경 쓸 단 한 가지의 우선순위는 바로 '내가 이 주식을 왜 샀느냐'는 것이다. 앞서도 잠시 언급했듯이 나는 연필로 노트에 직접 써두기도 한다. 주변의 소음이 하도 많기 때문이다. 온갖 뉴스, 커뮤니티, 단체 카카오톡 방에서 나오는 정보들은 대부분 나의 투자를 방해하는 '소음'일 확률이 높다. 소음을 제거하기 위해 연습하고 노력해야 한다. 주식을 산 이유가 깨졌다면, 망설이거나 뒤돌아보지 말고 헤어지면 된다. 앞에서 얘기한 사야 할 시점과 팔아야 할 시점을 마지막으로 정리해보자.

사야 할 때: '내가 이걸 왜 샀지?' 이유 필요

1. 실적에 영향을 미치는 주요 이벤트로부터 3~6개월 전
2. 실적 발표가 잘 나올 것이라 판단된다면 실적 발표 최소 1~2개월 전
3. 적정가치 이하로 떨어졌다는 판단이 섰을 때(P/E, P/S 참고)
4. 일시적 악재로 하락했을 때(기업의 이익에 영향을 미치지 않는다고 판단했을 때. 보통의 경우 지나고 보면 결국 이익에 영향을 크게 미치지 않는 경우가 대부분)

팔아야 할 때: 매수 사유의 소멸(이익, 손실 상관없이 동일 원칙 적용)

1. 실적에 영향을 미치는 주요 이벤트가 7일 미만으로 다가올 때(10%씩 분할 매도 시작, 50%는 추이를 관찰하며 지속 보유 여부 결정)

2. 실적이 잘 나올 것으로 생각해서 미리 샀다면, 실적 발표일 전후(실적 발표 직전 과도한 기대감으로 주가가 급등했다면, 미리 절반 매도, 실적 발표 직후 나머지 절반 매도)

3. 적정가치 이하에서 적정가치로 올라왔다는 판단이 섰을 때(저평가 해소)

4. 일시적 악재가 해소되고 급락했던 주가가 다시 회복하며 정상화되었다고 판단했을 때(악재로 인한 일시적 저평가 해소)

전략 3

기회비용을 고려한 '갈아타기' 전략

우리의 시간과 돈은 무한하지 않다. 그렇기 때문에 한정된 재화, 즉 제한된 시간 내에서 제한된 금액으로 최대 효율을 내야 한다. 계속해서 더 나은 성과를 내는 '정예 멤버'로 포트폴리오를 채우는 노하우인 '갈아타기' 전략을 소개한다.

더 매력적인 주식이 있다면 옮기자! '갈아타기' 전략

"인생은 당신에게 벌어진 일 10%와
당신이 그 일에 대처하는 90%로 이루어진다."

- 찰스 스윈돌 -

주식 매도의 제1원칙, 더 좋은 주식이 있다면 옮겨라

내가 생각하는 주식 매도의 제1원칙은 '더 좋은 선택지가 나타났을 때 갈아타는 것'을 대전제로 한다. A주식이 10% 올랐다고 해서 팔고, 반대로 10% 떨어졌다고 해서 더 떨어질까 봐 두려워 손실을 확정 짓는 단순한 방식에서 벗어나, 더 나은 선택지로 갈아타는 것에 집중하는 것을 말한다. 왜냐하면 우리의 시간과 돈은 유한하기 때문이다. 만약 우리에게 무한한 현금흐름이 예상되고, 시간도 얼마든지 있다면 왜 투자대상을 고르고 타이밍을 재겠는가?

결국 우리는 우리도 모르는 사이에 기회비용을 고려하는 셈이다.

즉, 한정된 재화를 활용해 수익을 극대화하기 위해서는 철저히 기회비용을 고려해야 한다. 더 쉽게 말하면 내 포트폴리오를 정예 멤버로만 구성해야 한다.

더 나은 선택지로 갈아타는 법, 정예 멤버 뽑기

시간과 자본이 유한하기 때문에 우리는 더욱 '기회비용'을 고려하여 투자해야 한다. 인생에는 게임처럼 '다시 시작하기' 버튼이 없다. 따라서 한정된 자원을 어떻게 조금이라도 더 효율적으로 활용할 수 있을까, 즉 '어떻게 하면 조금이라도 잘 굴릴 수 있을까'를 고민해야 한다.

아마 이렇게까지 말하지 않아도 대부분 무의식적으로 기대수익률에 대한 기회비용을 비교할 것이다. A종목도 좋고 B종목도 좋지만, 돈은 한정되어 있으니 선택해야 하는 상황에 반드시 부딪힐 수밖에 없다. 필연적으로 '어떤 주식이 앞으로 더 수익률이 좋을까'라는 기회비용을 고려할 수밖에 없는 것이다.

시간과 돈은 유한하다, 장기투자하라는 말의 함정

주식투자를 하면서 항상 스스로 새기는 말이 있다. 나의 시간과 돈은 '유한'하다는 것이다. 물론 매 분기, 심지어 매월 수익률로 평가받는 펀드매니저 및 기관에 비하면 상대적으로 여유로운 것은 사실이다. 단기로 조금 손해 봤다고, 시장 대비 수익률이 좋지 못하다고 뭐라고 할 사람도 없다. 하지만 그렇다고 해도 막상 투자해보면 시간과 돈이 결코 넉넉하지 않음을 알게 된다.

나는 취업 후 월급의 거의 전부를 주식투자에 쏟았다. 그러나 갑작스럽게 결혼 계획이 잡히며 투자금을 회수해야 하는 상황이 발생했다. 별다른 수가 없으니 약 절반의 주식을 팔아야 했다. 놔두면 충분히 더 오를 것 같은 종목들도 있었고, 손실 중이라 팔기 아까운 종목들도 있었다. 투자금이 줄어드는 것이 얼마나 슬픈 일인지 주식투자를 해 본 사람이라면 알 것이다.

결혼 후 다시 악착같이 투자금을 늘렸다. 그리고 '이제야 예전처럼 원활하게 투자금을 굴려보나' 하던 찰나에 전세금을 올려줘야 해서 일부를 또다시 매도해야 하는 상황이 찾아왔다. 결국 다시 회복했던 투자금은 또 줄어들었다. 이 정도는 그나마 예측이 가능하므로 대응이 가능하지만, 주변을 둘러보니 예상치 못하게 투자금을 줄여야 하는 경우가 비일비재함을 깨달았다. 언제 어디서 어떤 이유로 갑작스럽게 목돈이 필요할지 모르고, 그러면 당연히 급하게 주식을 팔아야 할 테니 말이다.

이런 관점에서 보면 개인 투자자에게 시간이 많다는 말은 현실적이지 못하며, 여유자금으로 투자하라는 조언도 비현실적이다(물론 무슨 의미인지는 잘 알지만). 나같이 지극히 평범한 개인에게 '여유'자금이 어디 있겠는가? 여유롭지 못하기 때문에 있는 돈, 없는 돈 겨우 모아서 리스크를 감수하고서 주식에 투자하는 것이 아닌가?

이번 장에서 소개하고 있는 '갈아타기' 전략 역시 이름과는 다르게 장기투자를 위한 하나의 방법이기도 하다. 더 좋은 기회를 탐색하는 이유 자체가 최대한 오래도록 함께할 수 있는 정예 멤버를 찾는 전략이기 때문이다. 기존 투자 대상보다 더 나은 투자 대상이 보이지 않는다면 계속해서 투자하면 되고, 팔지 않았으므로 자연스럽게 장기투자가 된다. 나는 이것이 계획적, 자발적 장기투자이며 우리가 궁극적으로 지향해야 할 투자 방식이라고 생각한다.

알파벳 내보내고 애플 들여오기

▲ 애플(AAPL), 아마존(AMZN), 페이스북(FB), 알파벳(GOOGL), 마이크로소프트(MSFT) 주가 흐름(2018.10~12)

위 차트는 대형 우량주인 애플, 아마존, 페이스북, 알파벳(구글 모회사), 마이크로소프트의 주가를 나타낸 자료다. 2018년 중반까지 잘 오르던 주요 주식들을 포함한 미국주식시장 전체가 2018년 9~10월을 고점으로 하락하기 시작했다. 대부분의 우량주들조차 고점 대비 20~30% 하락이 기본이었을 정도로 하락폭이 깊고 시장의 분위기가 어두웠다. 대부분의 우량주들이 2018년 초의 가격으로 돌아갈 정도로 큰 하락이었기 때문에 나는 이때가 주식 비중을 늘릴 절호의 기회라고 생각했다.

문제는 이 많은 주식 중에 무엇을 고르느냐는 것이었다(물론 시장 전체에 투자하는 ETF를 담는 것도 좋으며, ETF는 뒤에서 상세히 소개할 것이다). 투자금이 한정되어 있었기 때문에 기회비용을 고려해야 했다. 여러 요소들을 고려해 애플을 담아야겠다고 결정했다. 다만 이때도 주가 하락이 갑작스럽게 찾아왔기 때문에 현금은 거의 없는 상태였다. 그렇기 때문에 내 계좌에서 어떤 종목을 내보내고 애플을 들여올 것인가에 대한 판단이 필요했다.

계좌를 열어 내가 한 일은 딱 하나였다. 애플보다 덜 매력적인 멤버를 찾는 것이었다. 이때 기존 보유 주식이 '수익 중이냐', '손실 중이냐'는 중요하지 않다. 철저히 지금 이 시점부터 투자를 다시 시작했을 때 어떤 주식이 나에게 더 좋은 수익률을 가져와 줄 것인가에 초점을 맞췄다. 이 당시 수많은 주식들 중에서 애플의 가격이 많이 저렴하다는 확신이 들어 유튜브에 영상도 찍어 올렸다.

▲ 2019.1에 하락이 찾아왔을 때 애플을 사기로 결심하고 올린 영상 섬네일

결국 애플이라는 신규 선수를 영입하기 위해 알파벳을 내보냈고 결과적으로는 나쁘지 않은 선택이 되었다. 그 이후로 내보낸 선수(종

목)보다 훨씬 더 괜찮은 경기력(수익률)을 보여줬기 때문이다.

그럼 여기서 굳이 알파벳을 내보내고 애플을 산 이유는 무엇일까? 앞에서 언급한 것과 같이 크게 2가지 기준을 놓고 고려했다. 첫 번째는 이벤트(성장성), 두 번째는 가치다.

1. 아이폰에서 서비스로 변화를 시작한 애플(이벤트, 성장성)

당시 애플은 기존 아이폰 위주의 성장에서 벗어나 서비스 사업을 본격적으로 확대하겠다고 밝히며 새로운 성장동력을 만들어내던 시기였다. 반면에 구글은 특별한 신성장동력이 보이지 않아 향후 1년을 놓고 볼 때 애플의 성장성이 더 강할 것으로 판단했다.

2. 애플의 평가 가격이 알파벳의 거의 절반(가치)

2019년 초 애플이 고점 대비 40% 하락한 덕분에 선행 P/E가 고작 12배로 거래되자, 20배 넘는 가격에 거래되는 알파벳 대비 훨씬 더 저렴해졌다고 판단했다. 마치 헐값에 애플이라는 스타 플레이어를 영입하는 것 같은 기분이 들어 당시 상당히 설레었던 기억이 난다.

옆의 차트는 애플과 알파벳의 선행 P/E(주가수익비율)를 나타낸 자료다. 쉽게 말해 애플과 알파벳이 각각 버는 돈 대비 얼마의 가치에 거래되고 있느냐를 보여주는 차트로 당연히 숫자가 낮을수록 저평가에 가깝다. 선행 P/E는 현재 주가를 추후 12개월간 예상되는 총 주당순이익으로 나눈 값이다. 2019년 초 급락기에 애플과 알파벳의 주가

▲ 애플(AAPL)과 알파벳(GOOGL)의 선행 P/E 차트(2018.1.1~2020.11.30)

는 약 2배 가까이 차이가 벌어졌으나, 그 이후 계속해서 차이가 줄어들어 2020년 11월 말에는 둘의 차이가 거의 없이 약 30배 수준에서 거래되고 있음을 알 수 있다. 다시 보기 힘든 애플의 저평가 시점이었다.

성장성은 강한데 저렴하기까지 하니 갈아타지 않을 이유가 없었다. 그래서 기회비용을 고려해 과감하게 멤버 교체라는 판단을 내린 것이다.

▲ 애플(AAPL), 아마존(AMZN), 페이스북(FB), 알파벳(GOOGL), 마이크로소프트(MSFT) 주가 흐름(2019.1.1~2020.11.30)

위 차트는 2019년 1월부터 2020년 11월 말까지의 빅테크 5개 기업 주가 흐름이다. 알파벳뿐만 아니라 마이크로소프트, 아마존, 페이스북과 비교해도 수익률 측면에서 애플의 영입은 나쁘지 않은 판단이었음을 보여준다. 2년이라는 기간 동안 애플은 3배에 가까운 수익률 197%를 기록했으며, 마이크로소프트는 108%, 아마존은 101%, 페이스북은 98%로 2배에 가까운 수익률을 기록했다. 반면에 알파벳은 64%의 수익률을 기록했는데, 충분히 좋은 수익률이지만 기회비용을 고려하면 알파벳을 내보내고 애플을 들여온 것은 탁월한 선택이었음을 알 수 있다.

갈아타기 전략 프로세스 – 시장이 하락할 때(기초)

1. 하락한 많은 종목들 중에서 가장 매력적인 종목을 골라낸다(매력적이라 함은 2가지 기준 – 저평가(P/E)거나 기대 수익률(성장성)이 가장 높을 것으로 예상되는 것을 의미한다).

2. 계좌를 열어 기존 종목들을 펼친다(이때 보유 종목의 현재 수익률과 손실률은 철저히 무시한다).

3. 신규 종목과 기존 보유 종목들의 매력도를 체크한다(여태까지의 손실, 수익률은 무시하고 철저히 현재 시점을 기준으로 평가한다).

4. 매력도 점수를 매긴 후, 가장 점수가 낮은 종목을 내보내고 신규 종목을 들여온다(만약 신규 종목의 매력도가 가장 낮다면 매수하지 않는다).

갈아타기 종목 선정 노하우

갈아타기를 할 때는 보유 종목 중 비슷한 업종 또는 비슷한 유형을 가진 주식끼리 비교하는 것이 좋다.

예)
배당주는 배당주끼리 비교 후 갈아타기(비슷한 유형)

성장주는 성장주끼리 비교 후 갈아타기(비슷한 유형)
IT관련주는 IT관련주끼리 비교 후 갈아타기(비슷한 업종)
전기차 관련주는 전기차 관련주끼리 비교 후 갈아타기(비슷한 업종)

예를 들어, 따박따박 배당받는 것을 목표로 하는 소위 '배당주'들은 배당주들끼리 분리하여 비교한다. 만약 대표적인 배당주 코카콜라를 보유하고 있는데, 또 다른 대표 배당주 P&G의 배당률이 더 높을 뿐 아니라 성장 매력도도 더 높다면 갈아타기를 실행한다. 들고 있던 코카콜라를 팔고 P&G를 사는 것이다.

마찬가지로 미국에 상장된 중국의 전기차 기업 니오가 매력적으로 보인다면 보유하고 있는 주식 중에서 전기차와 관련된 기업들과 비교하여 갈아타기 여부를 결정한다. 물론 자금 여유가 있다면 보유한 주식을 팔지 않아도 무방하지만, 팔아야 하는 것이 전제라면 보유한 전기차 주식, 예를 들어 테슬라와 비교한 뒤 갈아탈지 말지를 결정하면 된다. 다시 말하지만, 돈과 시간이 한정되어 있기 때문에 주식투자에서는 기회비용을 고려한 갈아타기 전략을 필수적으로 활용할 수밖에 없다.

엄선한 주식만 보유했다면 갈아타지 않는 것도 전략

"투자란 몇 군데 훌륭한 회사를 찾아내어 그저 엉덩이를 붙이고 눌러앉아 있는 것이다."

- 찰리 멍거 -

반대로 최대한 갈아타지 않도록 노력하는 것도 하나의 전략이 될 수 있다. 이미 앞서 소개한 전략을 적용해 정예 멤버에 가깝게 구성한 상태라면, 덜 매력적인 주식들이 악재로 인해 급락하더라도 굳이 갈아타야 할 이유가 없다. 나만 해도 단순히 급락한 주식이 싸 보인다는 이유로 이미 잘하고 있던, 앞으로도 잘할 것으로 기대되는 정예 멤버를 내보냈다가 후회한 적이 한두 번이 아니다. 저렴해 보인다고 덥석 샀던 주식이 더 떨어지거나 꽤 오랜 기간 회복하지 못하는 경우가 많았기 때문이다.

다시 말해 꽃을 뽑고 잡초에 물을 주는 것은 아닌지 잘 살펴봐야 한다. 억만장자 투자자이자, 워런 버핏의 오랜 파트너로도 유명한

찰리 멍거의 말처럼 투자는 결국 훌륭한 회사, 애초에 최대한 되팔지 않을 회사를 잘 골라낸 뒤 무겁게 깔고 앉아 있는 것이기 때문이다. 이 장에서는 갈아타지 않는 사례를 중점적으로 살펴보자.

떨어졌다고 무작정 사는 것은 위험, 인텔 사례

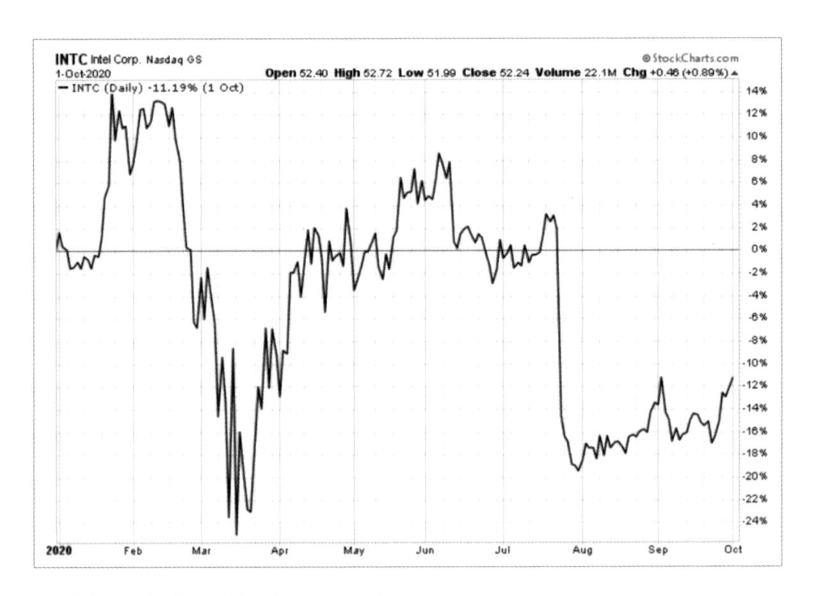

▲ 인텔(INTC)의 주가 차트(2020.1~10)

2020년 7월 중순, 대표적인 반도체 기업 인텔이 실적 발표 후 15% 넘게 급락했다. 나도 갈아타기 전략을 세우기 전에는 이런 경우 크게 고민하지 않고 덥석 주식을 사곤 했다. 이유는 단순히 '싸보여서'였다. '크게 위험해 보이지 않는 우량주면서 고점 대비 수십 퍼센트 빠진 주식이니 사 둬서 크게 손해볼 것은 없지 않을까?' 하는 생각으로 사뒀다가, 지하실 밑에 또 다른 지하실이 있다는 것을 여러 차례 경험한 후로는 단순히 '싸 보여서', '하락해서'라는 이유만으로는 절대 주식을 사지 않는다.

이렇게 인텔이라는 주식이 급락했을 때, 비유하자면 유명 축구선수가 최근 몸값이 많이 낮아졌을 때는 이것이 일시적인 컨디션 난조 때문인지 다른 치명적인 문제 때문인지부터 체크하는 것이 당연하다. 물론 인텔이라는 주식 자체도 앞서 소개한 투자 대상을 고르는 기본 전략들에 어느 정도는 해당했기 때문에 내 관심 종목에 들어있었다. 그래서 체크한 것이지 주가가 하락했다고 아무 종목이나 이렇게 점검하지는 않는다. 인텔의 최근 동향을 점검해본 결과, 경쟁사 대비 신제품 개발 속도가 많이 지연되었기 때문에 향후 실적이 크게 좋아지지 못할 것이라는 생각이 들었다. 길게 보고 사두면 나쁠 건 없겠으나 기회비용을 고려했을 때 보유 중인 종목보다 더 매력적인 점이 있어야 했다.

다시 계좌를 펼쳐 내가 가진 종목들, 즉 멤버들을 하나씩 살펴보았다. 앞서 소개한 것처럼 인텔의 경우, 비슷한 산업에 속한 IT 관련 종목과 비교하는 것이 좋은데 당시 나는 엔비디아와 AMD라는 반도체 종목을 가지고 있었다. 만약 인텔의 기대 수익률이 엔비디아 또는 AMD보다 높다고 생각된다면, 즉 앞으로 인텔의 경기력이 더 나을 거라고 생각했다면 둘 중 하나를 팔고 인텔을 샀을 것이다. 하지만 당시 판단으로 인텔은 상대적 매력도가 떨어졌기에 보유하지 않기로 결정하고 계좌를 닫았다.

그 당시 인텔은 저렴하긴 했지만, 1년 뒤를 봤을 때 성장동력이 보이지 않았다. 즉, 주가가 오를 만한 이벤트, 촉매제가 없었다. 반면, AMD와 엔비디아는 게임, 자율주행 등 각 분야에서 계속해서 주목을 받을 수 있는 이벤트들이 예정되어 있어 그 기대감으로 인한 주가 상승이 충분히 이어질 수 있다는 판단이 들었다. 단순 현재 가치평가로는 인텔에 비해 비쌀지 몰라도, 그 이상 성장할 수 있을 것이라 생각했다. 즉, 기회비용을 고려했을 때 보유 종목을 팔아야 할 이유가 없었던 것이다.

결과론적인 얘기지만, 그 당시 선택은 어느 정도 괜찮은 판단이었다. 인텔은 더 떨어지고 나머지 두 주식은 더 올랐기 때문이다. 물론 갈아타기 전략을 통해 기회비용 측면에서 손해를 본 경우도 셀 수 없이 많다. 그래도 이렇게 기회비용을 고려한 갈아타기 전략을 사용할 경우 보유 종목에 대한 매도와, 신규 종목에 대한 매수 또는 추가 매수 판단이 훨씬 더 신중해진다는 장점이 있다. 이 전략의 의도 자체가 잦은 매매를 줄이고 최대한 신중하게 판단하자는 것이기 때문이다.

옆의 차트는 반도체 대표 기업들인 인텔, AMD, 엔비디아의 주가 흐름을 나타낸다. 갈아타기를 고려한 시점은 2020년 7월 말 인텔의 급락 시점이었으며, 만약 갈아타기를 실행했다면 AMD와 엔비디아가 더 오르는 사이에 다시 한 번 추가 하락을 맛봐야 했을 것이다. 주가가 급락했다고 무작정 사면 안 되는 대표적인 사례에 속한다.

▲ 인텔(INCT), AMD(AMD), 엔비디아(NVDA)의 주가 흐름(2020.7.1~12.31)

갈아타기 전략 프로세스 - 개별 종목이 하락할 때(응용)

1. 해당 종목(인텔)의 하락 이유를 분석한다(전제조건: 소몽 투자 대상고르기 전략 3가지 통과. 이때 하락 사유가 일시적인지, 장기적으로 주가 회복에 치명적인지 판단한다).

2. 계좌를 열어 기존 종목들을 펼친다(보유 종목의 현재 수익률과 손실률은 철저히 무시한다).

3. 신규 종목(인텔)과 기존 보유 종목(AMD, 엔비디아)들의 매력도를 체크한다(여태까지의 손실, 수익률은 무시하고 철저히 현재 시점을 기준으로 평가한다).

4. 매력도 점수를 매긴 후, 가장 점수가 낮은 종목을 내보내고 신규 종목을 들여온다(만약 신규 종목의 매력도가 가장 낮다면 매수하지 않는다).

소몽의 투자노트

매력도 판단 기준

1. 주가가 오를 만한 촉매제(이벤트, 호재 등)가 있는가?
2. 성장성(내년 EPS 성장) 대비 저평가인가(P/E)?

정리해보면, 결국 나는 돈과 시간이 한정되어 있음을 알고 한정된 자원을 어떻게 조금 더 효율적으로 활용할 수 있을지 고민했다. 그리고 앞의 사례들처럼 주기적으로 '더 나은 선택지'로 갈아타는 데 집중하기로 결론을 내렸다.

소몽의 투자노트

더 나은 선택지의 기준

1. 기대 수익률이 높은 것(저평가, 성장성, 이벤트)
2. 배당률이 높은 것(기대할 수 있는 배당금이 많은 것)
3. 마음이 편한 것(단기 기대 수익률도, 배당도 크진 않지만 장기로 묻어놓기 좋은 것)

주기적인 점검과 갈아타기가 필요한 이유

"기회는 작업복을 입고 찾아온
일감처럼 보이는 탓에
대부분의 사람들이 놓쳐버린다"

- 토머스 에디슨 -

'아니, 그냥 한두 개 사서 쭉 묻어두면 되지, 뭘 갈아타?'라고 생각할 수 있다. 물론 그 방법이 가장 쉽다. 심지어 나쁘지도 않다. 매수·매도 자체를 최대한 자제하고 싶다면, 뒤에서 소개할 미국종합주가지수 ETF(시장)에 묻어놓거나 적립식으로 투자하면 된다. 워런 버핏 역시 유언장에 자신의 재산 90%를 미국종합주가지수 ETF에 묻어달라고 했으며, ETF의 창시자 존 보글 역시 시장은 우상향하므로 '주식회사 미국' 전체에 하루라도 빨리 투자하는 것이 최선이라고 말했다.

하지만 이 책을 펼쳐든 이유가 그래도 조금이라도 더 나은 수익률을 노리기 위해서라면 앞서 소개한 '갈아타기' 전략을 강력히 추천한다.

갈아타기와 점검이 필요한 이유는 다음의 몇 가지 사례들을 보면 이해가 쉬울 것이다.

실전 사례 1: 잘나가다가 1년씩 쉬는 애플과 아마존

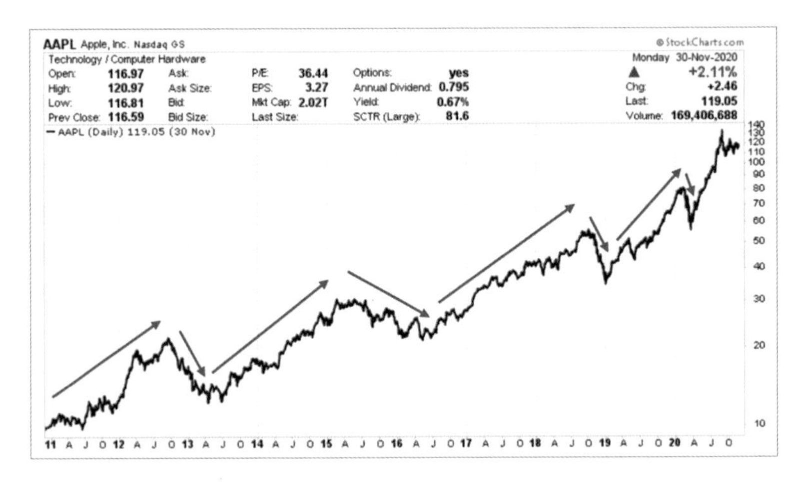

▲ 애플(AAPL)의 주가 차트(2010.11.30~2020.11.30)

위 차트는 애플의 최근 10년 주가 흐름이다. 많은 사람들이 그저 애플은 쭉 우상향했을 것으로 생각하는데 결코 그렇지 않다. 2010년부터 약 3년 상승 후 1년여간 주가가 하락했고, 다시 2013년부터 2015년까지 3년 상승 후 1년 하락, 2016년부터 2018년까지 3년 상승 후 하락과 같은 패턴을 보이며 계속해서 상승과 하락을 반복하는 것을 알 수 있다. 물론 장기적으로는 우상향이 맞다. 하지만 하필 3년 상승 사이클의 마지막 최고점에서 샀다면, 최소 1년 내내 주가가 하락하는 쓴맛을 봐야 할 수도 있다. 다른 우량주들의 차트를 봐도 주기적으로 상승과 하락을 반복한다.

▲ 아마존(AMZN) 주가 흐름(2010.11.30~2020.11.30)

아마존 역시 2010년부터 2012년까지 상승하다가 1년간 저조한 모습을 보였고, 2013년부터 2014년까지 오르다가 1년간 주가가 계속해서 하락했다. 그리고 또다시 2015년부터 2018년부터 쉬지 않고 오르다가, 2019년부터는 주가가 1년간 횡보하는 모습을 보였다. 꼭 애플과 아마존이 아니더라도 장기 우상향해 온 모든 주식에서 이렇듯 주기적인 상승과 하락이 나타난다.

왜 그럴까? 어떤 주식이든 이런 흐름을 보일 수밖에 없는 이유를 알아보기 위해 또 다른 사례를 살펴보자.

실전 사례 2: 2년 연속 1등 업종이 거의 없는 이유

아래 표는 연도별로 S&P500 업종(산업)의 수익률을 나타낸 것이다. 대부분의 사람들에게 최근 10년간 어떤 분야의 수익률이 가장 좋았을 것 같으냐고 물어보면 거의 9할 이상이 IT일 거라고 답한다. 그러나 실제로는 그렇지 않다. 2008년 금융위기 직후인 2009년의 1년 수익률은 IT업종이 가장 높았지만, 2010년부터 2016년까지는 IT업종의 수익률 순위가 1위는커녕 3위 안에도 들지 못했다.

[S&P500 2007~2020년 업종별 수익률 TOP 5]

2007	2008	2009	2010	2011	2012	2013
에너지 34.4%	필수 소비재 -15.4%	IT 61.7%	부동산 32.3%	유틸리티 19.9%	금융 28.8%	임의 소비재 43.1%
원자재 22.5%	헬스케어 -22.8%	원자재 48.6%	임의 소비재 27.7%	필수 소비재 14.0%	임의 소비재 23.9%	헬스케어 41.5%
유틸리티 19.4%	유틸리티 -29.0%	임의 소비재 41.3%	산업재 26.7%	헬스케어 12.7%	부동산 19.7%	산업재 40.7%
IT 16.3%	커뮤니케이션 -30.5%	부동산 27.1%	원자재 22.2%	부동산 11.4%	커뮤니케이션 18.3%	금융 35.6%
필수 소비재 14.2%	임의 소비재 -33.5%	S&P500 26.5%	에너지 20.5%	커뮤니케이션 6.3%	헬스케어 17.9%	S&P500 32.4%

2014	2015	2016	2017	2018	2019	2020
부동산 30.2%	임의 소비재 10.1%	에너지 27.4%	IT 38.8%	헬스케어 6.5%	IT 50.3%	IT 43.9%
유틸리티 29%	헬스케어 6.9%	커뮤니 케이션 23.5%	원자재 23.8%	유틸리티 4.1%	커뮤니 케이션 32.7%	임의 소비재 33.3%
헬스케어 25.3%	필수 소비재 6.6%	금융 22.8%	임의 소비재 23%	임의 소비재 0.8%	금융 32.1%	커뮤니 케이션 23.6%
IT 20.1%	IT 5.9%	산업재 18.9%	금융 22.2%	IT -0.3%	S&P500 31.5%	원자재 20.7%
필수 소비재 16%	부동산 4.7%	원자재 16.7%	헬스케어 22.1%	부동산 -2.2%	산업재 29.4%	S&P500 18.4%

그리고 더 놀라운 점은 2020년 딱 한 번을 제외하고는 2007년부터 2019년까지 연도별 1위 업종이 단 한 번도 연속해서 중복되지 않았다는 것이다. 이 말은 올해 잘나갔던 분야가 내년에도 잘나가리라는 보장이 없다는 뜻이다. 예를 들어 올해 전기차 분야가 핫하고, 앞으로 몇 년간 전기차 업종이 최고의 수익률을 가져올 것 같아도 연도별로 끊어 보면 꼭 그렇지만은 않을 수도 있다.

주가는 기대감을 먼저 반영해 움직인다

내가 앞의 사례들을 통해 말하고 싶은 점은 주가의 움직임에 투자자들의 탐욕과 기대감이 먼저 반영된다는 것이다.

예를 들어 전기차 시장이 연평균 20%씩 상승할 거라는 기대가 들면, 상식적으로 주가 역시 해마다 20%씩 꾸준하게 상승하는 것이 합리적이다. 그러나 주가는 미리 기대감을 반영해 한 해에만 50%, 심지어 100% 상승하기도 한다. 사실상 몇 년치 주가상승분을 미리 당겨서 가져오는 셈이다. 그러다 보니 올해 폭발적인 주가 상승을 보였다가도 그다음 1년, 길게는 2~3년 동안 주가가 박스권에서 횡보하거나 심지어 하락하는 경우도 생긴다. 이렇게 전기차 업종이 주춤하는 사이, 그 동안 저평가되었던 다른 업종으로 돈이 몰리며 해당 업종의 수익률이 그해 1위를 차지한다.

앞서 소개한 애플도 마찬가지다. 애플의 신제품 출시 사이클과 함께 몇 년치 기대감이 주가에 미리 반영되고, 실적보다 주가가 너무 앞서갔다는 생각이 들기 시작하면 투자자들은 애플에서 다른 기업으로 돈을 빼간다. 그러면서 자연스럽게 애플의 주가는 당분간 쉬어가는 모습을 보인다. 아마존 역시 고성장이라는 기대감에 주가가 앞서갔다가, 과열을 식히며 횡보하거나 조정을 받기도 한다. 그 사이 투자자들은 또 다른 기대감이 이는 주식으로 빠져나간다. 이런 식으로 돈은 계속해서 돌고 도는데, 실제로 돈을 순환시키며 매매하기 때문에 이를 '순환매'라고도 한다. 돈이 도는 이유는 역시 시간과 마찬가지로

'유한'하기 때문이다.

만약 현재 미국주식시장에서 시가총액 100억달러, 즉 500위권 내 위치한 기업이 있다고 가정해보자. 이 기업의 시가총액이 지금부터 매년 50%씩 복리로 성장한다면, 30년 뒤인 2050년에는 이 기업 하나의 규모가 전 세계 경제 규모(2050년 전 세계 GDP의 총합 예상치)의 몇 배가 된다. 사실상 지속 불가능한 성장률이다. 매년 쉬지 않고 실적이 50%씩 상승할 수는 없다. 그렇다면 주가가 매년 단 한 해도 쉬지 않고 50% 성장하는 것도 불가능에 가깝다는 사실을 꼭 기억해야 한다. 만약 이 말에 동의한다면 크게 1년 정도마다 한 번씩 성장세를 점검해주자. 물론, 성장동력에 큰 문제가 없고, 주식을 산 이유가 사라지지 않았다면 계속 들고 가면 그만이다. 결국 장기 우상향할 확률이 높기 때문이다.

다만, 실적 성장성에 비해 주가가 한참을 앞질러 갔다고 판단되며, 조금이라도 기대 수익률을 높이고 싶다면 갈아타기를 고려해보는 것도 하나의 방법이 될 수 있다. 쉽게 말해 열심히 달린 말을 쉬게 하고, 또 한참을 쉰 말에 올라타 달릴 준비를 하는 것이다.

만약 위에서 소개한 갈아타기와 같은 방법이 너무 어렵거나, 투자 성향과 맞지 않거나, 그것과는 별개로 적립식으로 투자하고 싶은 투자자들은 다음 장에 나오는 방법을 참고하자. 나 역시 활발히 매매하는 '매매 계좌'와 주식을 모아 가는 데 중점을 두는 '적립식 계좌'를 따로 운용하고 있으며, 실제로 적립식 매매에 이 방법을 사용하고 있다.

전략 4

월 적립식 투자 노하우 마음 편한 '반반' 전략

누군가는 시장 타이밍을 잴 수 있다고 하고 누군가는 없다고 한다. 그럼 타이밍을 맞출 수 '있다', '없다'를 고민하지 말고 둘의 장점만 쏙 뽑아 투자에 활용할 수는 없을까? 가장 현실적으로 당장 써먹을 수 있는 적립식 투자 노하우인 마음 편한 '반반' 전략을 소개한다.

가장 현실적으로 접근하는 적립식 투자 노하우, '반반' 전략

"투자는 외형만큼 어렵지 않습니다.
성공적인 투자는 몇 가지 일을 올바르게 하고
심각한 실수를 피하는 것입니다."

- 존 보글 -

블로그, 유튜브 등 각종 채널을 통해 가장 많은 질문을 받는 부분이 바로 적립식 투자 방법이다. 그런 만큼 이 책을 읽는 대부분의 독자 역시 매일 주식시장을 관찰하는 것 자체가 부담스럽고, 공부는 더욱 어렵고, 막막하게 여긴다는 것을 잘 알고 있다. 현실적으로 전업투자자가 아닌 이상 최대한 신경 안 쓰는 투자 방법을 찾는 것은 너무나 당연하다. 이번 장에서는 가장 현실적이고 누구나 할 수 있는 적립식 투자 방법을 제안하고자 한다.

타이밍, 잴 수 있다 vs 없다

누군가는 시장 타이밍을 재지 말고 그냥 매월 같은 날에 일정 금액을 적립하라고 하지만, 누군가는 타이밍을 잴 수 있다고 한다. 나는 두 주장 모두 맞다고 생각한다.

어떨 때는 정말 타이밍을 재는 것이 무의미할 정도로 주식시장이 예상 밖의 움직임을 보인다. 2020년 코로나19로 인해 전 세계 주식시장이 폭락할 때, 시장이 이렇게 빨리 회복하리라고 확신한 사람은 없었다(참고로 2020년 주가 폭락 이후 전 고점 회복은 역사적으로 최단기간 내 이루어졌다).

하지만 또 어떤 기간에는 신기하게도 타이밍을 재는 것이 잘될 때가 있다. 마치 누군가가 차트를 보고 인위적으로 주가를 움직이듯이 기술적 분석이 딱딱 들어맞는다. 그러니 타이밍을 재는 것에 대한 갑론을박이 계속해서 이어지는 것이 아닐까?

[타이밍에 대한 갑론을박]

	타이밍을 잴 수 없다	타이밍을 잴 수 있다
제시 전략	월 적립 매수	일정 수준 이상 하락할 때 매수
예시	매월 일정 금액을 꾸준히 투자	고점 대비 10% 이상 하락할 때까지 기다렸다가 투자
투자대상	인덱스(종합주가지수 ETF)	

개인의 능력과 투자성향에 따라 답은 달라질 수밖에 없다. 분명 누군가에게는 타이밍을 고려한 전략이 더 잘 맞고, 누군가에게는 타이밍을 재는 투자가 전혀 먹히지 않을 수 있다. 그래서 나는 이렇게 제안하고 싶다. 분명 둘 다 맞는 말이니 두 주장을 반반씩 섞는 것이다. 일명 마음 편한 '반반' 전략이다.

마음 편한 '반반' 전략

예를 들어 어떤 목적이든 월 투자 가능 금액이 50만원이라면, 25만원은 감정을 배제하고 특정일에 기계적으로 투자를 실행한다. 시세는 전혀 신경 쓰지 말고 마치 적금 들듯이 오직 '모아간다', '적립한다'에 초점을 맞추는 것이다.

가능하면 시세 자체를 안 보는 것이 이 전략의 핵심이다. 신기하게도 강세장에서는 이 원칙을 잘 지키다가 약세장이 되면 대부분 처음 마음과 달리 적립식 투자를 포기해버린다. 약세장에서 모아가는 것이 나중에 훨씬 큰 보상을 가져오는 것이 분명한데도 막상 상황이 닥치면 말처럼 쉽지 않다. 장기 적립식 투자의 성공 여부는 강세장, 약세장을 철저히 무시하고 처음 마음먹은 대로 행동하는 것이다. 조금 하다가 말 것이라면 안 하는 것만 못하다.

여기서 투자 대상은 소위 '인덱스'로 불리는 미국의 종합주가지수(S&P500, 나스닥100, 다우존스산업평균30)에 투자하는 것이 좋다. 기업은 끊임없이 돈을 벌 것이고, 특히 돈 잘 버는 우량 기업들이 모여있는 종합주가지수는 반드시 장기 우상향한다는 믿음을 가지고 투자해야 한다. 가장 좋은 방법은 주식처럼 사고팔 수 있는 ETF에 투자하는 것인데, 이는 뒤에 나올 별도의 장에서 상세히 다루도록 하겠다.

그리고 50만원 중 나머지 25만원은 달러가 쌀 때마다 증권사를 통해 매수해둔다. 달러/원 환율 5년 평균은 약 1,147원, 10년 평균은 약 1,130원쯤 되므로 그 이하에서 산다면 최소한 손해를 보는 장사는 아니라고 판단해도 무방하다. 요즘은 워낙 이자율이 낮은 탓에 굳이 번거롭게 달러 통장을 이용하는 것보다, 증권사의 환전 우대를 적극 활용해 저렴한 수수료로 달러를 사두는 것이 가장 좋다. 달러를 그냥 사두기만 해도 아주 약간의 이자를 주는 증권사가 많아지고 있다. 그렇게 달러를 모아두다가 시장 또는 개별 종목이 하락할 때 투자를 집행하면 된다.

강세장에서조차 고점 대비 10% 이상 하락하는 경우는 빈번하게 일어난다. 개별 종목의 경우 더욱 빈번하다. 어차피 모아갈 주식들로 선정했다면, 하락할 때마다 모아가는 것이 가장 마음 편한 방법이다.

고점 대비 10%, 20% 하락 지점을 찾기 어렵다면 그냥 신경 쓰지 말고 있다가 뉴스에 '폭락', '공포', '위기', '우려'라는 단어가 하나라도 보이면 계좌를 열어 매수해도 된다. 위 네 단어를 '기회'로 읽는 연습을 꾸준히 한다면 투자에 큰 도움이 될 것이다.

언제부터 분할 매수하면 좋을까?

1. 우량 대형주(시가총액 100억달러 이상)

가장 최근 최고점 대비 15% 이상 하락하면 분할 매수를 시작하기에 좋은 시점이다. 만약 분할 매수를 할 때 고점 대비 15%, 20%, 25% 하락할 때마다 세 번에 나눠서 하면 큰 손해를 볼 위험이 줄어든다. 대형 우량주 같은 경우 큰 폭락장에서도 30% 이상 하락하는 경우가 드물다(폭락하더라도 빠르게 회복하는 경우가 많다).

2. 고성장 중소형주(시가총액 100억달러 미만)

초우량 대형주에 비해 몸집이 작은 만큼 주가의 변동성이 크다. 고점 대비 20% 이상 하락하는 경우도 빈번하므로, 고점 대비 20%, 25%, 30% 하락할 때마다 분할 매수하는 것이 하나의 실전 팁이 될 수 있다.

3. ETF

ETF는 수많은 종목을 모아둔 상품이다 보니, 당연히 개별 종목에 비해 변동성도 작을 수밖에 없다. 모아갈 ETF를 잘 골라놓은 뒤, 고점 대비 10% 하락 시점부터 분할 매수를 하는 것이 좋다. ETF는 여러 종목들을 모아놓은 일종의 투자상품으로 뒤에서 상세하게 설명할 예정이다.

*ETF: Exchange Trade Fund(상장지수펀드), 개인이 직접 거래할 수 있도록 만든 일종의 펀드

‘짬’에서 나오는 ‘인내’

초보, 소위 주린이와 유경험자를 가르는 가장 큰 키워드는 바로 ‘인내’다. 주식이 아니더라도 마찬가지다. 어떤 분야에서든 경험이 많이 쌓이다 보면 조급해하거나 휘둘리지 않고 여유가 생긴다. 소위 ‘짬’에서 나오는 내공이다. 내가 지금까지 본 진짜 고수들의 공통점은 인내심이 강하다는 것이었다. 이들은 살 종목들을 10개 내외로 압축해서 추려놓고, 적정 가치 이하로 올 때까지 기다린다. 핵심은 ‘기다린다’에 있다. 정해둔 가격 이상일 때는 그냥 사지 않는다. 절대 조급해하지 않는다. 기회가 오면 사고, 아니면 안 산다는 마인드로 임하니 오히려 수익률은 하루 종일 시장을 쳐다보는 사람보다 좋을 수밖에 없다.

그러나 이렇게 행동하는 것이 말처럼 쉽지는 않다. 신기하게도 기다리는 하락이 잘 안 오기 때문이다. 모든 사람들이 현금을 꽉 쥔 채 대기하며, 주가가 떨어지기만을 기다리는 시기는 보통 강세장인 경우가 많다. 조금만 떨어져도 금세 누군가 낚아채니 주가는 곧 회복해버린다.

그러니 완벽한 타이밍을 노리며 스트레스를 받기보다는 적립 가능한 투자금의 절반은 타이밍을 재지 않고 특정일에 투자하는 것으로 그냥 고정하는 것이 좋다. 그리고 나머지 절반은 돌아가면서 한 번씩 찾아오는 10~20% 정도의 하락장에 투자하는 기회로 삼아보자. 그럴 때 평소 모아뒀던 나머지 절반의 투자금을 눈 딱 감고 집어넣으면 나중에 효자 노릇을 하는 경우가 많다.

실전 소몽이의 적립 투자일지!

다음의 표는 직장인 소몽의 투자 기록장이다. 표를 보면 월 50만원의 투자 가용금액이 있고, 1월부터 5월까지 매달 25만원씩 3대 지수 ETF에 고정으로 투자했음을 알 수 있다. 나머지 25만원은 시장 상황에 맞춰 개별 종목을 사거나 예수금으로 쌓아둔다.

[직장인 소몽의 투자 기록장 예시]

	인덱스 투자	개별 종목 투자 or 예수금 보유
1월	투자 대상: 3대 지수 ETF 투자 금액: 25만원 투자 투자 방식: 적립식(월급날)	투자 대상: 없음(하락 종목 X) 투자 금액: 0원 투자 방식; 보류
2월	투자 대상: 3대 지수 ETF 투자 금액: 25만원 투자 투자 방식: 적립식(월급날)	투자 대상: 애플 투자 금액: 25만원 투자 방식: 타이밍(고점 대비 15% 하락 시)
3월	투자 대상: 3대 지수 ETF 투자 금액: 25만원 투자 투자 방식: 적립식(월급날)	투자 대상: 마이크로소프트 투자 금액: 25만원 투자 방식: 타이밍(고점 대비 15% 하락 시)
4월	투자 대상: 3대 지수 ETF 투자 금액: 25만원 투자 투자 방식: 적립식(월급날)	투자 대상: 없음(하락 종목 X) 투자 금액: 0원 투자 방식: 보류
5월	투자 대상: 3대 지수 ETF 투자 금액: 25만원 투자 투자 방식: 적립식(월급날)	투자 대상: 테슬라 투자 금액: 50만원 투자 방식: 타이밍(고점 대비 20% 하락 시)

1월에는 특별히 악재가 터지거나 하락한 종목이 없어 25만원을 달러로 환전해 예수금 상태로 놔두었다. 2월에는 중국이 애플 불매 운동을 펼칠 것이라는 우려에 애플 주가가 고점 대비 15% 이상 하락하는 것을 보고, 1월에 환전해둔 25만원으로 애플을 매수했다. 3월이 되자 이번엔 마이크로소프트가 독점 규제에 걸릴 수 있다는 기사가 나오며 최고점 대비 15% 이상 하락했기에 25만원을 추가로 투자했다. 4월엔 별 이슈가 없어 하락한 종목이 없었기 때문에 매달 월급이 들어오는 날에 25만원씩 적립식으로 사는 3대 지수 ETF 외에는 달러 예수금으로 놔두었다. 다시 5월이 되자, 전기차 시장의 경쟁 심

화로 테슬라의 전기차 판매량이 급감할 것이라는 우려와 함께 주가가 무려 20% 하락했다. 이에 모아둔 달러 50만원으로 테슬라를 매수했다.

여기서 핵심은 역시 시장과 개별 종목에 대한 확신이다. 최대 10개 정도로 추려놓은 종목들에 대한 이해나 공부가 없다면 10~20% 하락할 때 절대로 매수할 수 없다. 하락할 때는 반드시 그럴싸한 이유가 있고 우리를 겁에 질리게 하는 공포가 뒤따르기 때문이다. 더 사기는 커녕 들고 있던 주식도 매도하여 물량도 뺏길 위험이 크기 때문에 그 어떤 상황이 와도 모아갈 수 있는 베스트 종목 5~15개를 최대한 심사숙고해서 선정해두는 것이 이 전략의 핵심이다. 믿음이 깨지는 순간 이 전략은 무용지물이 된다. 베스트 종목을 선정하는 방법은 챕터 2에서 소개한 '나에게 딱 맞는 미국주식 종목 고르는 3가지 전략'을 활용하면 된다.

투자 목적에 따른 매수매도 타이밍 잡기

"바람이 불지 않을 때, 바람개비를 돌리는 방법은 앞으로 달려가는 것이다"

- 데일 카네기 -

종합적으로 생각해보자! 그럼 언제 팔까?

물론 내가 강력히 주장하는 바는 되도록 '팔지 않는 것'이 결국은 더 낫다는 것이다. 하지만 다양한 이유로 인해 주식을 팔아야 할 수 있으므로 언제 팔면 좋을지에 대한 이야기를 종합적으로 해보도록 하자.

'여름에 패딩 사기' 전략을 통해 좋은 주식을 이미 저렴한 가격에 확보했다고 가정해보자. 생각 이상으로 수익이 많이 났다면 얼른 팔고 싶다는 생각이 들 것이다. 수익을 실현해야 진짜 내 돈이라는 생각과 함께 말이다.

다만, 주가의 상승과 하락은 생각보다 길 수 있다는 사실을 명심해야 한다. 목표 주가 또는 목표 수익률에 도달했다고 해서 좋은 주식을 선불리 팔았다가는 판 가격보다 더 비싼 가격에 다시 사야 할 수도 있으므로 성급히 매도하지 않는 것이 좋다. 일차적으로는 겨울에 패딩 파는 전략, 즉 D-day가 다가오기 2주 전부터 주가 흐름을 살펴보고, 상승 추세가 약해지거나 하락으로 전환하는 모습이 보이면 적당히 분할 매도하는 편이 낫다. 머리 끝, 즉 주가의 최고점에서 매도하여 수익을 '전부 다' 챙기려는 것은 불가능에 가깝고 욕심에 불과하다. 무릎에 사서 어깨에 팔라는 말이 괜히 나온 것이 아니다.

D-day 이후로도 계속해서 들고 갈 목적이라면, 애초에 D-day 부

소몽의 투자노트

장기투자가 목적이라면?

- 매수 시점: '여름에 패딩 사기 전략' 활용
- 매도 시점: 없음(D-day 부근에서 일부 매도 가능)

단기투자가 목적이라면?

- 매수 시점: 여름에 패딩 사기 전략 활용
- 매도 시점: D-day 부근(상승 추세 약해지거나, 추세가 꺾일 때)

근에서 얼마 정도의 비율로 수익을 일부 실현할 것인지 비중을 미리 정해놓는 것도 하나의 방법이다.

또한, 주식을 보유하고 있는 중간중간 계속해서 크고 작은 악재들과 함께 주가 하락이 찾아올 수 있다. 이는 개별 종목에 대한 악재일 수도 있고, 시장 전체에 대한 악재일 수도 있다. 이때 다시 '내가 이걸 왜 샀지?' 전략을 사용한다. 10% 하락하든 20% 하락하든 내가 이 주식을 사기로 했던 이유가 사라지지 않으면 팔아야 할 이유가 없다. 오히려 좋은 주식이 저평가되었다고 판단되면 비중을 늘릴 기회로 삼아야 한다. 지나고 보면 결국 다 기회였음을 다시 한 번 명심하자.

그럼에도 하루 정도 차분하게 생각해 봤을 때(뉴스, 유튜브, 커뮤니티를 통한 남의 의견이 아니라 철저히 나의 의견) 기업이 돈을 벌지 못할 만한 치명적인 악재가 있거나(예를 들어 코로나19로 인해 항공업계는 당분간 돈을 벌 수 있는 상황이 아니다), 내가 생각했던 매수 사유가 확실히 사라지거나 약해지기 시작했다면 과감히 매도하거나 분할 매도를 시작한다.

소몽의 투자노트

매도를 고민해야 할 때 – 매수 사유가 약해지거나 사라지는 경우

1. 시장 점유율이 확고해서 샀는데, 점유율이 계속 줄어들 경우(정량)

2. 확실한 브랜드 가치, 팬덤(소비자들의 높은 충성도)이 있어 보였는데, 그것이 약해지는 모습이 보일 경우(정성)

또한 매수 사유가 사라지거나 약해지지 않았더라도, '갈아타기' 전략'을 사용해 내가 들고 있는 주식보다 더 매력적인 주식이 나타나면 매도를 시작한다. 이때 매도 없이도 충분히 신규 종목을 매수할 만한 현금이 있다면, 굳이 매도해야 할 이유가 없다. 매수 사유가 사라지지 않았기 때문이다. 단순히 몇 % 올라서, 몇 % 떨어져서 따위의 이유는 전혀 매매 판단의 근거가 되지 못한다.

만약 추가 현금이 없고, 신규 종목을 매수할 좋은 기회가 왔다고 판단되면 갈아타기를 고려한다. 물론 지켜보던 종목이 단순히 '하락했다'는 이유로 갈아타기 하는 것은 좋지 않으며, 지금 보유하고 있는 알짜 주식을 팔고 반드시 그 종목을 사야 할 만큼 강력한 단 하나의 이유가 있어야 한다. 애매하다면 차라리 갈아타지 않는 게 좋다. 애매하다는 것 자체가 스스로 강한 확신이 없다는 증거이기 때문이다. 그런 경우 먼저 산 주식이 꽃이고 뒤에 산 주식이 잡초일 확률이 매우 높다. 굳이 좋은 주식(꽃)을 사서 먼저 잘 키우다가 뽑아버리고 상대적으로 덜 좋은 주식(최악의 경우 잡초)을 새롭게 심고 물을 주는 것만큼은 피해야 한다.

매수매도에 힌트를 주는 다양한 신호들

**"월가에서 부자가 되는 비결은 간단하다.
다른 사람이 모두 두려워할 때 당신은 욕심을 부리면 된다.
그리고 다른 사람들이 탐욕에 빠져있을 때 공포감을 느끼면 된다."**

- 워런 버핏 -

탐욕이 존재하는 한 숨길 수 없는 '인간 지표'

주식시장에서 이루어지는 매매의 절반 이상을 기계가 담당한다면 믿을 수 있겠는가? 실제로 2019년 기준 미국주식 하루 거래의 절반 이상이 '알고리즘', 즉 프로그램에 의해 매매된다는 것은 공공연히 알려진 사실이다.

특히 2018년 말 주식시장의 급격한 하락을 불러온 것이 알고리즘 매매라는 주장이 힘을 얻으면서 '기계에 의한 매매'가 많은 사람들에게 주목을 받기도 했다. 그 이후에도 계속해서 주식시장이 급등과 급락을 반복할 때마다 같은 주장이 제기되곤 했다. 5%만 떨어지는 것이 정상인데 "5%가 떨어지면 다 팔아라"라는 명령어에 의한 자동 매매가 일어나며 10% 하락을 만들어내고, 또 "10% 하락하면 다 팔아라"라는 명령에 의한 매매가 꼬리에 꼬리를 물고 더 큰 하락을 만들어낸다는 주장이다.

물론 이에 대한 반론도 많으며, 나 역시 아주 복잡하게 얽혀있는 주식시장을 그렇게 단순하게 단 하나의 요소로만 파악한다는 것은 불가능에 가깝다는 입장이다. 혹자는 "결국 앞으로 주식투자는 100% AI가 대체할 것이다"라고 주장하기도 한다. 주식시장에서 인간이 설 자리가 사라진다고 보는 것이다. 그러나 나는 남보다 조금이라도 더 많은 수익률을 내고 싶어 하는 인간의 '탐욕'이라는 특성이 존재하는 한 여전히, 그리고 앞으로도 '인간 지표'가 주식시장에서 참고해야 할 중요한 단서라는 데 한 표를 건다. 인간 지표는 재무제표에도, 비즈니스 모델에도 없는 시장 참여자의 '심리'를 너무나 잘 보여주는 힌트이기 때문이다. 오죽하면 만유인력의 법칙을 깨우친 위대한 과학자 아이작 뉴턴조차 "천체의 움직임은 계산할 수 있어도 인간의 광기는 가늠할 수 없다"라는 말을 남겼겠는가!

과열과 바닥의 신호들

"산이 높을수록 골이 깊다"라는 격언은 내가 마음이 조급해질 때마다 떠올리는 말이다. 과열이 심할수록 그 후유증도 심하다. 과로,

과식, 과몰입 등 무슨 단어든 앞에 '과하다'라는 단어가 붙으면 그 뒤가 좋을 리 없다. 이러한 쏠림현상을 체크하는 단서들이 있는데, 이 중 몇 가지는 이 책을 읽는 독자들도 바로 써먹을 수 있는 방법이다.

쏠림 현상 - 소몽의 설문지(커뮤니티) 이론

내가 오프라인 세미나를 할 때 항상 사전에 설문지에 넣는 항목이 있다. "지금 주식 하나를 사고 싶다면 뭘 사겠느냐?"라는 것이다. 전국 각지에서 나이도 연령도 취향도 전혀 다른 수강생들이 모이는데 답이 1개로 쏠린다면 뭔가 이상하지 않은가? 그럴 리 없을 것 같지만 주기적으로 이런 쏠림 현상이 발생한다. 평소엔 최소 5개에서 10개까지 다양한 종목들이 나오는데, 특정 종목으로 유난히 답이 몰릴 때, 나는 이것을 하나의 단기 과열지표로 삼는다. 2018년 1월의 텐센트(Tencent, 홍콩 상장), 2018년 6월의 넷플릭스, 2020년 9월의 테슬라가 대표적인 예다. 처음 본 사람, 심지어 투자성향도 다른 사람들이 최소 수백 개의 선택지가 있는데도 동일하게 한 개를 답안지에 적어냈다. 나는 그럴 때마다 수강생들에게 이 설문 결과를 보여준다. 그리고 뭔가 이상한 느낌이 들지 않는지, 그냥 주가가 오르니까 사고 싶었던 것은 아닌지 냉정하게 생각해보자고 말한다.

우연의 일치일지 모르겠지만 이렇게 쏠림현상이 심화되고 나면 꼭 얼마 지나지 않아 하락이 시작되었다. 2018년 텐센트와 넷플릭스는 각각 고점 대비 40% 이상, 2020년 테슬라는 고점 대비 약 30% 이상 하락했다. 물론 텐센트, 넷플릭스와 테슬라 같은 우량주들은 결국 전 고점을 다시 회복하거나 하락폭이 제한되었긴 하지만 그래도 단기 과열에 의한 조정은 피할 수 없었다. 텐센트의 경우 그 이후 다시 2018년 초의 전 고점을 회복하는 데 2년이 넘는 시간이 걸렸고, 넷플릭스의 경우 1년 6개월이 걸렸다. 다행히 테슬라는 3달 만에 빠르게 전 고점을 회복했다. 많은 사람들과 미디어가 한 종목에 대한 이야기를 하고 있다면 그리고 나도 그중 하나라면 단기 과열은 아닌지 한번 돌아볼 필요가 있다.

자주 가는 투자 커뮤니티와 단체 카톡방 등에서도 이와 비슷한 투자 힌트를 얻을 수 있다. 꼭 투자 관련 모임이 아니더라도 무방하다. 특정 종목에 대한 이야기가 온라인, 오프라인을 가리지 않고 어딜 가든 들린다면 단기 과열에 대한 신호는 아닌지 조심할 필요가 있다. 자주 가는 투자 커뮤니티에 하루가 멀다 하고 특정 종목에 대한 분석 글, 질문들, 뉴스들이 올라오기 시작한다면 유의해야 한다. 투자 커뮤니티가 아닌데도 갑자기 해당 종목 이야기가 나온다면 과열 정도는 더욱 심각하다고 봐야 한다. 심지어 평소 주식에 관심이 아예 없고 부정적인 생각을 하던 친구 또는 직장 동료가 해당 종목에 대한 이야기를 하기 시작한다면 더더욱 조심해야 할 필요가 있다. 과열이 심할수록 쉬어가는 기간과 폭도 클 수 있기 때문이다.

바닥이 왔다는 신호들 - 소몽의 댓글이론

"살아는 있냐?", "그렇게 좋으면 너나 해라", "명복을 빈다".

2020년 3월 코로나로 인해 주식시장이 바닥을 치고, 온갖 비관론이 가득할 때 내 유튜브에 달린 댓글들이다. 나는 보통 일주일에 유튜브 영상을 1~2개씩 꾸준히 올리는 편인데, 시장이 하락하자 온갖 비아냥과 조롱의 댓글이 달리기 시작했다. "이제 하락 시작인데 무슨 소리냐?", "지금 주식투자 하라니 제정신이냐?" 등등 온갖 비난의 댓글이 주를 이뤘다. 내 영상을 보고 주식을 시작했는데 나 때문에 돈을 잃었다는 원망의 댓글들도 급격히 늘어났다. 여기서 비교적 손쉽게 바닥이 다가온 것에 대한 중요한 신호이자 힌트를 찾을 수 있다.

거의 10년에 가까운 블로그 운영 경험 덕분에 나는 이런 댓글들이 얼마나 좋은 신호이자 '인간 지표'인지 잘 알고 있다. '비관'과 '주식시장의 바닥'은 운명의 짝꿍이라는 사실을 말이다. 2018년 초와 말 그리고 2020년 초와 2021년 초에 각각 시장이 10% 이상 하락할 때마다 이런 댓글들은 항상 반복해서 나를 찾아왔다. 꼭 내 채널이 아니더라도 다른 유명 블로거나 유튜버의 댓글을 봐도 신호가 명확하다. 온갖 조롱과 비난, 비판이 가득하다. 단순 공격을 넘어서 인격적인 모독과 눈살을 찌푸릴 정도로 악플이 달리기 시작하면 정말로 바닥에 다와간다는 강력한 신호다. 소음은 주식의 천장과 바닥에서 급격하게 증가하기 때문이다.

시장뿐 아니라 개별 종목에서도 이러한 신호는 반복적으로 발생한다. 2019년 초 애플이 고점 대비 40% 하락했을 때 나는 애플을 사야 한다는 내용의 영상을 유튜브에 올렸다. 보통은 개별 종목에 대해 강력 매수 의견을 내는 경우가 드물지만 이건 정말 기회라는 생각이 들어 용기를 냈다. 그랬더니 부정적인 댓글들이 우르르 달렸는데 그

중에는 심지어 자신이 애플 내부자를 잘 알고 있는데 이제 다시는 주가가 오르기는 힘들다는 댓글도 있었다. 그는 확신에 찬 어조로 애플의 시대는 끝났다고 했다. 그리고 애플의 주가가 한참 오르고 나서야 "이때 샀으면 돈 벌었을 텐데"라는 댓글이 달리기 시작했고, 부정적인 댓글을 달던 사람들은 순식간에 어디론가 사라졌다.

나는 이런 경험을 여러 차례 하면서, 다른 곳에서는 모르겠지만 주식시장에서만큼은 긍정론자가 돈을 번다는 것을 학습할 수 있었다. 그러므로 독자 여러분 또한 자주 찾는 커뮤니티, 유튜브, 단체 카톡방 등에서 댓글을 유심히 살펴보는 것이 시장 분위기를 판단하는 데 아주 중요한 힌트가 될 수 있음을 기억해두자.

단기 과열이라는 신호들 - 소몽의 댓글이론

댓글을 통해 단기 과열의 시점도 체크할 수 있다. "지금이라도 사야 할까요?"라는 류의 댓글이 달리기 시작하면 슬슬 조심해야 할 시점으로 봐도 무방하다. 이때는 역시 유튜브뿐 아니라 어떤 온라인 미디어를 보더라도 비슷한 반응들이 주를 이루기 때문에 조금만 신경써서 댓글을 참고하면 현 시점의 분위기를 감지할 수 있다. 특정 종목에 대한 댓글이 해당 종목과 상관없는 영상에도 달리기 시작한다. "과열일 수 있으니 조심해야 한다"라는 댓글에 무자비한 악플이 달린다. "이제 시작인데 무슨 소리냐?"와 같은 댓글이 메인을 차지한다. 또한, "지금이라도 사야 하나요?"라는 내용의 댓글들이 엄청나게 많아진다.

이 책을 읽는 독자들도 바로 참고할 수 있는 것이 여러 유튜브의 댓글이다. 영상당 조회수 수십만이 나오는 유명 유튜버의 영상에 달린 댓글일수록 정확히 군중심리를 대변한다고 봐도 과언이 아니다. 혹시 나도 지금 다수와 함께 조급해하는 것은 아닌지, 그 주식을 안 사면 손해볼 것 같은 느낌이 드는 건 아닌지 한 발짝만 뒤로 물러나 바라본다면 내 자산을 지키는 데 큰 도움이 될 것이다.

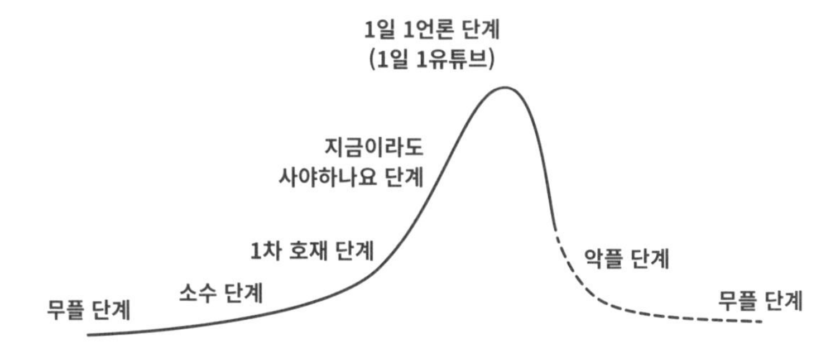

▲ 소몽의 댓글 4단계 사이클 이론. 파란선은 주식시장의 흐름을 의미

이런 경험들을 반복적으로 한 덕분에 나름대로 위와 같은 댓글 사이클 이론이라는 것을 만들었다. 주식시장 전체뿐 아니라, 특히 개별 종목에 대한 과열과 소외 여부를 나름 정확하게 잡아내는 편이라 유용하게 사용하고 있다. 자주 찾는 유튜브 채널의 댓글을 현재 어느 단계에 와있는지 위치를 가늠하는 강력한 도구로 사용해보자.

1. 무플 단계

유명 유튜버, 유명 블로거의 최신 콘텐츠가 매우 양질의 자료임에도 댓글이 달리지 않는다. 조회수가 특히 낮다. 나는 이를 무플 단계라고 칭하며 굉장히 좋아한다. 초과 수익이 여기서 나온다는 것을 여러 차례 경험한 뒤로 이 단계를 가장 좋아하게 된 것이다. 이때는 사람들의 관심사에서 멀어졌거나 아직 관심을 가지지 않을 시기일 확률이 높다. 다시 말해 남들이 관심 없을 때가 기회다.

2. 소수 & 1차 호재 단계

눈치 빠른 투자자들, 경험이 조금 있는 투자자들이 주가가 조금씩 상승하기 시작하는 것을 보고 먼저 관심을 가지기 시작한다. 다만, 댓글을 보면 여전히 긍정적인 입장과 부정적인 입장이 갈린다. 긍정적인 사람과 고개를 갸우뚱하며 반대하는 부정적인 사람이 팽팽하게 맞선다. 나름의 논리에 따라 이성적으로 주장하기 때문에 양측 입장이 모두 그럴싸하다.

맹목적인 주장의 댓글은 거의 보이지 않는다. 댓글의 분위기도 침착한 편이다. 뉴스에서 조금씩 좋은 소식, 즉 호재가 나오기 시작하지만 아직 대다수의 투자자들의 시야에는 들어오지 않은 상태다. 경험이 많은 투자자들은 이때부터 행동에 움직이기 시작한다. 주식을 사 모으거나, 정찰병을 보내는 의미로 소액이라도 투자해놓고 주가 흐름과 기업 및 산업 동향을 분석하기 시작한다.

3. 지금이라도 사야 하나요 & 1일 1언론 단계

실시간으로 모든 뉴스에서 해당 종목에 관한 이야기를 다루기 시작한다. 거의 모든 유튜브에서 다 다룬다고 봐도 과언이 아니다. 영상들의 제목이 대부분 "지금이라도 사야 할까?"로 시작한다. 사소한 것들까지 생중계되며, 댓글은 맹목적인 추종으로 가득하다. 논리적인 글은 찾아보기 힘들고 그저 '가즈아'를 외치는 류의 댓글로 가득하다. 거의 모든 댓글들이 가파른 주가 상승과 수익 덕에 들떠 있으며 반대의견을 내기는 거의 불가능에 가까운 분위기가 형성된다.

이미 모든 사람들이 해당 종목에 대한 사소한 이슈까지 다 꿰고 있다. CEO가 오늘 무슨 말을 했는지도 실시간으로 커뮤니티와 댓글로 공유된다. 악재가 터져도 긍정적인 재료로 해석한다. 과열이 심할 경우, 거의 종교적인 믿음까지 보이는 댓글도 있다. 해당 종목을 안 들고 있으면 바보 취급을 받는 듯한 분위기가 형성된다.

4. 악플 & 무플 단계

악재가 반영되며 주가가 급락하고, 그간의 기대감이 모두 사라지면서 해당 종목에 대한 불신과 분노가 가득한 상태다. 이 종목에 대해 긍정적인 입장을 펼치는 댓글이 욕을 먹기 시작한다. 불과 며칠 전, 길어봐야 몇 달 전과 분위기가 완전히 뒤집힌다. 해당 종목에 대해 긍정적 입장을 펼친 유튜버나 블로거의 영상마다 악플이 달린다. 이런 악플이 극을 이루다가 어느샌가 이런 댓글들마저 싹 사라지며 다시 무플 단계로 돌아간다. 이러한 댓글 4단계는 계속해서 개별 종목마다 반복되며, 주식시장이 열려있는 한 무한 반복되는 모습을 보인다.

이처럼 댓글을 통해 시장 분위기를 감지하는 것만큼 간편하고도 강력한 방법이 없다.

호재에도 악재에도 반응하지 않는 시장

평소 같았으면 크게 올랐을 만한 좋은 뉴스가 나왔는데도 시장 또는 개별 종목의 주가 상승이 더디거나 오르다가 내려온다면, 단기 과열 또는 천장 구간에 접어들었을 수 있다. 개별 종목의 경우 실적이 기대 이상으로 잘 나왔음에도 오르지 못하고 심지어 하락한다면 이때는 시장의 분위기가 바뀌었을 수 있으니 유의해야 한다.

반대로 누가 봐도 크게 나쁜 뉴스인데도 더 이상 하락하지 않는 경우에는 바닥에 근접했다는 신호로 봐도 무방하다. 개별 종목의 경우 실적이 사상 최악을 기록했다는 기사가 나왔음에도 주가가 상승하기 시작한다면 역시 시장의 분위기가 바뀌었을 수 있으니 참고하자.'

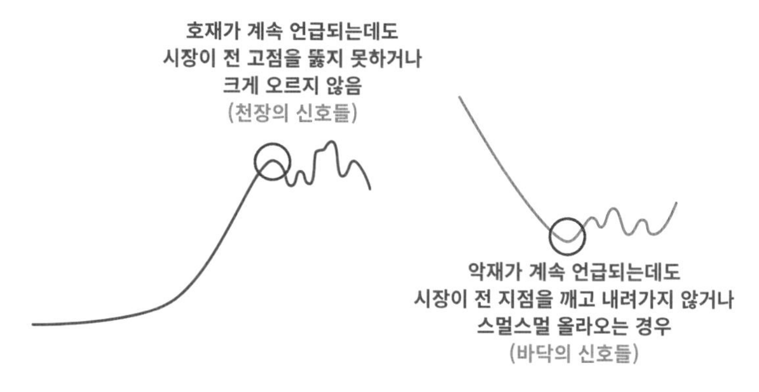

▲ 뉴스를 통해 시장의 분위기를 파악하는 법. 파란선과 빨간선은 주가 흐름을 의미

돈이 되는 키워드와 돈이 되지 않는 키워드

- 돈이 되는 키워드: 불확실성, 위기, 공포, 두려움, 우려, 폭락, 공황
- 돈이 안 되는 키워드: 기대감, 환희, 가즈아, 이제 시작, 지금이라도

최근 10년간의 자산별 수익률을 보고 배워야 할 점들

(부제: 큰 수익을 내고 싶은 자, 왕관의 무게를 견뎌라)

@CharlieBilello		Asset Class Total Returns over Last 10 Years (as of 12/31/20)										Data Source: YCharts	
ETF	Asset Class	2011	2012	2013	2014	2015	2016	2017	2018	2019	2020	2011-20 Cumulative	2011-20 Annualized
N/A	Bitcoin ($BTC)	1473%	186%	5507%	-58%	35%	125%	1331%	-73%	95%	301%	9591687%	214.9%
QQQ	US Nasdaq 100	3.4%	18.1%	36.6%	19.2%	9.5%	7.1%	32.7%	-0.1%	39.0%	48.6%	537.8%	20.4%
GLD	Gold	9.6%	6.6%	-28.3%	-2.2%	-10.7%	8.0%	12.8%	-1.9%	17.9%	24.8%	28.6%	2.5%
IWM	US Small Caps	-4.4%	16.7%	38.7%	5.0%	-4.5%	21.6%	14.6%	-11.1%	25.4%	20.0%	189.3%	11.2%
SPY	US Large Caps	1.9%	16.0%	32.2%	13.5%	1.2%	12.0%	21.7%	-4.5%	31.2%	18.4%	262.8%	13.8%
TLT	Long Duration Treasuries	34.0%	2.6%	-13.4%	27.3%	-1.8%	1.2%	9.2%	-1.6%	14.1%	18.2%	118.2%	8.1%
EEM	EM Stocks	-18.8%	19.1%	-3.7%	-3.9%	-16.2%	10.9%	37.3%	-15.3%	18.2%	17.0%	33.6%	3.0%
LQD	Investment Grade Bonds	9.7%	10.6%	-2.0%	8.2%	-1.3%	6.2%	7.1%	-3.8%	17.4%	11.0%	81.0%	6.1%
TIP	TIPS	13.3%	6.4%	-8.5%	3.6%	-1.8%	4.7%	2.9%	-1.4%	8.3%	10.8%	43.2%	3.7%
PFF	Preferred Stocks	-2.0%	17.8%	-1.0%	14.1%	4.3%	1.3%	8.1%	-4.7%	15.9%	7.9%	77.5%	5.9%
BND	US Total Bond Market	7.7%	3.9%	-2.1%	5.8%	0.6%	2.5%	3.6%	-0.1%	8.8%	7.7%	44.9%	3.8%
EFA	EAFE Stocks	-12.2%	18.8%	21.4%	-6.2%	-1.0%	1.4%	25.1%	-13.8%	22.0%	7.6%	68.6%	5.4%
EMB	EM Bonds (USD)	7.7%	16.9%	-7.8%	6.1%	1.0%	9.3%	10.3%	-5.5%	15.5%	5.4%	72.4%	5.6%
HYG	High Yield Bonds	6.8%	11.7%	5.8%	1.9%	-5.0%	13.4%	6.1%	-2.0%	14.1%	4.5%	71.4%	5.5%
BIL	US Cash	0.0%	0.0%	-0.1%	-0.1%	-0.1%	0.1%	0.7%	1.7%	2.2%	0.4%	4.8%	0.5%
VNQ	US REITs	8.6%	17.6%	2.3%	30.4%	2.4%	8.6%	4.9%	-6.0%	28.9%	-4.7%	129.6%	8.7%
DBC	Commodities	-2.6%	3.5%	-7.6%	-28.1%	-27.6%	18.6%	4.9%	-11.6%	11.8%	-7.8%	-45.1%	-5.8%
Highest Return		BTC	BTC	BTC	VNQ	BTC	BTC	BTC	BIL	BTC	BTC	BTC	BTC
Lowest Return		EEM	BIL	GLD	BTC	DBC	BIL	BIL	BTC	BIL	DBC	DBC	DBC
% of Asset Classes Positive		65%	94%	41%	65%	41%	100%	100%	6%	100%	88%	94%	94%

▲ 2011~2020년 자산별 수익률, 나스닥 & 비트코인(출처: Ycharts)

위 표는 최근 10년간의 주요 자산별 수익률을 나타낸 자료다. 이를 통해 단순히 시장에 투자하는 것만으로도 얼마나 대단한 수익률을 거둘 수 있는지 알 수 있다. 핵심은 일시적 하락을 두려워하지 않을 수 있는가, 공포에 매수할 수 있는가 여부다. 대표적인 시장지수 중 하나인 나스닥지수를 추종하는 ETF인 QQQ의 10년 누적 수익률은 무려 527%에 달한다. 이는 매년 연평균 20%씩 상승한 숫자로, 날고 긴다는 펀드매니저조차도 이기기 쉽지 않은 결과다. 더 놀라운 사실은 2018

년 한 해를 빼고 단 한 번도 마이너스 수익률을 기록한 적이 없다는 것이다. 그마저도 2018년에 기록한 수익률 -0.1%이니 사실상 잃은 적이 없다고 봐도 무방하다. S&P500지수를 추종하는 ETF인 SPY 역시 10년 수익률은 257%를 상회하며, 2018년 단 한 해만 마이너스를 기록했다. 그런데 이렇게 장기 우상향했음에도 이 수익률을 온전히 가져간 사람은 드물다. 중간중간 찾아오는 하락 때문이다. 이것은 지나고 나서는 쉽게 말할 수 있지만, 갑작스럽게 찾아오는 10%, 20% 이상의 하락을 견디거나 그 하락에 용기를 내서 주식을 사는 것이 결코 쉽지 않다는 방증이기도 하다.

특히 2020년은 막대한 유동성과 함께 비트코인도 다시 주목을 받은 한 해였다. 비트코인의 10년 누적 수익률은 무려 6,896,425%로 매년 약 200%씩 상승했다. 이 때문에 사람들은 비트코인을 샀으면 대박이 났을 거라고 말하지만, 다시 과거로 돌아가더라도 이는 결코 쉬운 행동이 아니다. 2014년과 2018년 비트코인 손실률을 보면 그 이유를 알 수 있다. 비트코인은 2014년 고점 대비 58%, 2018년 고점 대비 73% 하락했다. 쉽게 말해 2014년엔 들고 있던 비트코인이 반토막 났고, 2018년엔 거의 반의 반토막이 났다. 제 아무리 확신이 있더라도 이런 하락을 고스란히, 온전히 버티는 투자자들은 흔하지 않다. 이 엄청난 등락을 견딘 사람들만이 지금의 수익률을 얻을 수 있었다. 비트코인뿐 아니라, 지금 우리가 너무나 잘 아는 기업인 테슬라, 아마존, 넷플릭스와 같은 우량주 역시 고점 대비 30% 이상 하락한 후 상승하는 일이 다반사였다. 결국 큰 수익이라는 왕관의 무게를 견디는 것이 결코 쉽지 않음을 앞의 표를 통해 다시 한 번 느낄 수 있다.

요즘 직장인의 3대 후회 중 하나가 "그때 샀어야 했는데…"라고 한다. 주식이 많이 올라서 과거에 뭐라도 샀어야 한다는 것이다. 하지만 정말 과거로 돌아가서 무언가를 산다고 해도 과연 얼마나 많은 사람들이 왕관의 무게를 견딜 수 있을까. 나부터도 결코 쉽지 않음을 느낀다. 그러므로 개별 주식이든 주식시장 전체든 투자에서 공포를 견디고 이겨낸 사람이 그렇지 않은 사람보다 더 많은 승리의 과실을 가져간다는 사실에는 앞으로도 변함없을 것이다.

Chapter 4

소음의 홍수 속에서 진짜 신호를 잡는 법

소음을 제거하고 진짜 신호를 찾아내는 능력, 이것이 내가 생각하는 투자 수익률을 결정하는 핵심 요소다. 장기적으로 수익을 내고 손실을 줄이는 투자를 하고 싶다면, 이번 챕터의 내용을 가장 주의 깊게 봐야 한다. 최소한의 노력으로 진짜 돈 되는 정보를 찾아내는 가성비 투자 방법을 소개한다.

피터 린치의 고객들 절반이 돈을 잃은 이유, 돈 공부는 필수다

"정보를 많이 안다고
투자 수익이 늘어나는 것은 아니다."

- 리처드 번스타인 -

투자의 신 피터 린치를 믿지 못한 고객들?

주식투자를 하지 않더라도 재테크에 관심이 있다면 아마 '피터 린치'라는 이름을 한 번쯤은 들어봤을 것이다. 그는 13년간 무려 2,700%의 수익률, 다시 말해 투자금을 27배로 불린 펀드를 운용한 전설적인 펀드매니저다. 그런데 아이러니하게도 이 펀드에 돈을 맡긴 고객 중 절반 이상이 수익은커녕 원금 손실을 보았다고 한다. 어떻게 이런 일이 가능했을까?

이유는 돈을 맡긴 고객들에게 있었다. 이렇게 잘나가던 피터 린치의 펀드조차도 갑작스럽게 찾아오는 시장 하락은 피해갈 수 없었는데, 고객들은 그런 일시적 하락을 버티지 못하고 펀드를 환매(중도 해지 요청)했다. 그리고 시장이 회복하면서 주가가 한참 오르고 나서야 다시 펀드를 매수해달라고 요청했다. 즉, 쌀 때 팔고 비쌀 때 사는 행동을 반복한 셈이니 좋은 투자 대상(전설적인 수익률을 낸 펀드)을 잘 골라놓고도 스스로 나쁜 결과를 초래한 꼴이 된 것이다.

실화를 기반으로 한 영화 〈빅쇼트〉에도 비슷한 상황이 나온다. 한 펀드매니저가 2008년 금융위기를 예측하고 고객들의 돈을 모아 하락에 베팅했다. 그러나 곧바로 성과가 나오지 않자 대부분의 고객들이 펀드 환매를 요청했다. 빨리 돈을 돌려달라고 한 것이다. 펀드매니저의 예상과 달리 계속해서 시장이 상승하면서 하락에 돈을 건 고객들의 자산이 계속 줄어들었기 때문이다. 결국 대다수의 고객들은 펀드매니저로부터 돈을 찾아갔다. 그러나 얼마 지나지 않아 실제로 역사상 유례없는 대규모 시장 하락이 발생했고 펀드매니저와 그를 믿은 극소수의 고객들만이 엄청난 돈을 벌게 되었다. 돈을 되찾아간 대다수의 고객들은 인생을 바꿀 수도 있었던 기회를 놓친 것이다.

'펀드' 공부가 아닌 진짜 돈 되는 공부를 해야 한다

내가 여기서 강조하고 싶은 것은 제아무리 전설적인 펀드매니저가 또다시 나타나더라도 돈을 맡기는 우리에게 최소한의 관련 지식, 경험이 없으면 수익은커녕 원금도 챙기지 못할 확률이 매우 높다는 것이다. 남한테 돈을 맡기는 순간, 그 돈을 어떻게 굴리는지도 확인해야 할 뿐 아니라 그 '남'이 어떤 사람인지도 공부해야 한다. 공부하기 싫어서 전문가에게 맡겼는데, 아이러니하게도 그 전문가가 어떤 사람인지, 내 돈을 잘 굴리고 있는 건지 또다시 '공부'해야 하는 상황이 발생하는 것이다. 주식 공부는 싫다면서 펀드와 펀드매니저를 분석하는 데만 며칠을 쓰는 사람도 봤다. 그야말로 주객이 전도된 모습이다.

결국 이러나저러나, 내 돈을 지키고 불리기 위한 최소한의 돈 공부는 반드시 필요하다. 그러나 현실적으로 우리에게는 시간이 많이 없다. 설령 시간이 많더라도 주식투자를 위해 또다시 노동을 투입하는 것은 옳지 못하다.

우리가 주식투자를 하는 이유 자체가 자본 소득을 극대화하려는 것이기 때문이다. 모니터 앞에 앉아서 하루 종일 주식창을 들여다보고 있거나, 하루 종일 스마트폰의 주식 관련 뉴스에서 눈을 떼지 못한다면 전업 투자가 아니라 사실상 '전업 노동'에 가깝다. 내 노동력을 온전히 투입해서 돈을 벌고 있기 때문이다. 결국 노동이든 시간이든 투입량을 최소화하고자 계속해서 노력해야 한다.

내가 다른 곳에서 벌어온 돈을 주식에 맡겨두면 그 주식들이 알아서 돈을 벌어오게끔 하는 것, 즉 일종의 '시스템'이자 '기계'를 만드는 것이 궁극적인 목표가 되어야 한다. 나는 이를 '분신술'이라 부르고, 누군가는 '머니머신' 또는 '파이프라인'이라고 하지만 결국 의미는 같다. 그러므로 최소한의 투입으로 최대한의 성과를 낼 수 있는 소위

'가성비 공부'가 필요하다.

나는 투자하면서 계속해서 공부량을 줄이기 위해 노력했다. 중요한 것들과 중요하지 않은 것들을 나누고, 중요하지 않은 것들은 과감히 쳐냈다. 그리고 투자 경험이 쌓이며 가장 중요한 것, 즉 1순위 요소를 공부하는 것만으로도 투자하는 데 부족함이 없다는 사실을 알게 되었다. 더 솔직히 말하면, 그 이상의 공부는 불필요하다는 것이 나의 생각이다. 투자 수익률 대회에서 1위를 하는 것이 목표가 아니라면 더더욱 그렇다. 우리가 걷는 법을 알기 위해서 신체 해부도를 펼쳐놓고 인체가 어떻게 구성되고 움직이는지까지는 알 필요 없는 것과 같다.

다시 말해 "투자의 각 부분별로 가장 중요한 핵심 키워드만 공부하고 나머지는 과감히 쳐낸다"와 같은 원칙을 세우고 실천하는 것이 중요하다. 나는 이런 끊임없는 노력을 통해 최소한의 시간 투입으로 최대 효율을 누리는 방법으로 투자하고 있으며, 이번 챕터에서는 이러한 불필요한 소음을 차단하는 진짜 중요한 공부, 즉 가성비를 높이는 공부법에 대해 설명하려고 한다.

제대로 된 환경부터, 일단 시끄러운 소음에서 벗어나자

"흔히 증권시장은 불투명하다고 말한다.
그러나 만약 증권시장이 투명하다면 그것은
더 이상 증권시장이 아니다.
투자자들은 스스로 쓸데없는 수다로 혼탁하게 만들고,
그 혼탁한 물에서 낚시질을 한다."

- 앙드레 코스톨라니 -

대부분의 정보는 아주 해로운 '소음'이다

얼마 전 "정보가 너무 많아서 스트레스예요"라는 소리를 듣고 정말 격세지감을 느꼈다. 불과 몇 년 전 내가 미국주식을 처음 시작할 때만 해도 자료가 부족해 구글에서 번역기를 돌려가며 공부했기 때문이다. 그 당시만 해도 미국주식을 하는 개인투자자는 거의 없었고 당연히 의견을 교환하는 온라인 커뮤니티도 드물었다.

지금은 웬만한 대형 우량주의 경우 거의 실시간으로 번역된 기사가 올라오고, 그 기사들이 순식간에 단체 카톡방과 유튜브에 퍼지며 투자자들의 신경을 건드린다. 그리고 마치 이런 뉴스들을 모르면 나만 손해 볼 것 같은 느낌이 들게 한다. 주식을 해본 경험이 없으면 없을수록, 이런 모든 정보를 빠짐없이 수집해야 할 것 같은 불안감을 크게 느낀다.

나도 처음엔 모든 정보를 다 알아야 한다고 '착각'했다. 결론부터 말하면 이는 현실적으로 불가능한 일이다. 뉴스 화면을 켜놓으면 거의 매일 오전에는 중국의 경제지표, 오후에는 유럽의 경제지표, 밤에는 미국의 각종 경제지표가 발표된다. 심지어 30분에서 1시간 간격으로 말이다. 또한, 매주 수요일마다 미국의 원유(기름)가 얼마나 남아있는지 재고량이 발표되고, 매월 미국의 주택이 얼마나 지어지는지도 발표된다. 뿐만 아니라 CEO를 포함한 임원들이 회사의 주식을 얼마나 사고팔았는지, 혹은 그 주식의 하락에 베팅한 사람들은 얼마나 많은지까지도 자료가 나온다.

이런 것들을 하나도 놓치지 않고 체크하는 것이 가능할까? 설사 가능하다 하더라도 이런 숫자들에 딱 들어맞게 주가가 움직이지 않는다는 것을 금방 깨닫게 될 것이다. 오히려 이런 수많은 정보들을 찾는 것이 과거에 비해 더욱 수월해지면서 스트레스를 호소하는 투자자들이 늘어나고 있다. 정보가 너무 많으니 뭘 어떻게 해석해야 할지, 어떤 정보가 좋고 나쁜지 혼란스럽다는 것이다. 오죽하면 예전에는 내가 진행하는 세미나의 주요 커리큘럼 중 하나가 '미국주식 정보를 잘 찾는 법'이었는데, 요즘은 '나쁜 정보(소음)를 차단하는 법'이 될 정도다.

다시 말하지만, 정보량과 투자수익률은 무관하다. 많이 아는 것과 실제로 돈을 버는 것은 아무런 상관이 없다는 말이다. 오히려 정보를 쫓아다니며 매수, 매도를 반복하다가 손실만 키우는 경우가 더 많다. 게다가 우리가 정보라고 인식하는 대부분은 (우리는 마치 그것이 비밀스러운 고급정보라고 착각하지만) 아주 영양가 없는 '소음'일 가능성이 매우 높다. 내가 알게 되었을 때는 이미 누구나 다 아는 정보라고 전제하는 것이 더 안전하다. 핵심은 많은 양의 '소음(우리는 정보라고 착각하지만)'을 모으며 만족하는 것이 아니라, 진짜 돈 되는 '정보'를 골라내는 능력이다.

개인적으로는 참 운이 좋다고 생각한다. 요즘같이 소음의 공격이 시작되기 전에 다행히도 '진짜 정보'만 걸러서 보는 법을 익힌 덕분이다. 영어를 못해서 미국 사람들이 뭐라고 떠드는지 알 길이 없었고 그러다 보니 공포를 조장해도 알 수가 없었다. 말 그대로 소귀에 경 읽기였다. 월가의 노란 머리 형님들이 위험하다고 고래고래 소리치며 빨리 팔라고 해도 나는 알아듣지 못한 덕분에 수익을 지킬 수 있었다. 내 주변뿐 아니라 커뮤니티에도 미국주식을 하는 사람이 없어서 혼자 공부해야 했고, 판단도 혼자 해야 했으므로 더 신중하고 꼼꼼하게 공부할 수 있었다. 판단이 틀리면 손실은 전적으로 나의 책임이었으므로 왜 틀렸는지 정확한 복기가 가능했다. 남 탓을 할 단 하나의 건더기조차 없었고 분위기에 휩쓸릴 일도 없었다. 분위기 자체를 느낄 수 없었기 때문이었다.

노이즈 캔슬링 전략

요즘 나오는 꽤 괜찮은 이어폰에는 대부분 '노이즈 캔슬링'이라는 기능이 있다. 말 그대로 이어폰을 귀에 끼는 순간 주변 소음을 깔끔하게 차단시켜 주는 기능으로, 이 덕분에 이용자는 본연의 소리를 듣는 데 더 집중할 수 있다. 나 역시 이어폰을 끼는 순간만큼은 주변과 차단되어 고요한 상태로 있을 수 있는 노이즈 캔슬링 상태를 좋아하는 편이다.

나는 주식투자에서 노이즈 캔슬링 전략이 핵심 가운데 하나라고 생각한다. 주변 소음으로부터 과감하게 나를 분리하는 것이다. 투자의 대가 워런 버핏 역시 자신이 월가의 한복판에 있었다면 절대로 괜찮은 수익률을 올릴 수 없었을 것이라고 회고했다. 워런 버핏의 사무실은 월가로부터 무려 1,800km 떨어진 오마하라는 곳에 위치하고 있다. 빠른 정보와 수익률은 아무런 관계가 없음을 아주 잘 보여주는 사례다.

다시 한번 강조하지만 투자할 때만큼은 소음에서 과감히 벗어나야 한다. 우리가 우려하는 대부분의 걱정들은 기업의 이익에 본질적으로 영향을 미치지 못한다. 한 수강생은 트럼프 전 대통령의 코로나19 확진 판정 기사를 보고, 나에게 트럼프 전 대통령이 죽으면 미국주식시장이 폭락할 수 있으니 가진 주식을 모두 팔아야 하는 것 아니냐고 질문했다. 한 수강생은 과도한 양적완화로 시장에 돈이 너무 많이 풀리면 미국이 망할 수도 있으니 미국주식이 위험하지 않겠느냐고 물었다. 또 한 수강생은 미중 갈등으로 중국인들이 미국 제품 불매 운동을 하면 애플과 맥도날드가 망할 수 있지 않겠느냐고 했다. 어떤 수강생은 미국 대통령 선거 전에 주식을 다 팔라고 해서 그 말만 믿고 다 팔았는데 정작 대선 이후에 주가가 계속 올라서 후회만 남는다고 했다. 어디서 그런 정보들을 얻었느냐고 물어보니 유튜브와 TV 그리고 인터넷 카페, 토론방과 같은 커뮤니티에서라고 답했다. 당장 그곳에서 탈출해야 한다. 정보가 필요해서 찾았지만 정작 그곳은 당신의 수익률을 갉아먹는 소음을 배출할 뿐이다.

그럴 때일수록 진짜 본질, 즉 기업에 집중해야 한다. 과연 지금 내가 고민하는 이 걱정이 내가 투자한 기업의 이익에 본질적인 영향을 미치는 것인가를 잘 따져봐야 한다. 아마 대부분은 자기도 모르게 기업이 아니라 시장의 방향성에 대해서만 걱정했을 것이다. "이 소식 때문에 내일 하락하면 어떡하지? '불확실'하다는데, '위험'하다는데"와 같은 고민이 계속 우리 머릿속을 맴돈다. 우리의 눈과 귀를 흐려 불안하게 만드는 것이 소음의 목적이라는 사실을 잊지 말자.

돈 벌려면 유튜브, TV, 뉴스를 꺼야 한다

"증권 중개인은 가끔 많은 투자자들의 결과를 망쳐놓는다.
그들의 사업은 거래를 통해 수수료 수입을 얻는 것이다.
거래가 없으면 수수료를 징수할 수 없다.
거래가 많아질수록 수수료 수입은 증가하므로,
그들은 기꺼이 매매하고자 하게 할 뿐만 아니라
지나치게 매매를 조장하기도 한다."

- 제시 리버모어 -

유튜브에서 쏟아져 나오는 소음 피하기

나도 유튜브 채널을 운영하고 있지만, 주식으로 정말 돈을 벌고 싶다면 되도록 유튜브를 보지 않는 것이 좋다. 굳이 유튜브만 콕 집어 나쁘다고 말하는 것이 아니다. 유튜브를 포함한 거의 모든 미디어와 매체의 '돈 버는 방식'이 우리의 투자 수익률을 높이는 방식과는 정반대를 지향하기 때문이다.

계좌를 최대한 자주 열어보지 않는 것이 큰 수익을 확보하는 핵심 노하우라면, 미디어는 우리가 정확히 그 반대로 행동하도록 계속해서 유도한다. 미디어는 종류를 가릴 것 없이 조회수를 통해 돈을 번다고 해도 무방한데, 조회수가 많아야 광고가 붙고 광고가 붙어야 돈을 버는 구조다. 아무도 안 보는 뉴스 혹은 콘텐츠에 어떤 광고주가 광고를 의뢰하겠는가. 그러니 보다 자극적이고, 보다 선정적이며 이목을 끌 만한 주제를 앞세워야 한다.

주식과 관련된 내용의 기사는 더욱 명확하다. 당장 돈을 벌 것 같은, 투자하기만 하면 대박이 날 것처럼 보이는 자극적인 제목의 기사들이 늘 주목을 받기 마련이다. 24시간 쏟아져 나오는 이러한 대부분의 콘텐츠, 기사, 자료들이야말로 내 수익률을 갉아먹는 소음이므로 가능하면 피하는 것이 좋다.

요즘 핫하다 = 잃을 확률이 높다

요즘 '핫하다'는 것은 적어도 주식에서만큼은 '잃을 확률이 매우 높은 상태'라고 해석하는 것이 좋다. 주식시장은 결코 모든 사람이 돈을 계속해서 벌게 해줄 만큼 쉽고 만만한 곳이 아니다. 진짜 돈을 꾸준히 버는 사람들은 계속해서 남들이 관심을 가지지 않는 곳을 찾는다. 남들보다 한발 앞서 관심이 덜한 곳을 찾아 선점하고, 사람들이 몰리기 시작하면 또다시 다음 투자처를 찾는다. 요즘 핫하다는 것은 주식시장에서만큼은 끝물일 수 있다는 사실을 기억하자.

이처럼 과열을 경계하는 것 또한 중요한 자세지만, 반대로 과도한 공포를 느끼는 것도 수익을 갉아먹는 주된 요인이다. 그러므로 우리가 공포를 느끼면 궁극적으로 누가 돈을 버는지 생각해보는 것이 좋다. 결국 공포로 인해 조회수를 늘려 돈을 버는 것은 미디어다. 미디어는 우리의 공포를 더욱 극대화시켜 클릭 수를 늘리면 그만일 뿐 그 이후에는 어떠한 책임도 지지 않는다. 특히 '불확실'이라는 단어를 넣으면 클릭수가 높아지므로 폭락, 위기, 공포, 우려, 실망이라는 단어를 즐겨 사용한다. 그들 입장에서는 자극적이지 않은 단어를 쓰면 아무도 클릭하지 않기 때문에 계속해서 이런 단어들을 남발할 수밖에 없다. 결국 우리의 수익률에 하나도 도움이 되지 않는 기사들이 우리를 계속해서 괴롭히는 셈이다.

소음을 역이용하지 못한다면 일단 차단!

이런 소음들을 역이용할 정도의 경험과 내공이 없다면 차라리 그 소음을 제거하는 것이 훨씬 더 도움이 된다. 모든 사람이 알고 있고, 모든 사람이 떠들고, 모든 기사의 헤드라인에 그 종목에 관련된 이야기가 실려있는데, 정말 거기서 남들보다 더 나은 수익을 챙길 수 있을 것이라 기대하는 것은 아니길 바란다.

반대로 모든 사람이 다 아는 공포, 우려, 두려움은 더 이상 우리에게 손실을 줄 위험 요소가 아니다. 예측할 수 있는 위험은 진짜 위기를 불러오지 못하기 때문이다.

진짜 주식시장의 폭락은 항상 모두가 "폭락은 없을 것이다!"라고

한 목소리로 외칠 때 왔다. 즉, 주식시장의 우려와 걱정 그리고 부정론자의 말이 가득한 환경에서는 진짜 위기가 오지 않는다고 봐도 무방하다.

소음은 차단하고 진짜 공부를 시작하자

이번 챕터에서는 평범한 직장인으로서 출퇴근길 그리고 주말 약간의 시간을 내서 공부한 것만으로 꾸준히 수익을 올릴 수 있게 해준 나의 실제 가성비 공부법 노하우에 대해 이야기해보고자 한다. 나의 '가성비 공부법 3단계'는 양질의 리포트를 활용하는 것이 핵심이며, 돈 버는 비결이 이 안에 다 있다고 해도 과언이 아니다. 순서는 '산업리포트', '기업리포트', '개별 뉴스와 콘텐츠'로 진행된다.

첫 번째 단계인 산업리포트 분석을 통해 내가 궁금한 산업, 업종에서 필요한 정보를 남들보다 한발 앞서 찾아낼 수 있다. 전기차, 게임, 5G, 친환경, 전자상거래, 반도체 등 내가 궁금한 산업에 대한 진짜 돈 되는 정보는 여기에 다 담겨 있을 뿐 아니라, 남들이 관심 없을 때 먼저 이 정보를 알 수 있다는 것이 핵심 비결이다.

그 후 두 번째 단계인 기업리포트 분석을 통해 궁금한 기업에 대한 핵심 정보를 뽑아내는 것만으로도 목표하는 수익률을 확보하기에 충분하다.

산업리포트와 기업리포트를 통해 확고한 기준과 어느 정도의 내공이 생긴 뒤에 개별 뉴스와 콘텐츠를 보더라도 큰 문제가 없다. 핵심적인 공부를 통해 소음을 제거하는 능력을 길렀기 때문이다. 지금부터 소개하는 가성비 공부법은 누구나 당장 실천할 수 있으므로, 실전에 꼭 활용해보자.

[소몽의 돈 버는 가성비 공부법 프로세스 3단계]

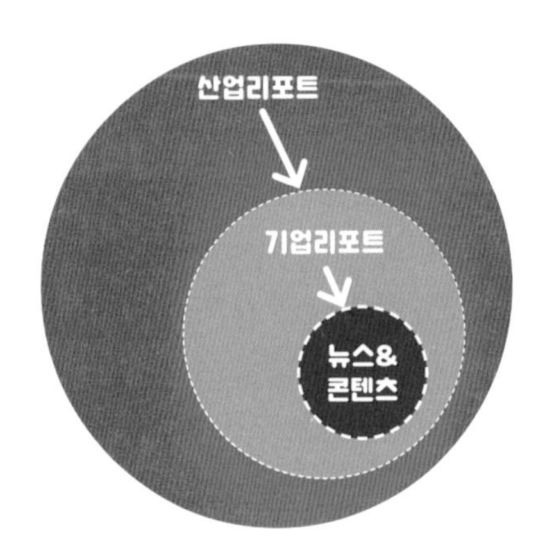

가성비 공부 1탄
산업리포트 분석하기

"시장 속보 혹은 기술적 분석가나 시장 전략가들이
수십 가지의 기술적 지표와 경제적 지표를 내세워
시장이 이렇게 갈 것이라고 말하는 데 귀 기울이는 건
사실 시간 낭비에 불과하다."

- 윌리엄 오닐 -

진짜 돈 되는 정보는 '산업리포트'에 있다

자, 그럼 도대체 어떻게 해야 할까. 어떻게 하면 주변 소음은 제거하고 진짜 돈 되는 알짜 정보를 구할 수 있을까. 답은 산업리포트에 있다. 돈 되는 정보는 여기에 다 들어있다고 해도 과언이 아니며, 실제로 내게 많은 돈을 벌어다 준 진짜 정보는 여기에 다 있었다. 내게 마지막까지 알려주기 싫은 단 하나의 돈 버는 비결이 뭐냐고 묻는다면 주저없이 '산업리포트'라고 대답할 것이다. 〈파이낸셜타임즈〉, 〈월스트리트저널〉, 〈블룸버그〉와 같은 경제지를 굳이 돈을 내면서까지 찾아보지 않더라도 정말 양질의 자료가 손만 뻗으면 되는 가까운 곳에 있는 셈이다. 그러나 대다수의 투자자들은 이 산업리포트보다는 기업리포트를 훨씬 더 많이 열어본다. 정확히 말하면 산업리포트는 거의 열어보지 않는다. 왜 그럴까?

한발 먼저 정보를 알려주는 산업리포트의 매력

아래 그림의 가상의 주가 흐름 위에 표시한 '리포트의 발간 시점'에서 대표적인 이유를 찾을 수 있다. 산업리포트는 해당 산업이 앞으로 주목받을 것에 대비해 비교적 빠른 시점에 발간되는 편이다. 보통 실적에 영향을 미치는 다양한 이벤트를 기점으로 최소 3개월에서 1년 전에 발간되기 때문에 당시에는 당연히 많은 투자자들의 관심을 받지 못한다. 아주 눈치 빠른 투자자들조차도 해당 리포트를 보고 크

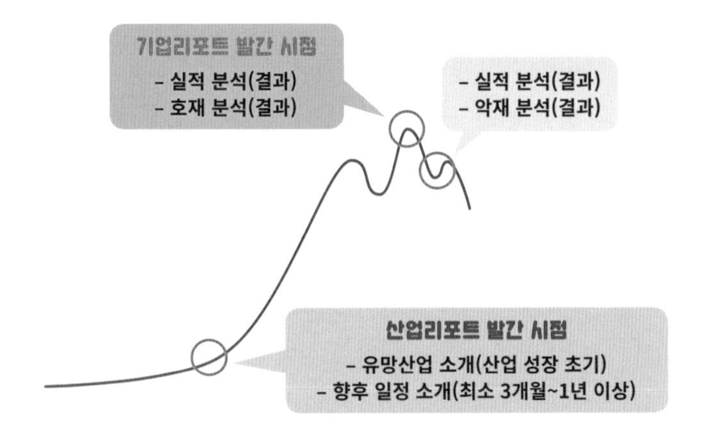

▲ 산업리포트와 기업리포트 발간 시점의 차이. 파란선은 주가 흐름을 의미

게 감흥을 얻지 못하는 경우가 대부분이다.

반면에 기업리포트는 발간 시점이 대체로 산업리포트에 비해 한발 늦다. 발간 목적 자체가 다르기 때문이다. 주로 어떤 이슈가 터졌을 때, 실적 발표가 났을 때 발간된다. 최근 어떤 호재 또는 악재가 발생했는지 재빠르게 소개하고, 그 사건이 얼마나 어떻게 주가에 영향을 미칠지 '전망'과 '의견'을 제시해주니 많은 사람들이 좋아할 수밖에 없다. 매수 의견을 내며 목표주가를 상향하는 시점도, 보통 해당 주식에 좋은 일이 터졌을 때다. 좋은 일이 생겼으니 이것을 근거로 리포트를 발간하는데, 이미 발생한 일을 다루기 때문에 주가는 이미 그 이슈를 선반영한 뒤인 경우가 많다. 즉, 한 박자 늦다. 그래서 많은 이들이 말하는 "기업리포트를 읽고 매수하면 꼭지에 물린다", "매수 리포트를 내놓고 정작 기관 본인들은 매도한다"라는 이야기가 그럴싸해 보인다.

물론 기업에서 당연히 그런 의도로 리포트를 내는 것은 아니다. 우리가 어떤 일이 터졌을 때 찾아보는 뉴스가 나오는 시점과 기업리포트의 발간 시점이 크게 다르지 않을 뿐이다. 계속해서 강조하지만, 주가는 미래를 선반영한다. 그러므로 나와 옆 사람이 모두 아는 새로운 소식 역시 주가에 이미 반영되어 있는 경우가 많다. 그러니 기업리포트를 보는 것은 이슈를 다룬 기사나 유튜브 등의 미디어를 찾아보는 것과 다름이 없고, 계속해서 이미 벌어진 사건을 한 발짝씩 뒤늦게 쫓아가는 셈이 된다. 만약 남들보다 조금 더 빨리, 최소한 남들보다 늦지 않아야 초과 수익을 확보할 수 있다는 데 동의한다면 산업리포트가 그 해답이 될 수 있다.

'산업'이 무엇인가요?

'산업'이란 기업들을 공통적인 특성에 따라 분류하는 기준으로, 글로벌산업분류기준(GICS)*을 따른다. 쉽게 말해 전기차 산업, 2차 전지(배터리) 산업, 전자상거래(이커머스) 산업 등을 말한다. 이 책에서는 이해를 돕기 위해 편의상 크고 작은 분류 체계(핵심 11개 부문**, 24개 산업 그룹, 69개 산업 및 158개 하위 산업)를 통틀어 '산업'으로 표기하였다.

*참고: 글로벌산업분류기준(GICS)은 1999년 MSCI 및 S&P가 개발한 산업 분류 체계로, S&P는 현존하는 주요 공개 회사들을 이 분류 체계로 분류하였다.

**참고: 가장 큰 11개 부문은 IT, 에너지, 소재, 산업재, 임의소비재, 필수소비재, 헬스케어, 금융, 커뮤니케이션, 유틸리티, 부동산으로 이루어져 있다.

보석으로 가득한 산업리포트에 대한 오해

이렇게 돈 되는 정보가 가득한데도 많은 투자자들이 산업리포트를 외면하고 기업리포트를 선택하는 또 다른 큰 이유는 '분량'이다. 산업리포트는 한 산업을 전반적으로 깊이 있게 다루기 때문에 최소 수십 페이지인 경우가 대다수다. 페이지 수부터가 읽기를 겁내게 만든다. 방대한 분량과 더불어 주제 자체가 '전기차', '반도체', '5G'와 같은 특정 산업이다 보니 왠지 모르게 더 어려워 보인다. 게다가 개인적 '의견'보다는 데이터 기반의 '사실' 위주로 구성되어 있어서 문체 역시 건조하다. 딱딱하고 재미없다는 뜻이다. 특히 요즘같이 어려운 주제와 내용을 간단하고 쉽게 요약해주는 영상들이 홍수처럼 쏟아져 나오는 시대의 관점으로 보면 말 그대로 시대를 역행하는 자료로 보일 수 있다.

반면, 기업리포트는 비교적 짧고 간단하며 명확하다. 분량은 1~2장, 길어봐야 5장 미만인 경우가 대부분이다. 말하고자 하는 바를 이해하기도 쉽다. '이러한 이유로 사야 한다', '이러한 이유로 주의해야 한다', '이러한 이슈가 터졌는데, 주가에 이런 영향을 미칠 것이다', '실적이 이렇게 나왔으니 이렇게 대처하는 것이 좋을 것이다'와 같이 비교적 정확하게 의견과 전망을 제시해주기 때문에 이해하기도 훨씬 편하다.

[산업리포트 vs 기업리포트 특징 비교]

	산업리포트	기업리포트
대상	특정 산업(예: 전기차, 반도체, 전자상거래, 클라우드)	특정 종목(예: 테슬라, 엔비디아, 아마존, 마이크로소프트)
주제	산업 소개, 주요 종목, 주요 이벤트 일정 등	이슈 분석, 실적 점검, 매수/매도 의견
발간 시점	주요 이벤트 3개월~1년 전 (주목받기 전)	주요 이벤트 직후 실적 발표 직후 호재/악재 발생 직후
분량	10~300쪽	1~5쪽
특징	미리보기	점검하기, 다시보기
주요 키워드	사실	의견, 전망

의견과 전망은 철저히 배제하고 숫자를 본다

이슈와 실적에 대한 해석을 다루는 것이 주목적이기에 기업리포트는 '의견'과 '전망'이 주를 이룰 수밖에 없다. 그렇다 보니 아무리 숫자를 기반으로 하더라도 작성자, 즉 애널리스트의 의견이 행간에 녹아들 가능성이 매우 높다. 어떤 기업의 목표 주가를 높이며 매수해야 한다는 의견을 내면서 굳이 단점을 부각시켜 독자들에게 혼란을 줄 필요가 없기 때문이다. 어떤 이슈가 터졌을 때 리포트 작성자인 애널리스트가 그 사건을 어떻게 바라보느냐에 따라 같은 숫자도 다르게 해석되기도 한다. 그러므로 같은 이슈에 대해서도 리포트마다 의견이 다른 경우가 있을 수밖에 없다. 즉, 우리는 기업리포트를 보며 우리도 모르는 사이에 애널리스트의 의견을 사실인 양 받아들인다. '정보'를 보고 있다고 생각했는데 사실은 '소음'을 듣고 있는 것이다.

반대로 산업리포트는 사실, 즉 '팩트' 위주의 성격이 강하다. 특정 종목에 대해 다루는 것이 아니라 산업 전반에 대해 소개하므로 목적 자체가 다르다. 전기차 산업이 향후 몇 년간 어떻게 클 것인지, 어떤 기술력이 있으며 그 안에는 어떤 종목들이 있는지 사실대로 나열하기에도 충분히 분량이 넘친다.

이처럼 산업리포트는 목적 자체가 비교적 객관적인 사실 위주의 전달이기 때문에 '의견'보다는 '사실'을 확인할 수 있다는 점에서 특장점이 있다. 우리에게 진짜로 돈을 벌어다 주는 것은 남의 의견과 전망이 아닌 '사실'이다. 그래서 산업리포트를 먼저 보고 나만의 기준을 만든 뒤, 기업리포트를 포함한 다른 콘텐츠들을 보자는 것이다. 이렇게 순서 하나만 바꾸는 것으로도 효율과 성과는 기대 이상일 것이다.

핵심 내용만 뽑아내자

"그럼 쉽고 짧게 설명해주는 기업리포트 대신 수십 페이지나 되고 재미도 없는 산업리포트를 머리띠 꽁꽁 싸매고 읽으라는 것이냐?"라고 묻는다면 절대 아니다. 우리가 진짜로 얻어야 할 몇 가지 정보만 각 유형별 리포트에서 빼내면 충분하다. 단, 순서는 산업리포트가 먼저여야 한다.

진짜 돈 되는 정보는 산업리포트에 다 들어있다. 하지만 찍어주는 느낌이 들지 않는다는 이유로 많은 사람들이 외면한다. 그래서 여기에 기회가 더욱 많다.

산업리포트는 어디에서 볼까?

한경 컨센서스의 '산업' 탭

먼저 네이버에서 '한경 컨센서스'를 검색하고 접속하면 가입도, 로그인도 필요 없이 무료로 국내 증권사들이 제공하는 수많은 양질의 리포트를 볼 수 있다. 홈페이지 상단의 '산업' 탭을 누르면 산업별 리포트가 수년에 걸쳐 쌓여있음을 알 수 있다. 이곳에서 해당 산업에 대해 잘 정리한 리포트 1~2개만 찾으면 그 산업에 관한 공부는 끝났다고 봐도 무방하다. 최근 것이 아니어도 된다. 이슈를 다루는 리포트가 아니기 때문이다. 오히려 몇 년 전 리포트 중에서 최근 것보다 더 잘 만들어진 보석 같은 리포트를 발견하는 경우도 있다.

예를 들어, 클라우드 산업의 경우 이미 초창기는 지났기 때문에 최근 산업리포트보다 과거 2~3년 전 클라우드가 본격적으로 주목받기 전 리포트를 찾아보는 것이 더 좋을 수도 있다. 물론 이럴 경우 과거 것 1개, 최근 것 1개를 같이 보면 금상첨화다. 이 방법이 가장 빠르고 강력한 공부법이다. 뉴스 기사 수십 개, 유튜브 영상 여러 개를 찾아

헤매는 것보다 시간과 효율 그리고 성과의 모든 면에서 앞선다고 확실하게 말할 수 있다. 산업리포트는 한두 번만 제대로 읽고 정리하면 다시 안 봐도 되기 때문이다.

소몽의 투자노트

보석 같은 산업리포트 골라내는 팁

수많은 산업리포트들 중에서 무엇을 봐야 할지 모르겠다면, 다음의 팁 2가지만 신경 써도 시간을 아낄 수 있다.

1. 최대한 제목이 쉽거나 덜 딱딱한 것으로 고르자.
   예: 월간 전기차 판매 동향(X)
   전기차와 마법의 가루(O)

– 제목에 신경 쓴 리포트일수록 내용이 쉽게 쓰여 있을 확률이 높다. 쉽게 쓰인 양질의 리포트를 빨리 찾아내는 것이 핵심이다.

2. 표지에 신경 쓴 리포트를 고르자.
   예: 표지에 일러스트나 그림이 있다(O)
   표지 없이 바로 시작한다(X)

– 1번의 팁과 비슷하게 표지부터 신경 쓴 자료는 기관이 아니라 리테일(개인) 고객에게 설명할 목적으로 만든 자료일 가능성이 높으므로, 내용을 쉽고 친절하게 풀어서 썼을 확률이 높다.

각 증권사 홈페이지 '투자정보' 탭

앞서 소개한 '한경 컨센서스'에 접속하는 것이 가장 쉽고 간편한 방법이지만, 각 증권사에서 공개적으로 공유하지 않는 자료들도 점점 늘어나고 있는 추세다. 이런 자료들은 한경 컨센서스에 올라오지 않고 각 증권사의 홈페이지 또는 어플리케이션(MTS)에 고객 전용으로 업로드된다. 만약 이런 리포트를 추가로 더 살펴보고 싶다면 해당 증권사에 가입만 하면 된다. 별도의 비용 없이 로그인만으로 언제든 리포트를 볼 수 있다. 가장 추천하는 방법은 실제 이용하고 있는 증권사의 리포트와 한경 컨센서스에 업로드되는 리포트를 병행해서 참고하는 것이다. 굳이 모든 증권사에 다 가입하지 않아도 된다. 한 증권사에서도 충분히 많은 양의 양질의 리포트를 발행해준다.

▲ 미래에셋대우 홈페이지 투자정보 탭

▲ 신한금융투자 홈페이지 투자정보 탭

소몽 라운지(네이버 카페)의 리포트 탭

만약 위에서 소개한 방법으로 직접 리포트를 찾는 것이 번거롭고 어렵다면, 내가 운영하는 네이버 카페 '소몽 라운지'에 주기적으로 방문하는 것도 한 가지 방법이다. 나는 그동안 꾸준히 미국주식 투자를 해오며 어떤 증권사에서 어떤 리포트에 강점이 있는지 잘 파악하고 있기에 양질의 리포트를 빠르게 찾는 편이다. 그중에서도 독자들에게 필요할 만한 리포트를 엄선하여 업로드하고 있으니, 필요한 독자들은 이 공간을 찾아 활용하면 도움이 될 것이다.

카페정보 나의활동

매니저 소수몽키
since 2018.08.06.
카페소개

가지5단계
10,595 초대하기
즐겨찾는 멤버 1,104명
게시판 구독수 700회
우리카페앱 수 42회

주제 경제/금융 > 증권

카페 가입하기

카페 채팅

전체글보기 1,854

A.세미나/이벤트 공지
- 세미나/모임 공지
- 이벤트 공지/후기
- 세미나 후기
- 세미나 자료실
- Q&A게시판
- 자유게시판(이런저런)
- 소몽크루 등업게시판

B. 소몽크루
- 미션0. 대상 고르기(입문반)
- 미션1. 기준 세우기(중급반)

C. 소수의견

소몽 크루 리포트

정말 좋은 리포트만 올려줍니다.

공지 숨기기 15개씩

	제목	작성자	작성일	조회	좋아요
공지	'21년 1분기 소수의견(텔레그램) 업금자 중 설문 미작성자 명단입니다(확인 부탁드려요) [8]	소수몽키	2020.12.28.	1,530	6
공지	[텔레그램 소수의견 모집 공지 - '21년 1분기(1/1~3/31)] 열공하실 분들 신청해주세요:) [324]	소수몽키	2020.12.14.	7,686	51
공지	[온라인클래스 오픈, 클래스101]소몽 입문반 온라인 클래스 첫 오픈합니다(10/27~) [86]	소수몽키	2020.09.07.	2,826	34
공지	입문반 듣기 전 & 카페 처음 오신 분들이 꼭 보셨으면 하는 글(소몽의 미국주식 이유) [38]	소수몽키	2020.07.08.	5,092	70
2120	[JP모건 헬스케어 컨퍼런스 정리 리포트] [2]	소수몽키	14:43	99	4
2083	[GM 웰메이드 리포트]테슬라와 함께 탑픽으로 꼽힌 GM 리포트 공부해봅시다! [12]	소수몽키	2021.01.14.	1,010	23
1840	디즈니 리포트 2개 모음(인베스터데이 요약 & 21년 영화 라인업 포함 등) [3]	소수몽키	2020.12.14.	722	7
1784	[좋은 리포트]신성장산업 3가지(우주, 데이터저장, 메타버스)_미래대우 [9]	소수몽키	2020.12.02.	1,482	17
1772	대신증권 '21년 미국주식 Top Picks(괜찮은 리포트) [6]	소수몽키	2020.11.30.	1,654	32
1756	[기업 리포트]태양광 인버터 1위 솔라엣지(SEDG US) 알짜 리포트(키움 - 태양광 산업 정리) [6]	소수몽키	2020.11.27.	1,049	26
1755	[기업 리포트]글로벌 태양광 인버터 1위, 솔라엣지(SEDG US) 요약 리포트 [3]	소수몽키	2020.11.27.	702	19
1746	[별 다섯개]테슬라가 바꾸는 전기차(글로벌 전기차 산업 리포트) [20]	소수몽키	2020.11.25.	2,060	30
1695	[흥미로운 리포트]테슬라는 왜 보험업에 진출할까?(테슬라 인슈어런스) [4]	소수몽키	2020.11.18.	816	16
1681	[별 다섯개]신한금융투자 21년 전망 및 해외주식 포트폴리오 종합(필독) [19]	소수몽키	2020.11.17.	2,163	46
1599	[★★ 별 2개]하나금융투자 '21년 전망(국내 위주라 그다지 도움은 X) [10]	소수몽키	2020.11.04.	871	11

▲ 네이버 카페 '소몽 라운지'의 리포트 게시판

산업리포트에서 꼭 확인해야 할 정보 3가지

"지나침은 모자람만 못하다."

- 공자 -

수십 장, 수백 장에 달하는 산업리포트를 샅샅이 다 볼 필요는 없다. 다음에서 소개하는 딱 3가지만 보면 된다.

1. 시장 점유율

만약 공부할 시간이 정말로 없다면, 산업리포트를 켜고 '점유율(Market share)'이라는 단어를 찾는다. 혹시라도 해당 산업리포트를 찾지 못했다면, 구글에 '산업명+점유율' 또는 영어로 해당 '산업명+market share'로 검색해도 된다. 우리가 산업리포트를 보는 주된 이유 중 하나는 그 시장을 누가, 얼마나 장악하고 있는지 파악하기 위해서다.

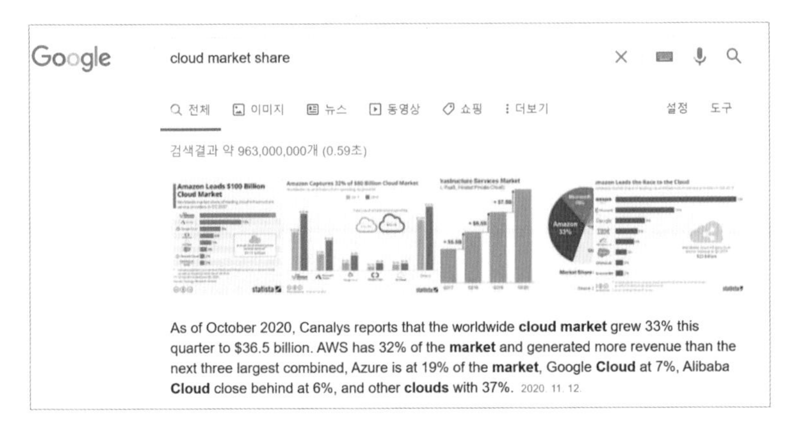

▲ 구글에서 'cloud market share'를 검색한 화면

예를 들어, 클라우드 산업리포트를 연 뒤 '점유율'이라는 키워드를 찾거나, 구글에 직접 검색해 아래와 같은 도넛 모양의 차트를 찾으면

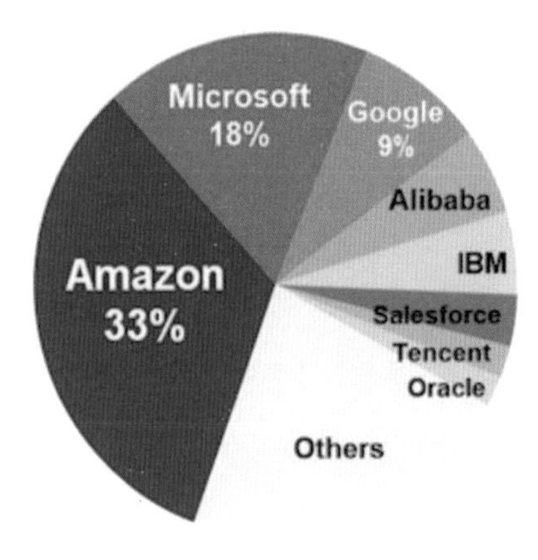

출처 Synergy research group

된다.

여기서 해당 산업의 1, 2, 3등이 누구인지, 각각의 점유율이 얼마 정도인지를 파악하면 독과점 여부를 알 수 있다. 이렇게 직접 그 시장, 그 산업의 대장주가 무엇인지 파악하는 것만으로도 투자에 큰 도움이 된다. 남의 말만 듣고 투자하는 것이 아니기 때문이다. 나는 상위 3개 기업의 점유율 합이 50%를 넘으면 안정적으로 독과점을 형성하고 있다고 본다.

위 자료에 따르면 클라우드 산업의 1, 2, 3등은 아마존, 마이크로소프트, 알파벳(구글 모회사)이며 각각 33%, 18%, 9%의 점유율을 차지하고 있다. 3개 기업의 점유율의 합이 50%를 넘어 60%에 달하므로 확고한 독과점 형태를 이루고 있음을 확인할 수 있다. 반면에 1~3위의 점유율 합이 50% 미만이거나 각각의 점유율이 10% 미만이라면, 경쟁이 치열한 것으로 판단하여 앞서 소개한 '올리고폴리 전략'에 따라 감점을 준다.

다시 말해 당분간은 경쟁을 통한 실적 악화로 인해 주가가 횡보하거나 하락할 수 있음을 염두에 둔다. 물론 경쟁이 치열하더라도 산업 전체가 성장하는 속도, 즉 파이의 크기가 더 빠르게 커진다면 그 기대감으로 해당 산업에 속한 기업들의 주가가 함께 오르기도 한다. 2020년 전기차 및 친환경 산업에 속한 기업들의 주가가 실적과 규모, 업계 순위에 상관없이 앞다퉈 올랐던 것이 대표적인 예다.

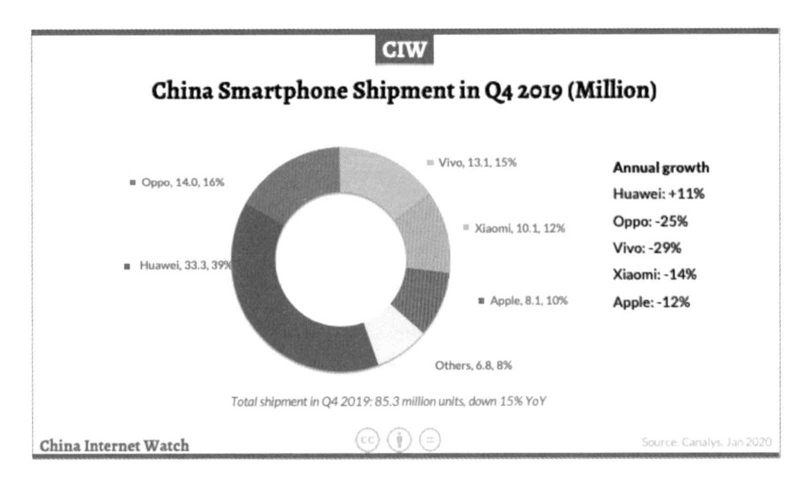

▲ 중국 스마트폰 시장 점유율, 2019년 4분기 출하량 기준(출처: china Internet Watch)

위 자료는 같은 방식으로 검색해서 찾아낸 중국 스마트폰 시장의 점유율을 나타낸 그래프다. 그래프를 보면 화웨이, 오포, 비보, 샤오미, 애플 등 5개 기업이 시장을 점유하고 있는 것을 알 수 있다. 위 자료를 기준으로만 해석한다면 점유율 39%를 차지하고 있는 화웨이를 제외하면 나머지 4개 기업이 점유율 10%대를 기록하며 치열한 접전을 펼치고 있음을 알 수 있다. 까딱하면 점유율을 뺏길 수 있으므로 여유 있게 실적을 확보하기 어려울 수 있다고 추측할 수 있다.

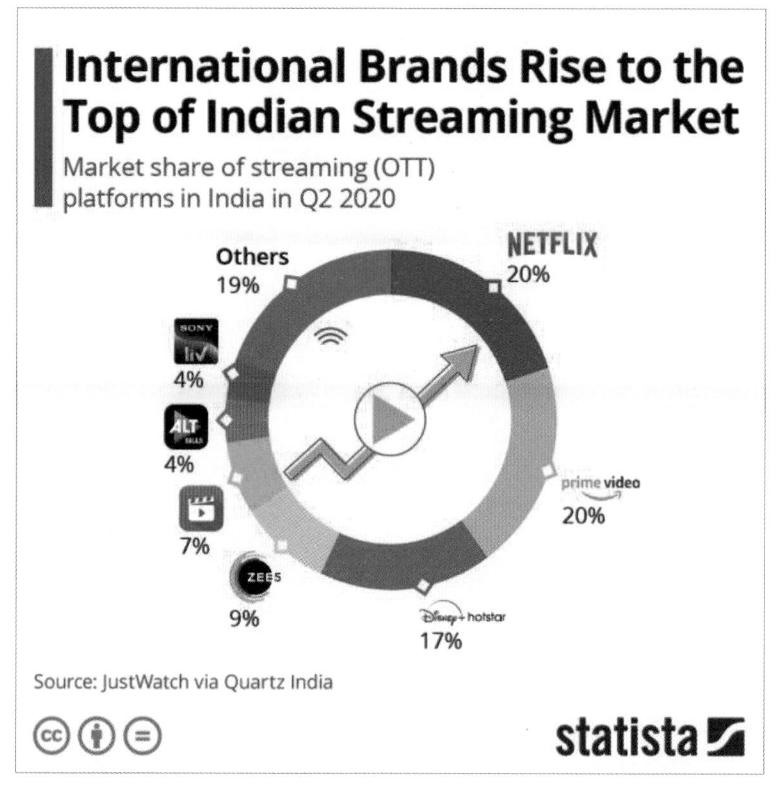

▲ 인도의 스트리밍 시장 점유율, 2020년 2분기 기준(출처: statista)

물론 앞서 '올리고폴리' 전략에서 소개했듯, 현재 독과점이라고 해서 앞으로도 그러리라는 보장이 없기 때문에 후발주자 또는 신규진입자 여부를 반드시 확인해야 한다. 위 자료는 2020년 2분기 기준 인도의 스트리밍 시장 점유율을 나타낸 자료인데, 넷플릭스(20%), 아마존(20%), 디즈니(17%)가 1, 2, 3위를 차지하며 어느 정도 독과점을 형성하고 있다고 볼 수 있다. 그러나 현지 업체들이 점유율을 늘려가며 맹추격해올 수 있으므로 이 자료를 기준으로는 미래를 예측하기 어렵다. 더 실질적인 팁은 점유율의 변화를 살펴보는 것이다.

[클라우드 시장 점유율 변화]

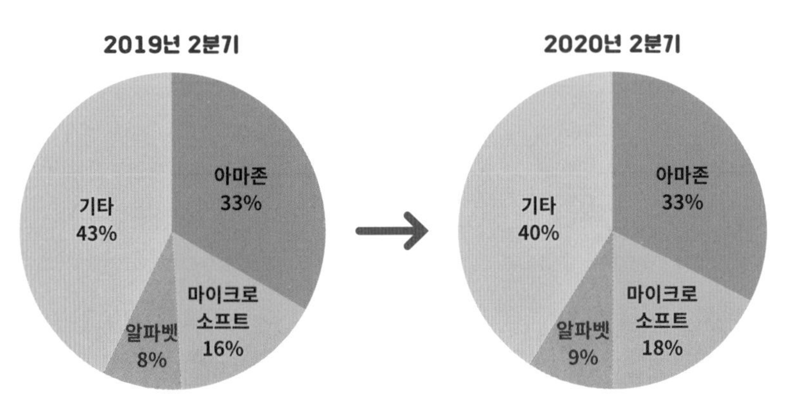

출처 Synergy research group

위 차트를 보면 클라우드 시장의 1년간의 변화를 한눈에 볼 수 있다. 아마존은 33%로 점유율에 변화가 없지만, 마이크로소프트는 1년 새 점유율을 16%에서 18%로 2%p 늘었다. 알파벳(구글 모회사) 역시 점유율이 8%에서 9%로 1%p 증가했으며, 이는 1, 2, 3위의 독과점이 더욱 견고해졌음을 의미한다. 만약 후발주자들이 쫓아왔다면 위 3개 기업의 점유율의 합이 줄었을 것이다. 다시 정리해보면 산업 리포트의 '점유율' 자료를 통해 우리는 해당 산업 대장주의 현재와 미래를 확인할 수 있다.

피자의 크기는 계속 커지는데, 나눠 먹는 사람의 수는 똑같다면 당연히 개별로 가져가는 몫도 커진다. 즉, 성장하는 산업에서 점유율의 유지 및 확대 여부는 그 기업의 현재와 미래를 확인할 수 있는 간단하면서도 강력한 힌트가 된다.

2. 성장률과 침투율

두 번째로 확인할 정보는 '성장률'이다. 여기서 핵심은 얼마나 빠르게 성장하느냐가 아니라, 성장하는지 아닌지를 확인하는 것이다. 즉, 내가 투자하려는 산업이 내년에 더 성장할 것으로 예상되는지, 혹시 성장이 정체되거나 역성장하는 것은 아닌지 확인해야 한다. 꼭 고속 성장하는 산업에 속해야만 주가가 오르는 것은 아니므로 성장률이 얼마인지 너무 자세하게 확인할 필요는 없다. 게다가 일반 투자자인 우리가 해당 산업의 전체 규모를 계산하며 주가를 계산하는 것은 현실적으로 어려워서 정확한 시장 성장률과 규모까지 체크하기는 힘들다. 다만, 최소한 이 산업이 앞으로 1~2년 내 어느 정도 성장할지 체크해두는 것은 도움이 된다.

특히 과거에 비해 앞으로 성장세가 둔화될지 여부가 매우 중요하다. 주식시장은 냉정해서 바로 작년까지 고속 성장했더라도 올해부터 성장이 줄어들면 차갑게 외면하며 주가를 떨어뜨리기 때문이다. 반대로 작년까지 저성장 또는 역성장한 산업이더라도 당장 올해~내년부터 조금이라도 성장하기 시작하면 그 기대감은 주가에 선반영된다. 그러므로 핵심은 과거 2개년과 현재, 그리고 향후 2개년까지 총

5년의 성장 추이 정도를 확인하는 정도면 충분하다는 것이다. 과거 2개년 대비 향후 2개년간 어느 정도 성장이 예상되는지는 산업리포트에 대부분 포함되어 있다. 보통 최소 3~5개년의 실적을 보여주기 때문이다.

앞서 언급한 것처럼 향후 2년간 시장이 정체되거나 역성장할 경우, 그동안 아무리 잘나갔던 산업에 포함된 주식이라고 하더라도 주가가 정체되거나 하락할 수 있음을 염두에 두어야 한다. 한 해도 쉬지 않고 매년 오르기만 하는 주식은 있을 수 없다. 특히 5년 뒤, 10년 뒤 얼마나 커질 것이라는 전망은 잘 맞지도 않을뿐더러 주가에 단기적 이슈로만 반영되는 경우가 다반사다. 주가는 철저히 1~2년 내로 추정 가능한 숫자가 보일 때, 실적이라는 성적표에 숫자가 찍혀 나올 것으로 기대되기 시작할 때 본격적으로 움직인다. 5년 뒤 이 시장이 얼마나 커질 거라는 예측보다, 당장 내년에 이 시장이 얼마나 커지느냐에 따라 주가가 좌우된다는 사실을 기억하자.

물론 미래에 대한 단순한 기대감으로 주가가 움직이는 경우도 많다. 예를 들어 애플이 5년 뒤 전기차 시장에 뛰어들겠다는 기사만 내도 주가는 꿈틀대고, 대형 에너지 기업이 신재생 에너지 사업에 뛰어들겠다고 발표만 해도 주가는 움직인다. 대형 반도체 기업 인텔은 CEO가 바뀌었다는 뉴스만으로도 8%에 가까운 주가 급등을 기록하기도 했다. 하지만 결국 당장 실적에 반영되지 않으면 주가는 곧 실적에 맞게 되돌아가는 경우가 다반사다. 그나마 앞서 언급한 대형 우량주의 경우 탄탄한 실적이 기본적으로 뒷받침되므로 주가의 하락도 상대적으로 작지만, 실적 없이 단순 기대감으로 주가가 상승한 주식은 심한 주가 하락이 뒤따를 수 있으니 조심해야 한다.

만약 성장 산업, 특히 신성장 산업에 관심이 많다면 '침투율'을 확인하는 게 좋다. 침투율이란 말 그대로 해당 산업이 전체 시장에서 얼마의 비중을 차지하느냐를 나타내는 용어다. 예를 들어 전 세계 5G 스마트폰의 침투율이 20%라면, 스마트폰 사용자 10명 중 2명은 5G 스마트폰을 사용한다는 의미다. 특히 신산업, 성장하는 산업의 리포트에는 침투율과 관련된 내용이 대부분 포함되어 있으니 확인해보자. 신성장 산업이라는 말 자체가 현재 침투율이 매우 낮으며, 앞으로 침투율이 높아질 가능성이 높다는 말과 크게 다르지 않다. 만약 리포트에 없다면 구글에 산업명과 함께 '침투율' 또는 'penetration rate'라고 검색하면 손쉽게 찾을 수 있다.

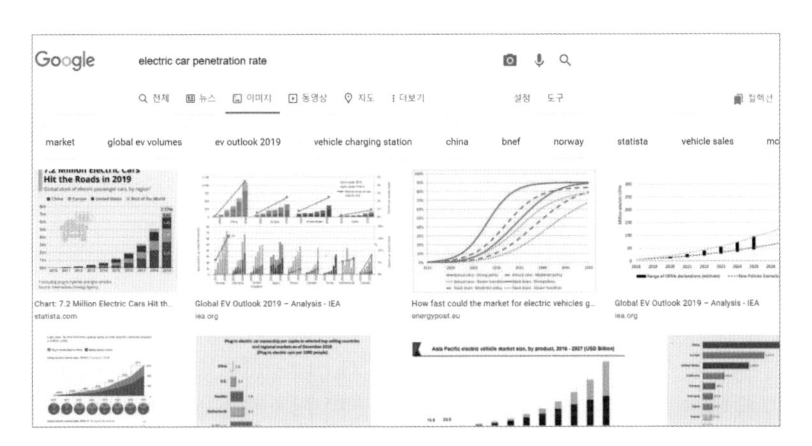

▲ 구글에 'electric car penetration rate'를 검색한 화면

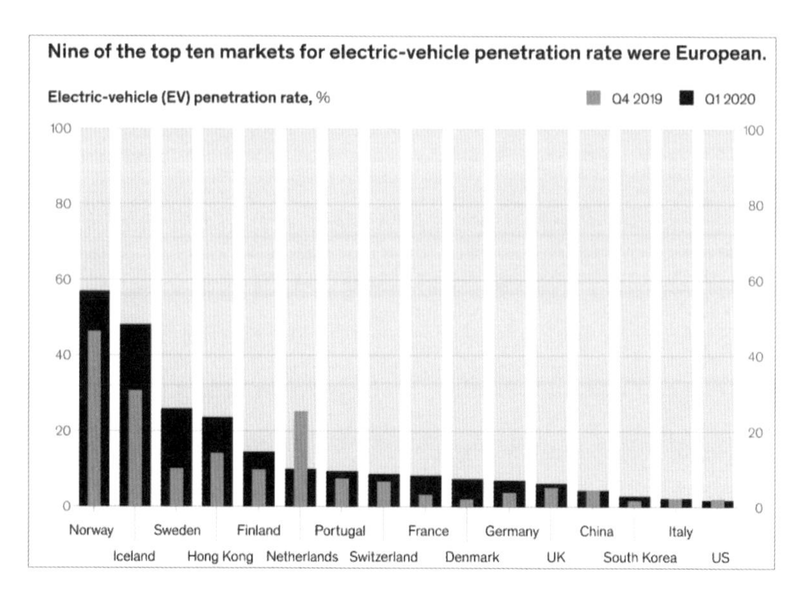

▲ 국가별 전기차 침투율 현황 자료(출처: Mckinsey.com)

예를 들어 한국에서 4G 스마트폰 침투율이 거의 100%에 가깝다면 해당 부분에 대한 성장 여력은 거의 0에 가깝다고 봐도 무방하다. 다시 말해 4G 스마트폰을 전 국민이 거의 다 사용하고 있으므로, 관련 사업으로 돈을 더 벌기는 힘들다는 뜻이다. 주식은 더욱 빠르게 이를 반영하므로, 침투율 50% 정도부터 주가가 정점을 찍는다고 봐도 된다. 즉, 2명 중 1명이 4G 스마트폰을 쓰고 있다면, 주식시장에서는 4G 분야에서 더 이상 과거와 같은 큰 성장을 기대하기는 어렵다고 판단하는 것이다.

만약 현재 전 세계 5G 침투율이 10~20%에 불과하다면, 앞으로 성장여력이 매우 높다고 예측할 수 있다. 이 부분 역시 지금 성장하는 주식이 앞으로도 계속 성장할 수 있는지를 확인하는 것이라고 보면 된다. 수십 년 동안 계속해서 무한하게 성장할 수 있는 산업은 존재하지 않기 때문이다. 2020년 주목받았던 전기차, 태양광, 홈피트니스 및 비대면 산업 관련 주식들의 공통적인 특징도 신산업 초기, 즉 낮은 침투율에 따른 기대감이 컸다는 것이다.

대표적으로 전기차 분야는 전체 자동차 분야에서 침투율이 10%가 채 안 되었기 때문에 확장성에 대한 기대감으로 프리미엄이 더 붙었다. 전자서명, 홈피트니스도 10% 미만의 침투율을, 전자상거래 분야도 여전히 30% 미만의 침투율을 보였기 때문에 비싸게 값을 쳐줄 수 있었다. 말 그대로 꿈을 먹고 무럭무럭 자랄 여지가 있는 어린 아이 같은 산업이라는 뜻이다.

뻔히 확장성이 제한된 것이 보이는 산업은 꿈을 먹고 자랄 여지가 없고 이 사실이 주가에 철저히 반영되어 값을 비싸게 받지 못하는 경우가 많다. 이런 관점에서 이제 막 성장을 시작하거나, 즉 침투율이 10% 미만이면서 성장이 두 자릿수 이상으로 유지된다면 값이 비싸

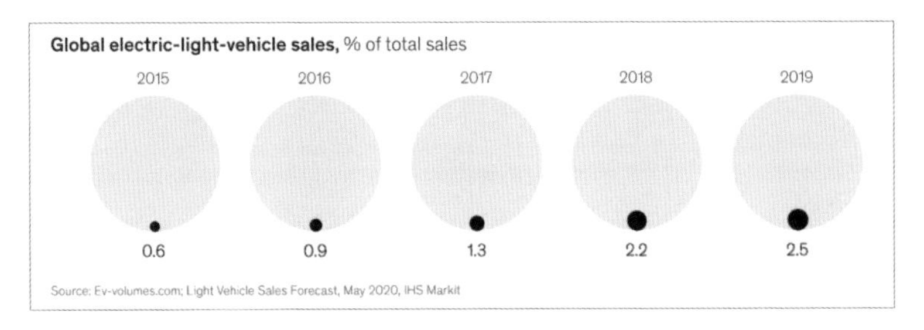

▲ 전 세계 전기차 침투율 현황 자료. 2016년 0.6%에서 2019년 2.5%로 눈에 띄게 성장한 것을 알 수 있다(출처: Mckinsey.com)

다고 생각되더라도 매수할 수 있다.

투자자들은 이런 고성장 주식들에 대해서 항상 프리미엄을 주려는 경향이 강하고, 성장성을 반영해 주식을 미리 선점하려는 경우도 흔하다. 심지어 지금은 적자더라도 향후 1~2년 안에 흑자로 돌아설 것으로 예상되면 미리 모여든다. 나는 이렇게 신성장 산업, 즉 침투율 10% 미만의 산업에 속하면서 비교적 높은 진입장벽을 가진 선두 기업을 '꿈돌이 성장주'로 분류하고 일부 미리 투자해 놓는 편이다. 비싼 것을 충분히 감안하더라도 미리 선점해둘 가치가 있다고 판단해서다.

반대로 제아무리 잘나가던 산업이더라도 성장이 둔화되기 시작했다면 시장의 관심 또한 다른 곳으로 향할 수 있음을 명심해야 한다. 정체 또는 사양 산업에서는 제아무리 독과점 기업이어도 투자자들이 외면할 수 있다. 돈은 조금이라도 더 성장하는 산업을 찾아 끊임없이

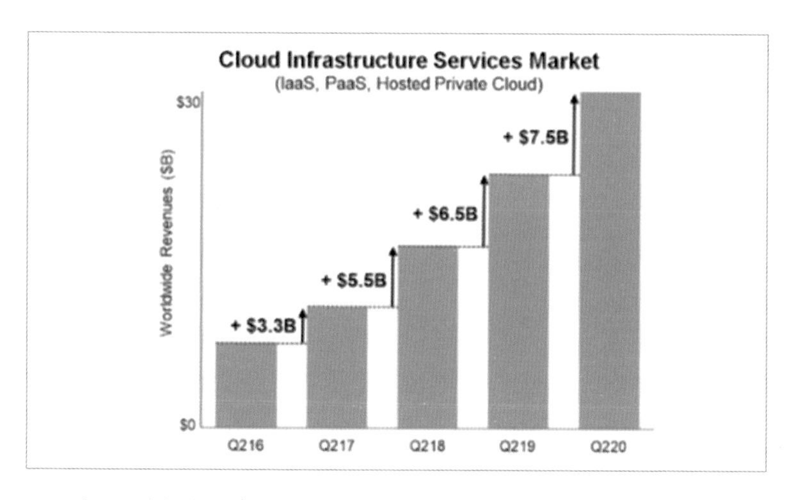

▲ 클라우드 시장 성장률(출처: Synergy research group)

움직인다는 사실을 꼭 기억하자.

앞의 그래프를 보면 클라우드 시장은 2016년부터 2020년까지 점차 성장세가 둔화되고 있음을 알 수 있다. 제아무리 고성장하던 클라우드 산업도 언젠가는 정체되거나 역성장할 수 있다는 말이다. 무한히 두 자릿수로 성장하는 것은 불가능하므로, 향후 2개년 정도의 시장 성장률을 확인하며 성장세 둔화를 가늠해볼 수 있다.

한경 컨센서스 또는 증권사의 투자정보 탭에서도 성장률 자료를 손쉽게 확인할 수 있다. 보통 과거와 현재, 미래를 포함해 총 5년 내외의 성장률을 보여주기 때문에 그간의 성장세와 앞으로의 성장세를 충분히 비교해볼 수 있다.

전기차와 같은 신산업 주식은 언제 사고팔까?

대표적인 성장산업이었던 스마트폰 침투율을 근거로, 다음과 같이 신성장 산업 주식의 매수, 매도 시점을 고려해볼 수 있다.

1. 침투율 0~10%: 관련 주식이 전부 오르는 시기(해당 산업과 관련되면 다 오르는 구간)
2. 침투율 10~20%: 대장주들과 나머지가 차별화되는 시기(선두와 탈락 기업들의 주가가 차별화되는 구간)
3. 침투율 20~50%: 1등주 위주의 상승 시기(1등주의 시장 장악력이 더욱

강해지는 구간)

4. 침투율 50%~: 주가 상승률이 정점을 찍고 둔화하는 시기(성장주 투자자들에게는 점점 매력이 낮아지는 구간)

침투율이 10% 미만인 시기라면, 해당 산업의 주식들을 사고파는 것보다는 계속해서 모아가는 전략이 더 유효하다. 예를 들어 전기차 산업이라면, 이 시기에는 전기차 관련 산업을 한다고 발표만 해도 다 오른다. 대형주, 중소형주, 신생 기업을 가리지 않고 모두 오르는 시기이므로, 팔기보다는 사 모으는 전략이 좋다.

다음으로 침투율 10~20% 구간에서는 슬슬 상위권 주식 위주로 투자 대상을 좁히고, 20%가 넘어가는 구간부터는 철저히 1등주에만 투자하는 것도 하나의 방법이 될 수 있다. 그리고 마지막으로 침투율이 50%인 구간, 즉 2명 중 1명이 해당 제품 또는 서비스를 쓰고 있는 시

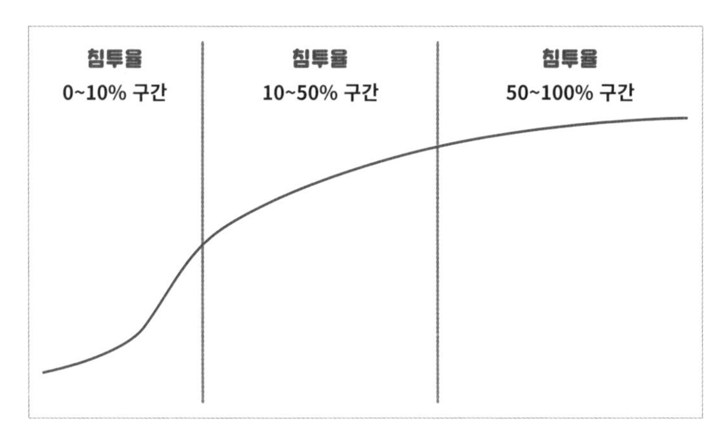

▲ 침투율 구간별 주가 상승 추이. 0~10%에서 주가 상승세가 가장 가파르고 10~50%, 50~100% 순으로 주가가 점점 완만해짐

점이라면 주가의 성장률 또한 절정에 달한 뒤 점점 둔화될 확률이 매우 높다. 이미 해당 산업의 성장성이 주가에 다 반영되었기 때문이다.

물론 성장률이 둔화된다고 해서 주가가 오르지 않는다는 것은 아니다. 해당 산업의 침투율 초기와 같이 상승세가 강하지 않을 확률이 높다는 것이다. 이렇게 성장률이 둔화되기 시작한 기업들은 또 다른 성장 동력을 찾아 신산업에 진출하거나, 신성장 분야의 기업을 인수하며 재도약을 노리는 경우가 많다. 즉, 더 가파른 주가 상승을 원하는 소위 '성장주 투자자'들의 경우 침투율이 50%에 가까워질수록 또 다른 신성장 산업으로 갈아타는 것도 하나의 매매 전략이 될 수 있다.

3. 주요 이벤트 일정

마지막으로 확인해야 할 것이 주요 이벤트 일정이다. 산업리포트에서 가장 핵심적인 부분 중 하나로, 최소 3개월~1년 정도 뒤에 있을 만한 해당 산업의 주요 이벤트를 친절하게 정리해준다. 어떻게 보면 이 산업리포트가 나온 가장 큰 이유가 될 수도 있다. 리포트 작성자가 아무런 이유 없이 그냥 유망하다고 수십 장, 수백 장에 달하는 리포트를 하필 이 시점에 낸 것이 아니기 때문이다.

'여름에 패딩 사기' 전략, 즉 남들보다 한발 앞서서 3~6개월 전 주식을 보다 저렴한 가격에 선점할 수 있는 것은 전적으로 이 산업리포트의 일정 덕분이다. 산업마다 주가를 움직이는 주요 이벤트들이 반드시 있기 마련인데, 그것을 알아두는 것이 수익률을 높이는 핵심이며 산업리포트에서 반드시 챙겨야 할 요소다.

주기적으로 반복되는 월드컵, 올림픽, 대선과 같은 주요 이벤트에 영향을 받는 산업들은 반드시 존재한다. 단순히 테마가 아니라 해당 이벤트가 실제로 실적에 어느 정도 영향을 주기 때문에 주가도 미리 이를 반영하는 것이다. 전 세계적인 행사가 있을 때 광고 관련 기업들의 주가는 미리 들썩이기 시작한다. 또한, 매년 반복되는 세계 가전 박람회(CES), 대규모 할인행사인 블랙프라이데이, 광군제의 영향을 받는 분야들도 있다. 가전, 스마트기기, 화장품 등이 대표적이다. 그 외에도 정기적으로 열리는 학회는 바이오와 제약 기업에, 스팟성으로 열리는 신제품/신차/신작 발표는 각각 IT/자동차/미디어콘텐츠 분야에 영향을 미치는 대표적인 예다.

각 이벤트가 실적에 얼마나 영향을 미치는가에 따라 주가는 보다 빨리 그리고 크게 움직이기 시작한다. 따라서 산업리포트에서 해당 산업에서 주목해야 할 주요 일정들을 찾아 메모해두면 좋다. 가치 대비 값이 싸다고 생각되는 주식도 주가를 상승시킬 만한 사건, 촉매제가 있어야 주가가 움직이기 때문이다.

특히 미국주식의 경우 성장성에 아주 민감하기 때문에 성장을 기대할 만한 무언가가 없다면 주가는 저렴한 상태로 꽤 오랜 기간 유지될 가능성이 높다. 다시 한번 말하지만, 이렇듯 남들보다 한발 앞서 여유있게 기다릴 수 있는 기회가 이 산업리포트에 다 들어있다.

지금까지 산업리포트에서 뽑아내야 할 3가지 핵심 요소들을 확인해보았다. 여기서 핵심은 철저히 '숫자'만 뽑아내는 것이다. 의견과 전망이 섞여있다면 철저히 무시해도 좋다. 어차피 전망은 거의 맞지 않기 때문이다.

다시 말해 뽑아내야 할 요소들 이외의 것들은 소음이나 다름없으며, 차라리 보지 않는 것만 못하다. 딱 필요한 정보만 뽑아내고 나머지 요소들은 과감하게 무시하자.

[주가를 움직이는 산업별 주요 이벤트/이슈]

산업 구분	주요 이벤트/이슈
자동차	신차 발표, 모터쇼, 월별 차량 판매량 등
게임	신작 발표, 월별 앱(게임) 다운로드 건수 등
미디어/엔터	신규 콘텐츠 발표, 구독자 증가 추이
IT/하드웨어	신제품 발표, 가전박람회(CES), 대규모 할인 시즌, 연말 소비 시즌 등
화장품/명품	블랙프라이데이, 광군제, 명절 연휴 등
광고/소셜미디어	대선, 올림픽, 월드컵 등
제약/바이오	학회, 임상시험 결과 발표 등
산업 공통	실적 발표, 자회사 상장, 주요 정부 정책, 인수/합병 발표, 신사업 진출 발표 등

산업리포트 체크리스트 3가지

1. 점유율(Market share)을 확인한다.

- 업계 대장주 목록과 독과점 여부를 알 수 있다(올리고폴리 전략).
- 후발주자들과 미래의 독과점 여부를 예측해볼 수 있다(올리고폴리 전략).

2. 성장률(Growth rate)/침투율(Penetration rate)을 확인한다.

- 과거 2년과 미래 2년의 성장세 가속, 둔화 여부를 확인할 수 있다.
- 침투율을 통해 신성장 산업의 매수/매도 시점도 체크해볼 수 있다.

3. 주요 이벤트 일정(Event Schedule)을 확인한다.

- 실적(주가) 상승에 영향을 미칠 만한 주요 이벤트 스케줄을 알 수 있다.
- 공통적인 것도 있지만, 산업마다 다른 특유의 이벤트를 확인할 수 있다.

소몽의 투자노트

증시 주요 일정 체크, 증권사의 캘린더를 활용하자!

산업리포트에서는 궁금한 산업의 주요 이벤트 일정만을 확인할 수 있다면, 증시 전반에 영향을 미치는 주요 일정을 미리 확인할 수 있는 방법이 있다. 바로 증권사에서 무료로 배포하는 캘린더다. 매달 말일, 증권사에서는 다음 달 국내외 증시에 영향을 미치는 주요 일정들을 정리해 한 장으로 보기 쉽게 만들어 배포해준다. 이 역시 한경 컨센서스 또는 각 증권사의 투자정보 탭에서 확인할 수 있다. 이렇게 흩어져 있는 자료들을 직접 확인하는 것이 어려운 독자들을 위해, 소몽 라운지(네이버 카페)에도 주기적으로 정리된 자료를 업로드하고 있으니 참고하자.

'21년 1월 주요 일정

출처: 소수의견

날짜	일정명	설명	비고
1/9	나오 데이	전기차 관련 비전 발표	전기차/친환경
1/11~1/14	CES 2021	세계 가전 박람회	IT/가전
	1. 삼성 갤럭시21 언팩 행사 있습니다 2. 기조 연설자(기업) - AMD, GM, MSFT		
1/11~1/14	JP모건 헬스케어 컨퍼런스	세계 최대 제약 행사	헬스케어
1/14	바이든 코로나 대응 발표(부양책 언급 예정)		★★★★
1/14	제롬 파월 연준 의장 발표(통화정책)		★★★★★
1/14~	실적발표시즌 시작	은행주, 항공주 순	-
1/18	휴장)마틴루터킹 데이	추모일	-

출처 소몽 라운지 소수의견 게시판

가성비 공부 2탄
기업리포트 분석하기

"하지 말아야 할 것을
효율적으로 하는 것보다
더 비생산적인 것은 없다."

- 피터 드러커 -

기업리포트에서 확인해야 할 핵심 정보

산업리포트를 통해 필요한 필수 정보를 확인했다면, 이제 해당 산업에 속한 대표 기업들의 리포트를 확인할 차례다. 보통의 경우 산업리포트에서 확인한 대표 1, 2, 3등 기업 정도로 압축될 것이다. 기업리포트가 아니라 해당 기업이 공식적으로 내놓는 실적발표(IR) 자료를 보는 것도 하나의 방법이다. 구글에 '기업명(영문) + Earnings'라고 검색하면 된다. 그러나 영문으로 된 수십 장짜리 자료를 읽는 것이 너무 부담스럽다면 국내 증권사에서 배포하는 양질의 리포트를 보자. 투자에 필요한 정보를 확인하기에는 이것만으로도 충분하다.

소몽의 투자노트

기업의 실적을 직접 확인하고 싶다면?(구글 활용법)

❶ 구글에 '기업명(영문) + Earnings'를 검색한다.

Apple Earnings

전체 뉴스 이미지 동영상 쇼핑 더보기 설정 도구

검색결과 약 104,000,000개 (0.46초)

Cupertino, California — October 29, 2020 — Apple today announced financial results for its fiscal 2020 fourth quarter ended September 26, 2020. The Company posted record September quarter revenue of $64.7 billion and quarterly earnings per diluted share of **$0.73**. 2020. 10. 29.

www.apple.com › newsroom › 2020/10 › apple-reports-f...

Apple Reports Fourth Quarter Results - Apple

추천 스니펫 정보 • 사용자 의견

▲ 구글에 Apple Earnings를 검색한 화면

❷ 공식 홈페이지(IR)(예: APPLE+IR)

- 구글 검색을 통해 해당 기업 공식 홈페이지(IR 사이트)에 접속할 수 있으며, 업로드된 첨부파일과 실적 발표 스크립트 전문을 확인할 수 있다.

❸ 뉴스/언론/경제지 활용

- 구글 검색상의 뉴스 탭으로 들어가면, 각종 매체에서 실적 관련 요약 자료들이 보기 쉽게 잘 정리된 경우가 많으므로 이를 활용하는 것이 더 편리할 수 있다.

※ 실적 발표를 확인할 수 있는 주요 웹사이트는 챕터 마지막에 별도로 정리

무엇으로 돈을 버는가?

만약 정말 시간이 없고, 공부가 부담스럽다면 딱 한 가지, 이 기업이 '무엇으로 돈을 버는가'만 확인하자. 내가 사려는 주식이 무엇으로 돈을 버는지만 알아도 '묻지 마'식 투자는 피할 수 있다. 앞서 소개했던 '내가 이걸 왜 샀지?' 전략을 사용하는 근거가 되는 부분이다.

보통 우리가 주식을 사는 이유가 이 기업이 앞으로도 돈을 잘 벌 것이라는 기대 때문이라면, 해당 기업이 주로 무엇으로 돈을 버는지만 알아도 주가 상승과 하락에 흔들리지 않을 수 있다. 무엇으로 돈을 버는가를 어려운 말로 바꾸면 '매출 구성' 또는 '이익 구성'이다. 둘 다 보면 좋지만, 기업이 무엇을 통해 덩치를 키우고 있는지 큰 흐름을 볼 때는 매출 구성만 봐도 충분하다. 직접 검색하려면 구글에 '기업명(영문) + Revenue Breakdown'이라고 입력하면 된다.

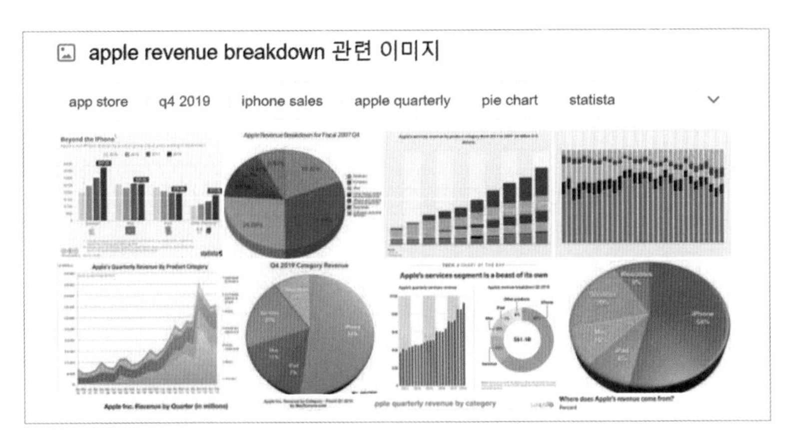

▲ 구글에 'apple revenue breakdown'을 검색한 화면

예를 들어, 2019년 애플의 매출 구성을 살펴보면 아이폰이 55%, 서비스 부분이 18%를 차지하고 있다. 쉽게 말해 애플을 먹여 살리는 것은 아이폰이라고 봐도 무방하다. 따라서 현재 주가를 움직이는 주요 '촉매제'는 아이폰이므로, 투자자들은 아이폰의 판매량, 아이폰의 점유율, 아이폰의 신제품 출시 여부 등에 크게 반응한다.

그러나 주가는 미래를 반영하므로 현재가 아닌 미래 추이를 보기 위해서는 매출 구성의 변화를 참고하는 것이 큰 도움이 된다. 2017년부터 애플의 서비스 부문이 14%, 15%, 18%로 꾸준히 커지는 걸 볼 수 있다. 반면 애플을 먹여 살렸던 아이폰의 매출 비중은 2018년 62%에서 2019년 55%로 내려온 것을 알 수 있다. 추이를 좀 더 지켜봐야겠지만, 투자자들은 서비스 부문이 향후 애플의 미래성장동력이

[애플의 매출 구성과 성장 추이]

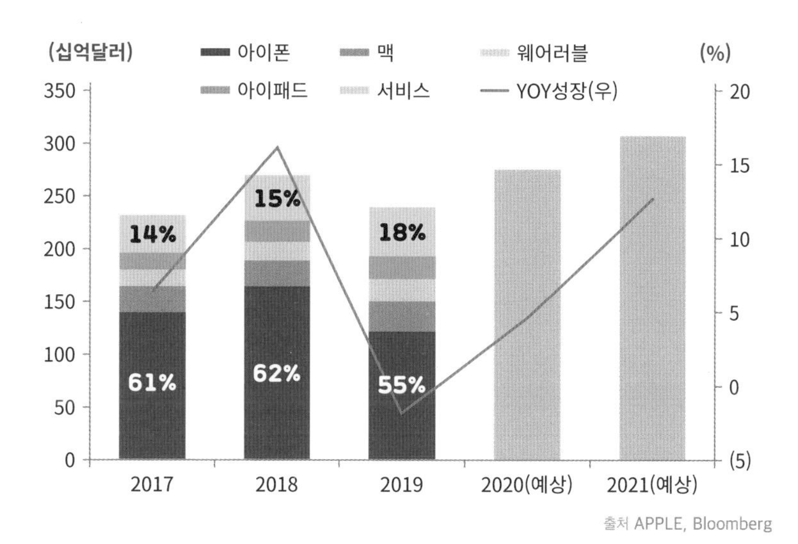

출처 APPLE, Bloomberg

될 수 있다고 보고 해당 분야의 성장세에도 촉각을 세운다. 아이폰이 좀 덜 팔리거나 점유율이 낮아지더라도 서비스 부문의 고속 성장이 이어진다면 애플은 종합적으로 성장세를 이어갈 수 있기 때문이다.

다시 정리해보면, 기업에 현재 돈을 벌어다주는 주력 사업이 무엇인가? 그리고 아직 비중은 작지만 가파른 성장세를 보이는 분야는 무엇인가? 이 2가지를 체크하는 것이 핵심이다. 그 기업의 현재와 미래를 확인할 수 있는 가장 쉬운 방법이라고 할 수 있다.

기업리포트에서 확인해야 할 '주가를 움직이는 2가지 요소'

1. 현재 무엇으로 돈을 버는가(현재 매출 비중이 가장 큰 부문)
2. 앞으로 무엇으로 돈을 벌 것인가(현재 매출 비중은 작지만, 성장률이 가장 높은 부문)

또 한 가지 사례를 살펴보자. 미디어 스트리밍의 대명사가 된 넷플릭스는 돈을 버는 구조가 명확하다. 넷플릭스의 실적 발표에 따르면 매출의 98.5%가 스트리밍, 즉 월 구독료로 인해 발생한다. 이렇게 돈을 버는 방식과 구조가 명확할수록 좋다. 나만 이해하기 쉬운 것이 아니라 다른 투자자들도 이해하기 쉬워서 인기 주식이 될 확률도 높고, 그로 인해 항상 프리미엄을 받게 되기 때문이다. 마치 명품 가방이 늘 비싼 가격을 유지하는 것과 같다. 넷플릭스가 돈을 버는 구조는 월 구독료이므로 가입자 수가 얼마나 늘어나느냐가 핵심 요인이 된다. 그러므로 만약 넷플릭스에 투자했다면, 계속해서 가입자 수의 증가 추이와 요금 인상 정도만 체크해주면 충분하다. 그 이외의 다른 요소들은 주가를 움직이는 핵심 요인이 되지 못한다. 따라서 지금도, 앞으로도 넷플릭스에 돈을 벌어오는 핵심 요소는 '가입자 수'임을 손쉽게 확인할 수 있다.

무엇으로 돈을 버는지 아는 것이 왜 중요할까?

내가 투자한 기업이 무엇으로 돈을 버는지 알면, 주가 변동의 이유뿐 아니라 매수와 매도 시점에 대한 기준도 스스로 잡을 수 있게 된다. 예를 들어, 2020년 상반기까지 시가총액 상위 5개 기업 중 알파벳(구글 모회사)의 주가가 가장 부진했을 때, 리포트 또는 실적 발표 자료를 통해 구글의 매출 약 80%가 광고라는 사실을 확인한 투자자들은 이를 놀랍게 여기지 않았을 것이다. 2020년에는 코로나19로 인해 대다수의 기업들이 광고 집행을 미뤘기 때문이다.

특히, 광고시장에서 큰 비중을 차지하는 여행 분야가 침체되면서 대표적인 광고 기업 중 하나인 알파벳 역시 피해를 봤을 것으로 예측할 수 있다. 실제로 코로나19의 피해가 반영된 2분기 실적 발표 당시 알파벳은 상장 이후 최초로 매출 역성장을 발표하며 많은 우려를 받았다. 즉, 알파벳(구글 모회사)의 매출 대부분이 광고라는 사실을 알고 있던 투자자라면 광고시장의 업황을 참고해 매도 타이밍을 재거나 매도 여부를 판단할 수 있었을 것이다.

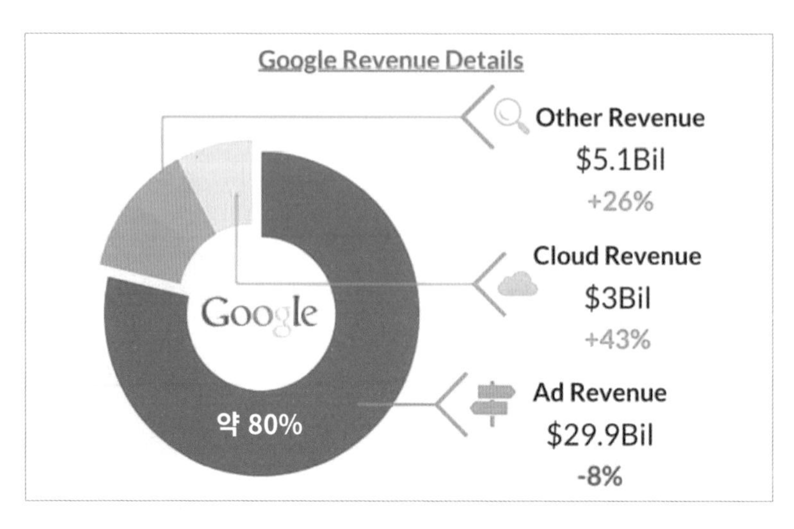

▲ 2020년 알파벳의 2분기 실적 발표. 전체 매출 중 광고 매출(Ad Revenue)이 약 80%를 차지. 나머지는 클라우드 & 기타(출처: 구글IR, Alphastreet)

반대로 알파벳의 매수 시점도 판단해볼 수 있다. 알파벳의 주가는 코로나19로 인해 광고가 줄면서 바닥을 기었으므로, 광고가 다시 회복될 조짐을 보이면 알파벳의 주가 역시 회복될 것으로 예상할 수 있다. 결국 광고가 주 수입원이기 때문이다. 실제로 2020년 3분기 실적 발표에서 알파벳은 광고 회복에 대한 자신감을 보였고, 그와 함께 빅 5 테크 기업 중 가장 먼저 신고가를 경신하며 회복의 신호탄을 힘차게 쏘아올렸다.

또 다른 예를 살펴보자. 만약 마이크로소프트의 게임 부문이 고성장하는 것만 보고 이 기업에 투자한 사람은 고개를 갸우뚱할 수 있다. 분명 게임 시장에서 잘나가는 것 같은데 다른 게임사 대비 주가가 영 시원찮으니 말이다. 이 또한 마이크로소프트가 무엇으로 돈을 버는지 확인하면 답이 나온다.

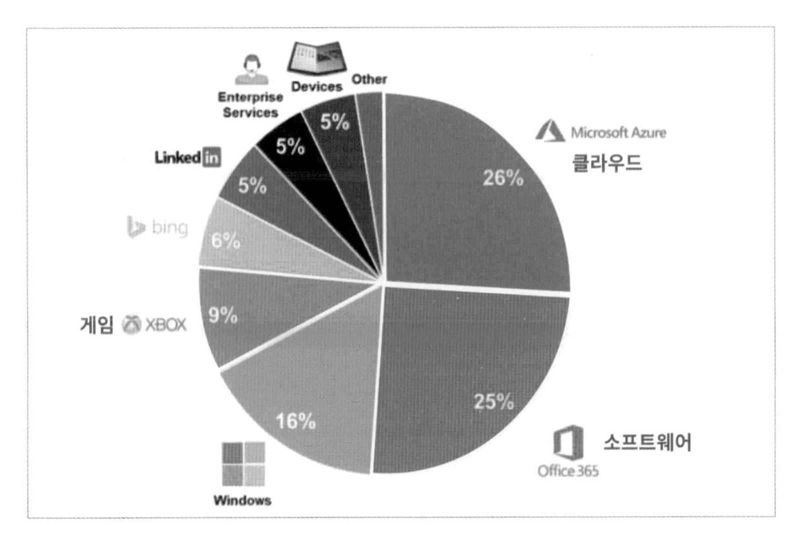

▲ 2019년 말 마이크로소프트의 실적 발표 자료. 전체 매출 중 게임 부문(Xbox) 매출은 약 9%를 차지(출처: 마이크로소프트IR, 미디엄)

2019년 실적 발표 기준으로 마이크로소프트의 게임 매출 비중은 10%가 채 되지 않는다. 앞의 차트를 보더라도 여전히 마이크로소프트의 매출을 구성하는 핵심은 클라우드(매출 비중 26%)와 소프트웨어(매출 비중 25%)임을 알 수 있다. 즉, 게임 부문이 미래의 성장동력일 수는 있어도 아직은 마이크로소프트라는 큰 배를 움직일 정도로 큰 영향을 미치지는 못하는 것이다. 그러나 향후 마이크로소프트에서 게임 분야가 미치는 비중과 영향력은 분명히 계속해서 커질 것이므로 꾸준히 관찰할 필요가 있다. 이 역시 매출 구성, 매출 비중의 변화를 통해 손쉽게 관찰할 수 있다.

다음 표는 마이크로소프트의 주요 매출원들의 성장세를 나타낸 자료다. 2020년 말 기준으로 가장 큰 성장세를 보이는 부문은 역시 65% 성장한 게임(xbox content and services)인 것을 알 수 있다. 반면에 최근 마이크로소프트의 고속 성장의 핵심 요인이었던 클라우드(Azure) 부문의 성장세는 2018년 4분기 89%, 2019년 4분기 64%, 2020년 4분기 47%를 기록하며 지속적으로 둔화되고 있음을 알 수 있다. 다시 말해 마이크로소프트의 현재는 '클라우드', 미래는 '게임'이 될 수 있음을 매출 구성의 변화 하나만으로 빠르게 캐치해낼 수 있다.

Microsoft products and services growth

Product/Service	Q4 FY17	Q1 FY18	Q2 FY18	Q3 FY18	Q4 FY18	Q1 FY19	Q2 FY19	Q3 FY19	Q4 FY19	Q1 FY20	Q2 FY20	Q3 FY20	Q4 FY20
Azure	97%	90%	98%	93%	89%	76%	76%	73%	64%	59%	62%	59%	47%
Dynamics prdts/cloud svcs	7%	13%	10%	17%	11%	20%	17%	13%	12%	14%	12%	17%	13%
Enterprise Services	-3%	1%	5%	8%	8%	6%	6%	4%	4%	7%	6%	6%	0%
Office 365 commercial	43%	42%	41%	42%	38%	36%	34%	30%	31%	25%	27%	25%	19%
Office commercial prdts/cloud svcs	5%	10%	10%	14%	10%	17%	11%	12%	14%	13%	16%	13%	5%
Office consumer pdts/cloud svcs	13%	12%	12%	12%	8%	16%	1%	8%	6%	15%	19%	15%	6%
Search ads (ex traffic acq. costs)	10%	15%	15%	16%	17%	17%	14%	12%	9%	11%	6%	1%	-18%
Server pdts/cloud svcs	15%	17%	18%	20%	26%	28%	24%	27%	22%	30%	30%	30%	19%
Windows commercial pdts/cloud svcs	8%	7%	-4%	21%	23%	12%	13%	18%	13%	26%	25%	17%	9%
Windows OEM	1%	4%	4%	4%	7%	3%	-5%	9%	9%	9%	18%	0%	7%
Xbox content and services						36%	31%	12%	-3%	0%	-11%	2%	65%

SOURCE: Company report

CNBC

▲ 마이크로소프트의 제품 및 서비스 성장률. 'Xbox content and servieces' 부문은 고성장세 지속(미래성장동력), 클라우드(Azure)는 성장세가 계속해서 줄어들고 있음(출처: CNBC)

정리해보면, 우리가 기업리포트 또는 실적 자료에서 반드시 확인해야 할 단 한 가지가 있다면 '무엇으로 돈을 버는가'다. 가장 큰 비중을 차지하는 부분이 현재의 주가를 움직이는 제1요인이 된다는 것을 알면 된다. 또한, 아직 비중은 미미하지만, 가장 성장세가 가파른 부분은 추후 해당 기업의 차세대 성장동력이 될 수 있으므로 주목할 필요가 있다. 그 부분이 미래에 그 기업의 주가를 흔드는 제1요인이 될 수 있기 때문이다.

만약 여력이 있다면 '무엇으로 돈을 버는가' 이외에 '어디에서 주로 돈을 버는가'도 알아두면 실전투자에 도움이 된다. 특히, 글로벌 기업들의 주가는 국가 간의 갈등 정도에 크게 영향을 받기도 하는데 대표적으로 애플, 퀄컴 등 다수의 미국 반도체 기업들의 매출은 10~30%가 중국에서 나온다. 즉, 중국이 주요 매출처 중 하나다. 그러므로 미국과 중국의 갈등이 심해질 때마다 투자자들은 이 기업들의 실적에 직접적인 영향을 줄지 모른다는 우려에 주식을 팔거나 촉각을 곤두세운다. 반대로 미중 갈등이 완화되면 중국향 매출이 높은 기업, 즉 중국에 물건 또는 서비스를 많이 파는 기업의 주가가 가파르게 오르기도 한다.

그러므로 내가 투자한 기업의 주요 매출 국가가 어디인지를 알아두는 것도 도움이 된다. 이 또한 기업리포트 또는 실적 발표 자료에서 확인할 수 있으며, 구글에 직접 검색할 경우 '기업명(영문) + revenue by geography(매출 지역 구성)'라고 입력하면 된다. 예를 들어 애플의 지역별 매출이 궁금하다면, 'Apple revenue by geography'라고 검색하면 손쉽게 원하는 정보를 찾을 수 있다.

2020년 중국이 가장 먼저 코로나19를 종식했다고 발표하자, 중국의 매출 비중이 높은 맥도날드, 스타벅스의 주가가 먼저 반응하기도 했다. 이 기업들이 어디에서 주로 돈을 버는가를 알았다면 이런 주가의 움직임을 빨리 이해할 수 있었을 것이다. 더 나아가 어떤 기업들이 더 가파르게 상승할지 예측해볼 수 있었을 것이다. 그 외에도 미국에서만 돈을 버는 내수 기업인지, 미국 외에서 주로 돈을 버는 글로벌 기업인지에 따라 대외 갈등상황이 주가 수익률에 영향을 미칠 수 있으므로, 참고로 봐두면 나쁠 것은 없다.

다시 강조하지만, 우리가 꼭 봐야 할 것들 외에는 철저히 소음으로 간주해도 무방하다. 특히 의견과 전망, 주관적이라고 생각되는 것들은 철저히 배제하고, 목표주가와 투자의견 역시 철저히 무시한다. 이런 남의 의견을 따라 투자해서 돈을 벌 수 있을리 없다고 생각하는 것이 마음 편하다. 그런 전망과 의견을 좇아서 돈을 벌 수 있었다면, 부자가 아닌 사람이 없을 것이다. 전망이라는 것은 외부 변수에 따라 얼마든지 바뀔 수 있으며 실제로도 전망치는 잘 맞지 않는다. 내일 이 주식이 오를까 내릴까 하는 '견해'에 집중하기보다는 숫자 위주의 팩트로만 점검한다. 같은 숫자를 놓고서도 의견이 분분하기 때문이다.

다년간의 투자 경험을 기반으로 의견과 전망을 비판적으로 볼 수 있는 수준에 이르기 전까지, 이런 소음을 의도적으로 무시하는 것이 내 자산을 지키고 수익률을 높이는 데 더 도움이 될 것이다.

기업리포트 또는 실적 발표 자료에서 확인할 것 2가지

1. 무엇으로 돈을 버는가(현재, 미래)

– 매출에서 가장 큰 비중을 차지하는 부분이 주가를 움직이는 주요인

– 현재 매출에서 차지하는 비중은 작지만 성장세가 가장 가파른 부분이 차세대 성장동력으로 주목을 받기도 한다.

2. 글로벌 기업이라면 어디서 주로 돈을 버는가

– 국가 간의 갈등이 있을 때, 갈등이 완화될 때 실적 및 주가 움직임에 영향을 미칠 수 있다.

기업리포트 구하는 곳

❶ 한경 컨센서스의 '기업리포트' 탭

❷ 개별 증권사 홈페이지의 '투자정보' 탭

❸ 소몽 라운지(네이버 카페)

가성비 공부 3탄
개별 뉴스, 커뮤니티 분석하기

"대중을 따라 하겠다는 것은
평균으로 후퇴하겠다는 것이다."

- 찰리 멍거 -

이제는 뉴스, 커뮤니티를 참고해도 된다?

산업리포트와 기업리포트 분석을 통해 자신만의 기준, 즉 단단한 뼈대가 생겼다면 뉴스를 보거나 개인들의 다양한 의견을 들어도 무방하다. 왜냐하면 이제는 자극적인 뉴스, 콘텐츠 또는 사람들의 다양한 의견을 접해도 비교적 덤덤할 것이기 때문이다. '저 뉴스는 주가에 큰 영향을 줄 만한 주요 사항이 아니므로 무시할 만하다', '저 의견은 참고해두면 좋겠다'라는 생각이 든다면, 확실히 어느 정도 기준이 잡혔다고 봐도 된다. 물론 투자 경험이 동반되면 이 기준은 더욱 단단해질 것이다. 이때는 뉴스뿐 아니라 유튜브, 블로그 등 다양한 콘텐츠들을 보는 것이 도움이 될 수 있다. 내가 특정 주식의 너무 좋은 면만 보는 것은 아닌지, 반대로 너무 나쁘게만 보는 것은 아닌지, 혹시 내가 보지 못하는 중요한 부분이 있는지 다른 사람들의 의견을 들어보는 것도 투자에 충분히 도움이 될 수 있기 때문이다. 특히 수십 장의 리포트보다 통찰력 있는 누군가의 한마디가 투자 판단에 큰 도움이 되기도 한다.

그럼에도 다음과 같이 어느 한쪽으로 의견이 맹목적으로 쏠리는 것이 보이거나 느껴진다면, 과감히 다시 소음으로 치부해도 무방하다. 내가 세운 기준마저 자꾸 흔들어 헷갈리게 만들기 때문이다.

뉴스와 커뮤니티가 정보가 아닌 독이 될 때

1. 주가가 오를 때: 어떤 뉴스가 나와도 무조건 긍정적으로만 해석(비판적 사고를 못하게 함)

2. 주가가 떨어질 때: 어떤 뉴스가 나와도 무조건 비관적으로 해석(좋게 해석한 뉴스임에도 흔들림)

소몽의 투자노트

실전! 뉴스 활용법

1. 뉴스 역시 리포트와 같이 '전망' 또는 '의견'이 아닌 '숫자' 위주로 해석한다. 기자나 누군가의 의견이 아닌 '사실' 위주로 확인한다.

2. 중요한 뉴스라고 판단된다면, 2개 이상의 다른 매체를 체크해보는 것이 좋다. 정치 성향이나 미디어의 성향에 따라 같은 뉴스도 다르게 해석하는 경우가 많기 때문에 유의해야 한다.

유튜브, 블로그, 카페 및 커뮤니티 그리고 단톡방

정보를 스스로 수집할 능력을 갖추기 전까지는 집단지성을 활용하는 것도 물론 나쁜 방법은 아니다. 처음 투자를 할 때는 절대적으로 정보 수집 능력이 부족하기 때문에 상대적으로 정보를 잘 수집하는 유튜브, 블로그, 카페 및 커뮤니티에 참여해 자료 수집 및 활용 방법이나 출처를 벤치마킹하는 것도 괜찮다.

다만, 나는 개인적인 경험으로 주식에서만큼은 집단지성이 장점만큼 단점도 많다는 데 한 표를 걸고 싶다. 정서적인 위로를 받을 수도 있고, 빠르게 많은 정보를 얻을 수 있다는 장점도 있지만 그렇게 얻은 많은 정보들이 내 수익에 악영향을 끼치는 경우도 많기 때문이다. 제 아무리 공부를 많이 하고 특정 종목에 대해 잘 안다고 하더라도 누군가의 말 한마디에 마음이 흔들릴 수 있기 때문이다.

상승보다는 하락, 안정보다는 위기와 공포를 외치는 콘텐츠, 자료, 기사 및 의견에 눈길이 가는 것은 우리의 본성이다. 절대 팔지 않을 주식이라고 다짐하고 뒤돌았는데, 누군가 지나가며 그 주식에 대해 안 좋은 소리를 툭 던지고 가는 순간 내 결심이 휘청일 수 있음을 부인하기 어렵다.

다양한 의견을 들을 수 있는 커뮤니티가 득이 아닌 독이 될 때

"이 주식 왜 떨어지죠?"

"이 주식 요즘 왜 오르죠?"

"조심하세요, ○○ 경제지표가 안 좋게 나왔습니다."

"호재입니다. ○○ 정책이 통과되었습니다."

주가는 우려를 타고 오르기에 수많은 우려를 의도적으로 무시하지 않으면 결코 원하는 결과를 얻지 못할 가능성이 매우 높다. 따라서 내가 앞서 소개한 방법들과 고수들의 노하우 및 전략을 담은 책을 통해 하루라도 빨리 나만의 기준을 세우고 철저히 소음을 지워야 한다. 다시 말해, 투자에 대한 경험이 부족할 때는 커뮤니티, 단톡방 등은 빠르게 정보 수집 노하우들을 수집하는 용도로만 사용하고, 되도록 빨리 그곳에서 빠져나오는 것이 투자에 훨씬 더 도움이 될 것이다.

소몽의 토막상식

주요 정보를 얻을 수 있는 활용도 높은 웹사이트

1. CNBC

미국주식과 관련된 속보 및 주요 뉴스들을 비교적 빠르고 정확하게 알려주는 곳으로, 궁금한 것이 있을 때 가장 먼저 들어가 검색해 보는 사이트다. 장 시작 전 주요 뉴스와 브레이킹 뉴스(속보) 등의 활용도가 높다.

2. WSJ, FT, Bloomberg, Barron's

미국주식과 관련된 주요 경제지들이다. 양질의 칼럼과 정제된 자료들을 볼 수 있다는 장점이 있으나, 일부 콘텐츠들은 유료 구독을 해야만 볼 수 있다는 단점이 있다. 대부분 무료 체험 기간을 제공하므로, 위 4곳을 두루 사용해보고 1곳 정도는 유료로 구독하는 것도 괜찮은 방법이다.

3. Seekingalpha

미국주식과 관련하여 다양한 아마추어 및 기관 투자가들의 기고글들을 접할 수 있는 사이트다. 일정 수준 이상의 글들이 검토를 거쳐 올라오기 때문에 궁금한 종목에 대한 다양한 의견들을 살펴보고 투자에 참고할 수 있다.

이번 장에서는 수많은 소음에서 진짜 신호를 찾아내는 방법에 대해 이야기해보았다. 하나하나 상세히 설명하다 보니 길고 복잡해보이지만, 실제로 산업리포트 → 기업리포트 → 뉴스, 콘텐츠 순으로 따라해보면 결코 어렵지 않다. 오히려 뉴스를 하루 종일 찾아다니거나, 유튜브 영상 10개를 보거나, 단체카톡방 및 카페 글을 뒤지는 것보다 훨씬 더 가성비 좋을 것이라고 확신한다. 즉, 스스로 제대로 된 리포트 2~3개를 주말 1시간 정도만 짬을 내 형광펜 들고 정리하는 것이 시간은 시간대로 아끼고 돈은 돈대로 버는 방법이다.

앞 장에서 소개한 많은 투자 전략들과 이번 장에서 소개한 공부법을 본인만의 방식대로 재구성, 조합하여 본인만의 또 다른 전략을 세우길 바란다.

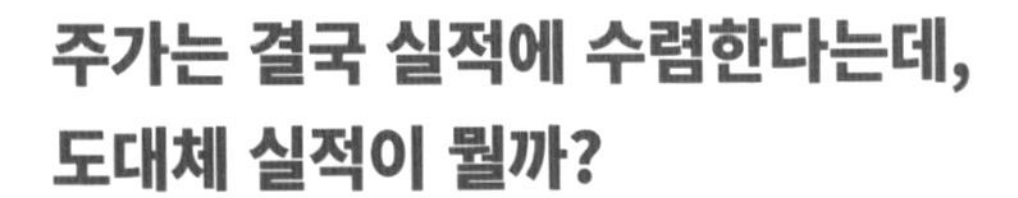

주가는 결국 실적에 수렴한다는데, 도대체 실적이 뭘까?

"주가는 결국은 실적에 수렴한다"는 말을 많이 들어보았을 것이다. 주가와 실적의 관계를 강아지와 주인이 산책하는 모습으로 설명하면 이해가 아주 쉽다.

투자자들의 기대와 탐욕이 반영될 때 주가는 실적에 비해 한참을 앞서 나가지만 거기에는 한계가 있다. 마치 강아지(주가)가 신이 나서 먼저 달려 나가지만, 주인(실적)의 목줄 길이는 제한적이라서 거리가 무한정 벌어질 수는 없는 것과 같다. 반면, 투자자들의 실망과 우려가 반영될 때 주가는 실적에 비해 뒤처지기도 한다. 마치 우울한 강아지(주가)가 주인(실적)보다 한참 뒤에서 낑낑대고 있는 것이다. 그러나 목줄의 길이가 제한적이므로, 주인(실적)이 산책하며 앞으로 나아가는 한 강아지(주가)가 무한정 뒤처져 있을 수만은 없다.

즉, 주가는 기대와 탐욕, 실망과 우려라는 단어와 함께 하루에도 몇 %씩, 심하면 몇십 %씩 위아래로 요동친다. 한번 냉정하게 생각해보자. 연평균 성장률이 약 10~20%인 미국의 대형 우량주가 있다고 가정하면, 상식적으로 생각해도 연간 주가 수익률은 실적 상승에 맞게 매년 10~20%는 되어야 할 것 같다. 하지만 실제 주가는 1년은커녕 한 달 내에 50% 상승하기도 하고, 50% 하락하기도 한다.

그런데 다행인 것은 3개월마다 기업들이 실적발표를 통해 강아지(주가)가 주인(실적)으로부터 너무 멀어지지 않도록 주기적으로 잡아준다는 것이다. 아무리 기대감이 커서 주가가 널뛰어도 실적 발표로 현재 기업의 가치가 어디쯤 있는지 알 수 있기 때문에 주가는 곧 제자리로 돌아오곤 한다. 결국 기업의 주가는 첫째도 둘째도 실적에 수렴한다.

게다가 미국기업들은 매 실적발표 때마다 구체적으로 다음 분기, 즉 3개월 뒤의 예상 실적을 발표한다. 길게는 1년 정도의 예상치를 함께 내놓는데 이를 '가이던스'라고 칭한다. 눈치 빠른 투자자들은 현재 실적보다 3개월~1년 뒤 전망을 제시하는 가이던스를 참고해서 투자한다. 이 부분에서도 역시 주가는 미래를 반영한다는 것을 다시 한 번 확인할 수 있다.

그런데 실적이 중요한 것은 누구나 알면서도 정작 실적 발표를 제대로 챙겨보거나 해석하는 사람은 드물다. 너무 어렵고 방대하기 때문이다. 실제로 실적분석이라고 하면 볼 것이 너무 많고 심지어 자꾸 이것저것 보라고들 하니 부담스러워 아예 열어보지 않는 경우도 대다수다.

결론부터 말하자면, 숫자는 다음에서 소개할 딱 2가지 정도만 봐도 충분하다. 그 이상은 우리 같은 평범한 투자자에게 있어 가성비가 떨어지는 행위라고 봐도 된다. 실적을 제대로 분석하자면 끝이 없기 때문이다. 적어도 나는 실적발표 때 숫자는 이 2가지 위주로 보는 편이며, 그래도 꾸준히 수익을 내는 데 아무런 문제가 없었다. 물론 소수의 종목에 집중 투자하거나 비중이 아주 크다면 더 많은 공부가 필요할 수 있지만, 나와 같이 최소 5~10종목 내외로 분산투자하는 경우는 다

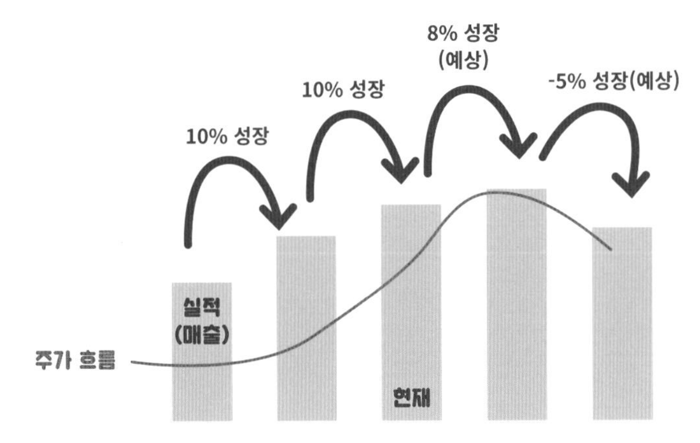

▲ 실적 추이와 주가 흐름, 주가는 실적을 먼저 반영해 움직인다.

음에서 소개할 2가지 숫자만 파악해도 충분하다.

앞의 그림을 보면 과거부터 현재까지 2년 연속 매출이 10%씩 성장했지만, 1년 뒤부터는 8% 성장이 예상된다. 성장은 하지만, 성장세가 둔화되는 것이다. 심지어 2년 뒤부터는 매출이 줄어드는 역성장이 예상된다. 이럴 경우, 주가 역시 이를 미리 반영해 상승세가 둔화되거나 하락하기 시작할 수 있음에 유의해야 한다. 기업의 당기순이익, 즉 EPS도 마찬가지 방식으로 고려하는 것이 좋다.

실적 발표 때 확인하면 되는 2가지 지표

1. 매출(Revenue or Sales)

매출은 그 기업이 잘 커가고 있는지를 나타내주는 지표라고 보면 되는데, 매출 역성장은 주가에 치명적이다. 어떻게 보더라도 기업의 규모, 즉 덩치가 줄어든다는 것은 좋게 해석될 여지가 매우 적기 때문이다. 실적 발표 때 매출이 전년 동기(YoY) 대비 얼마나 성장했는지도 중요하지만, 과거 대비 향후 예상치를 참고해 성장세가 둔화되었는지 살펴보는 것이 핵심이다. 예를 들어 과거부터 현재까지 3년 연속 매출이 10% 정도씩 늘어났던 기업이 내년부터는 매출 성장 예상을 8%로 발표한다면 투자자들은 우려를 표할 수 있으며 주가 역시 부진할 수도 있다.

2. 주당순이익(EPS: Earning per share)

그 기업의 최종적인 이익, 즉 당기순이익을 총 주식수로 나눈 것을 '주당순이익'이라고 한다. 말 그대로 1주당 순이익을 나타낸다. 특히 미국주식의 경우 거래되는 주식의 숫자가 분할, 병합 등으로 계속해서 변하기 때문에 1주당 얼마를 버는지로 기업 가치를 평가하는 것이 일반적이다. 이 주당순이익이 증가하느냐 여부가 결국 주가 상승의 핵심 열쇠이며, 기업 가치를 평가하는 기준이 되기도 한다. 실적 발표 때 이 EPS가 예상치 대비 얼마나 잘 나왔느냐에 따라 주가가 급등하거나 급락할 정도로 EPS의 영향력은 막강하다. 실전에서는 매출과 같은 방식으로 전년 대비 올해, 올해 대비 내년 예상 성장세가 둔화되는지를 체크하는 것이 핵심이다. 올해까지 아무리 잘했어도 내년부터 못할 것으로 예상되면 투자자들은 가차 없이 외면한다. 이와 함께 주가도 지지부진할 확률이 높으며 극단적으로는 하락이 시작될 수도 있음을 명심해야 한다.

실적 발표를 확인할 수 있는 주요 웹사이트

1. 알파스트릿(news.alphastreet.com)

실적을 한눈에 보기 쉽게 그림으로 요약해주며, 실적 발표 때 경영진과 기관들이 나눈 대화를 텍스트 형태로 업로드한다.

2. 어닝스 위스퍼스(earningswhispers.com)

주요 주식들의 실적을 캘린더 형태로 제공한다. 기업의 실적 발표가 언제인지 손쉽게 확인할 수 있다.

3. 기업별 공식 홈페이지(IR)

개별 기업의 공식 홈페이지에 들어가면 실적 발표용 공식 자료와 스크립트가 올라와 있다.

Chapter 5

미국주식 ETF 상황별 실전 매매 전략

챕터1에서는 나의 투자 경험을 기반으로 미국주식에 투자해야 하는 이유에 대해서 이야기했고, 챕터2와 챕터3에서는 어떤 종목들을 언제 사고팔아야 하는지에 대해 이야기했다. 그리고 챕터4에서는 최소한의 노력으로 최대 효율을 뽑아내는 가성비 공부법에 대해 이야기했다.
앞서 이야기한 것들 만큼이나 지금부터 이야기할 '실전투자에서 마주칠 상황'에 대해 잘 준비하는 것 또한 중요하다. 제아무리 많이 알아도 실전에서 써먹지 못하면 무용지물이기 때문이다.
이번 장에서는 우리가 실전투자에서 마주치는 상황을 5가지로 구분하고 그에 맞는 대응 전략을 세우는 것에 대해 이야기하고자 한다.

상황별 대응 전략을 세워야 하는 이유

"깊이 생각하지 않고 행동을 취하는 것보다
아무 행동도 취하지 않고 깊이 생각하는 것이 더 낫다."
- 앙드레 코스톨라니 -

봄과 겨울이 공존하는 주식시장

처음 주식투자를 시작하며, 몰랐던 사실을 하나둘 알아갈 때마다 자신감이 붙을 것이다. 나도 그랬다. 특히 강세장에서 투자를 시작했을 때 내가 산 주식들의 주가가 경쟁하듯 시원하게 오르면 마치 투자의 고수가 된 것 같은 기분까지 든다. 주위에 수익 자랑도 하고 싶고, '주식이 이렇게 쉬운 거였나'라는 생각도 든다. 이대로만 가면 쉽게 부자가 될 것 같다는 생각에 행복한 상상을 해보기도 한다. 이쯤 되면 마음이 조급해져 현금을 그냥 두는 것이 부질없다는 생각이 들면서 마이너스 통장과 신용대출로 빚을 내 주식에 투자하기도 한다.

그러던 중 갑작스럽게 찾아오는 시장 조정, 즉 주가 하락에 당황하는 경험을 하게 된다. 마치 기다렸다는 듯이 하락이 찾아온다. 몇 달에 걸쳐 확보한 수익이 주가 급락과 함께 순식간에 사라지고, 플러스였던 계좌가 순식간에 마이너스로 돌아서고 나서야 왜 투자의 대가들이 그렇게 조심하라고 했는지, 항상 잃지 않도록 보수적으로 투자하라고 했는지 깨닫게 된다. 투자의 대가 앙드레 코스톨라니는 주가 하락과 상승을 이렇게 표현했다.

> "주가 폭락은 갑작스럽게 그리고 신들의 복수와도 같이 격렬하게 오는 반면에, 시세가 상승할 때는 부드럽기 그지없다. 사람들이 알아차리지도 못할 정도로 한 발짝, 한 발짝씩 기어오른다."

주가 하락과 상승을 여러 차례 경험한 사람일수록 이 문장에 격렬히 공감할 것이다.

왜 상황별 대응 전략을 준비해둬야 할까?

위험이 오고 나서야 대비하면 늦다. 워런 버핏은 "물이 빠지고 나서야 비로소 누가 발가벗고 수영하고 있는지 알 수 있다"라고 강조했다. 물이 빠지기 전, 즉 주식시장의 분위기가 좋아 누구나 돈을 벌 때는 "설마 물이 빠지겠어?"라고 방심하며 준비하지 않다가, 물이 빠지고 나서야 "아차!" 하며 정신을 차리지만 이미 그때는 돌이킬 수 없다는 것이다. 그렇기 때문에 "어떤 상황이 왔을 때 어떻게 대처하겠다"라는 계획을 세워놓는 것만으로도 내 자산을 지키고 불리는 데 큰 도움이 된다. 이 계획은 결코 어렵고, 거창하고 대단한 것이 아니다. 예를 들어, "주식시장이 어떤 이유로든 최고점 대비 20% 이상 하락하면, S&P500지수를 추종하는 대표 ETF(SPY) 매수를 시작한다"라는 아주 구체적인 상황과 대응 전략을 정해두는 것이다.

"하락하면 그때 가서 생각하면 되지 않나요?"라고 말할 수도 있지만, 주식시장 하락은 늘 새롭고 그럴싸한 이유와 함께 찾아온다는 것을 기억해야 한다. 우리가 공포에 질려 이성적 사고를 하지 못하고 결국 헐값에 주식을 팔도록 말이다. 이런 상황이 닥치고 나서야 대응하려고 하면 허둥지둥할 수밖에 없고, 이때 충동적으로 내린 결정과 판단으로 인해 수익은 줄고 손실은 커질 확률이 높아진다.

이에 나는 실전 투자에서 마주하는 상황을 크게 5가지로 구분했다. 그리고 그 상황별로 어떤 투자 대상에 어떻게 대응해야 할지 정해두었다. 마치 일종의 '매뉴얼'처럼 아예 이 대응 전략에 따라 기계적으로 대처하기로 마음먹은 것이다. 이렇게 준비해둔 덕분에 갑작스럽게 찾아오는 위기 상황에도 당황하지 않고 차분하게 대응하면서 결과적으로는 매 위기를 기회로 만들어낼 수 있었다. 위기는 얼핏 보기에 그 겉모습은 다르지만, 본질은 같은 형태로 계속 반복되기 때문이다.

이번 장에서는 나의 경험을 바탕으로 실전 투자에서 마주하게 될 상황별 5가지 전략을 소개하려고 한다.

위기가 오면 그때 생각해보겠다는 사람

vs

위기가 오기 전 미리 준비해두는 사람

둘 중 누가 위기에도 자산을 잘 지킬 수 있을지는 너무나도 명확하다. 잃지 않아야 주식시장에서 아웃되지 않을 수 있다.

실전에서 마주하는 5가지 상황별 대응 전략 준비하기(With ETF)

"준비에 실패하는 것은
실패를 준비하는 것이다."

- 앤서니 라빈스 -

핵심은 상황별 투자 대상과 맞춤 전략을 정하는 것

상황별 투자 대상을 잘 분류해두는 것, 이것이 내가 이번 장에서 말하고자 하는 핵심이다. 전쟁 중에 갑작스럽게 적과 마주쳤는데, 총이 어디 있는지, 총알은 또 어디 있는지 그제야 찾기 시작하면 십중팔구 목숨을 부지하기 어려울 것이다. 다시 말해, 상황별 투자 대상을 미리 정해두는 것은 전쟁 중 어떤 전투에서 어떤 무기로 대응할 것인지 미리 훈련해두는 것과 크게 다르지 않다.

나는 다음과 같이 투자 중에 마주치는 상황을 크게 5가지로 분류했으며, 해당 상황에 맞게 대응해서 투자할 수 있는 개별 종목과 ETF

를 미리 선정해 분류해두었다. 이렇게 한 번만 기준을 잘 세워두면 감정적으로 휘둘리지 않고, 보다 이성적으로 시장 상황에 대응할 수 있게 된다. 이번 장에서는 개별 종목뿐 아니라 ETF를 활용한 다양한 상황별 실전 사례들을 하나씩 소개하고자 한다.

소몽이 분류한 5가지 주식투자 상황

1. 유망분야에 투자하고 싶을 때
2. 시장 하락(위기)에 줍줍하고 싶을 때
3. 일시적 악재 후 회복하는 산업에 투자하고 싶을 때
4. 경기에 민감하게 영향받는 산업에 투자하고 싶을 때
5. 자산을 다양한 곳에 배분하고 싶을 때

▲ 상황별 시나리오에 맞는 무기와 대응 전략을 미리 준비해놓고 위기를 기회로 만들기

최적의 전략을 세울 수 있는 ETF 투자

그전에 ETF란 무엇인지 알아보자. ETF(Exchange Traded Fund, 상장지수펀드)란 개별 주식과 펀드의 장점을 섞어 놓은 상품이라고 보면 된다. 펀드처럼 다양한 주식들을 묶어 놓은 상품을 마치 개별 주식처럼 언제든 사고팔 수 있도록 만든 것이다. 예를 들어 미국주식시장의 IT기업에 투자하는 100달러짜리 ETF 1주를 매수했다면, 해당 ETF 안에 포함된 애플, 마이크로소프트, 아마존, 테슬라 등의 주식을 일정 비율만큼 나눠 갖는 셈이 된다.

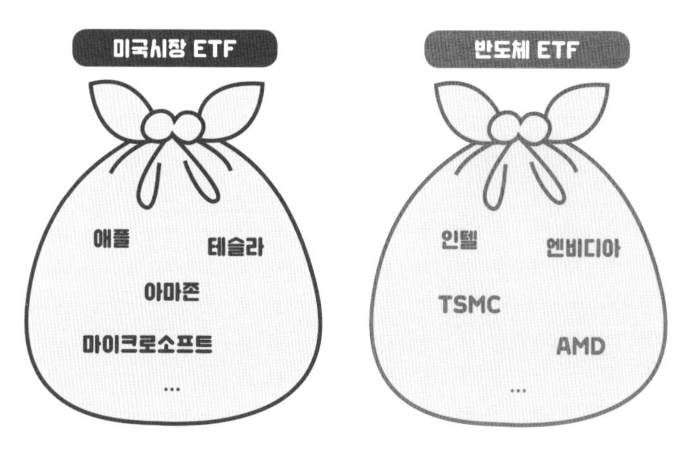

▲ 여러 주식이 담겨 있으며, 주식처럼 자유롭게 매매가 가능한 ETF

미국 개별 주식을 매매하기 위해 티커(심볼)로 검색하듯, ETF 역시 고유의 티커(심볼)가 있어서 이를 알아두면 매매하기 편하다. 예를 들어 미국 S&P500지수를 추종하는 대표 ETF는 'SPY'로 이 단어를 검색하면 손쉽게 매매할 수 있다.

ETF와 관련된 2개의 대표 웹사이트인 'ETFDB.COM' 또는 'ETF.COM'에 들어가면, 미국에 상장된 모든 ETF를 종류별로 검색할 수 있다. 더 쉬운 방법은 구글에 궁금한 ETF를 한글로 검색하는 것이다. 잘 정리된 자료가 워낙 많아 손쉽게 찾을 수 있다(예: 구글에 '나스닥 ETF' 또는 'NASDAQ ETF'라고 검색).

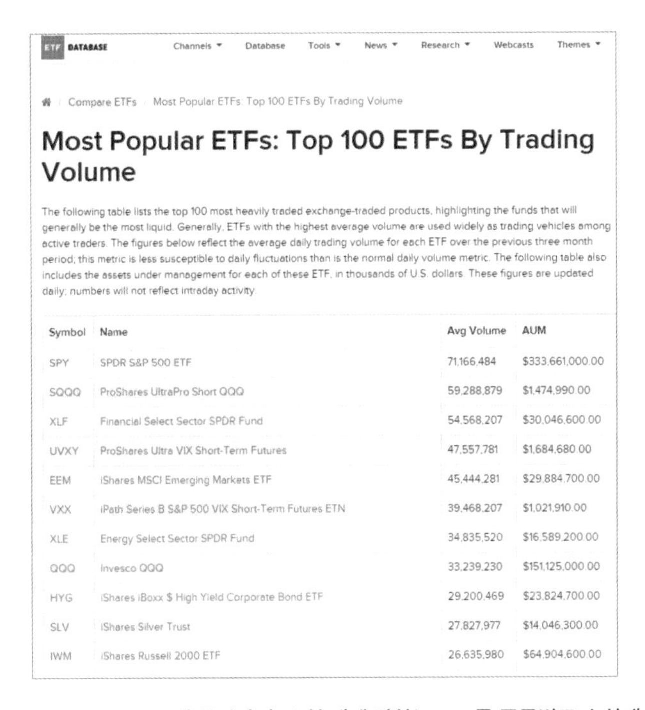

ETF DATABASE
Channels Database Tools News Research Webcasts Themes

Compare ETFs / Most Popular ETFs: Top 100 ETFs By Trading Volume

Most Popular ETFs: Top 100 ETFs By Trading Volume

The following table lists the top 100 most heavily traded exchange-traded products, highlighting the funds that will generally be the most liquid. Generally, ETFs with the highest average volume are used widely as trading vehicles among active traders. The figures below reflect the average daily trading volume for each ETF over the previous three month period; this metric is less susceptible to daily fluctuations than is the normal daily volume metric. The following table also includes the assets under management for each of these ETF, in thousands of U.S. dollars. These figures are updated daily; numbers will not reflect intraday activity.

Symbol	Name	Avg Volume	AUM
SPY	SPDR S&P 500 ETF	71,166,484	$333,661,000.00
SQQQ	ProShares UltraPro Short QQQ	59,288,879	$1,474,990.00
XLF	Financial Select Sector SPDR Fund	54,568,207	$30,046,600.00
UVXY	ProShares Ultra VIX Short-Term Futures	47,557,781	$1,684,680.00
EEM	iShares MSCI Emerging Markets ETF	45,444,281	$29,884,700.00
VXX	iPath Series B S&P 500 VIX Short-Term Futures ETN	39,468,207	$1,021,910.00
XLE	Energy Select Sector SPDR Fund	34,835,520	$16,589,200.00
QQQ	Invesco QQQ	33,239,230	$151,125,000.00
HYG	iShares iBoxx $ High Yield Corporate Bond ETF	29,200,469	$23,824,700.00
SLV	iShares Silver Trust	27,827,977	$14,046,300.00
IWM	iShares Russell 2000 ETF	26,635,980	$64,904,600.00

▲ ETFDB.COM에 들어가면, 수천 개에 달하는 ETF를 종류별로 손쉽게 검색할 수 있다.

[소몽이 생각하는 ETF의 장점과 단점]

장점	1. 종목들을 여러 개 묶어 놓아 자연스럽게 분산투자가 된다. 2. 개별 종목에 대한 공부 부담이 덜하다. 3. 장기 우상향하는 시장, 산업 전체에 투자하기 좋다.
단점	1. 원하는 조합, 구성을 직접 만들 수 없다. 2. 종목들이 여러 개 섞여 있으며, 펀드매니저에 의해 주기적으로 종목 구성이 바뀌므로, 적절한 가치평가가 어려운 편이다. 3. ETF 역시 하나의 금융상품이므로 약간의 운용 수수료가 발생한다(보통 연 1% 미만의 아주 미미한 수수료가 일할계산방식으로 주가에서 차감된다).

ETF는 어떤 사람에게 좋을까?

개별 기업 공부에 대한 부담감이 있거나, 개별 종목 투자에 대한 위험을 낮추고 싶거나, 장기적으로 모아가는 투자를 하고 싶다면 포트폴리오 내에서 ETF 비중을 높이는 것도 하나의 방법이다.

위와 같이 개별 종목에 비해 상대적으로 안정성이 높다는 장점 덕에 고액 자산가, 법인 자금을 운용하는 부서에서는 개별 종목을 아예 배제하고 ETF만으로 자산을 굴리는 경우도 많다.

지금부터 개별 종목과 ETF를 활용한 5가지 상황별 투자 전략에 대해 본격적으로 살펴보자.

상황 1. 유망 산업에 투자하고 싶을 때(성장 산업의 대표 주식들)

중·장기적으로 성장할 수밖에 없는, 메가 트렌드에 속하는 산업에 투자하고 싶을 때는 어디에 어떻게 투자하면 좋을까?

투자 대상

'유망 산업'을 찾아내는 방법 중 가장 좋은 방법은 앞서 소개한 '산업리포트'를 활용하는 것이다. 그 외에도 생활 속에서 접하는 다양한 매체들을 통해 향후 유망한 산업을 골라 압축하는 것이 첫 번째 할 일이다.

모든 유망 산업에 전부 투자할 수는 없으므로, 유망 산업 중에서도 자체 평가를 통해 우선순위를 가려내는 것이 좋다. 예를 들어, 메가 트렌드에 부합하는 산업으로 태양광, 전기차, 자율주행, 반도체, 게임, 보안, 헬스케어 등이 있다고 해보자. 이 중에서 크게 와닿지 않고 공부를 하더라도 이해가 잘 안 되는 산업은 과감히 투자 대상에서 배제한다. 3~5개 산업으로 압축하여 투자 대상을 좁힌 다음, 각 산업의 대장주 또는 1~3등 내에 있는 기업들로 다시 투자 대상을 좁히면 최종적으로 장바구니에 10~15개 정도 종목이 담긴다. 1~3등 기업을 찾아내는 법은 앞 장에서 소개했듯, 산업리포트에서 시장 점유율을 통해 손쉽게 확인할 수 있다.

- 성장 산업: 전기차, 반도체, 게임, 클라우드
- 대표 기업: 테슬라(TSLA), 엔비디아(NVDA), AMD, 유니티(U), 마이크로소프트(MSFT)
- 대표 ETF: 전기차(LIT), 반도체(SOXX), 게임(ESPO), 클라우드(CLOU)

투자 전략

유망 산업에 투자하는 가장 좋은 전략은 역시 '묻어놓기'다. 아무런 공부도 하지 않는 '묻지 마 장기투자'는 문제가 될 수 있지만, 이미 최소한의 분석을 통해 성장 산업을 추리고 그중에서도 대표 기업들을 골라냈기 때문에 위험도가 극히 낮아진 상태다. 거기에 1개 종목에 모든 투자금을 투자하는 소위 '몰빵' 투자가 아니라, 최소 3~5개 이상의 종목에 분산한다면 위험은 더욱 낮아진다. 쉽게 말해 잃기보다는 벌 확률이 높아진 상태이며, 장기 우상향에 베팅해도 충분하다. 애초에 묻어놓을 만한 주식들로 골라냈기 때문에 타이밍은 크게 중요하지 않지만, 그래도 단기 손실을 피하고 이왕이면 조금 더 낮은 가격에 더 많은 수량의 주식을 확보하고 싶다면 기준을 세워놓는 것도 하나의 방법이다.

예를 들어, 누구나 할 수 있는 가장 쉬운 방법으로는 정해둔 투자 대상이 어떤 이유에서든 최고점 대비 15% 이상 하락하면 분할 매수를 시작하는 것이다. 이때 중요한 것은 '기계적으로' 매수해야 한다는 것이다. 큰 하락은 매번 새로운 이유, 공포와 함께 찾아오기 때문에 이렇게 감정을 배제한 기준을 세워두지 않으면 기껏 찾아온 기회를 놓치는 일을 반복할 가능성이 커진다. 참고로, 우량주(시가총액 100억달러 이상)의 경우 고점 대비 15% 이상 하락하는 경우가 최소 1년에 1~2번 정도는 찾아오기 때문에 이때를 매수 기회로 삼을 수 있다. 아무리 잘나가는 주식이더라도 최소 10% 이상의 하락은 언제든 찾아올 수 있다는 사실을 기억하고, 조급해할 필요 없이 이 전략을 활용하는 것도 하나의 방법이다.

장바구니에 산업별 대표 종목들로 10~15개 정도를 추려놨다면, 한 달에 한 번쯤은 하락으로 인해 개별 종목을 매수할 기회가 온다고 봐도 무방하다. 종목마다 각기 다양한 이유로 인해 주가가 갑작스럽게 하락하기 때문이다. 다만, 시가총액 100억달러 이하의 상대적으로 규모가 작은 주식 혹은 규모가 크더라도 고성장하는 주식은 고점 대비 20% 이상 하락하는 경우도 꽤 많기 때문에, 분할 매수 기준을 조금 더 보수적으로 잡는 것이 좋다.

예를 들어 규모가 큰데도 변동성이 큰 대표 주식으로 테슬라, 아마존, 넷플릭스, 엔비디아 등이 있다. 성장성이 높은 만큼 기대와 실망에 따른 주가 변동성도 큰 주식들이다. 물론 기본적으로 최소 1년 이상의 장기투자를 목표로 해야 하지만, 투자금은 유한하므로 주기적인 점검을 통해 '기회비용을 고려한 갈아타기' 전략을 사용하는 것이 좋다.

쉽게 말해, 월급과 같이 투자에 사용할 수 있는 현금흐름이 계속 뒷받침된다면 굳이 가지고 있던 주식을 팔지 않고 기회가 올 때마다 모아가면 된다. 하지만 그렇지 않은 경우라면 보다 나은 기회가 있을 때 갈아타는 것이 수익률을 높이는 하나의 방법이 될 수 있다.

예시 전략

우량주(시가총액 100억달러 이상)일 때:

- 52주 고점 대비 15% 하락 시: 1차 매수(해당 종목 투자가능금액의 50%)
- 52주 고점 대비 20% 하락 시: 2차 매수(해당 종목 투자가능금액의 30%)
- 52주 고점 대비 30% 하락 시: 3차 매수(해당 종목 투자가능금액의 20%)

예:

애플에 투자할 금액을 1,000만원 준비해두었다면

52주 고점 대비 15% 하락 시 500만원 투자,

52주 고점 대비 20% 하락 시 300만원 투자,

52주 고점 대비 30% 하락 시 남은 200만원 모두 투자

심화

꾸준히 모아가는 것을 전략으로 하되, 1년 단위 또는 3개월 단위로 발표되는 실적 점검을 통해 기대 수익률이 더 높을 것으로 기대되는 주식으로 갈아타는 것을 고려한다.

상황 2. 위기를 기회로 삼고 싶을 때(3대 지수)

일반적으로 주식시장에서 위기라 함은 52주 고점(가장 최근 최고점을 뜻함) 대비 20% 이상 하락하기 시작한 시점을 말한다. 이를 "약세장에 진입했다"라고도 하는데, 말 그대로 주식시장에 위기가 찾아왔을 때는 어디에 어떻게 투자하는 것이 좋을까?

투자 대상

하락이 찾아왔을 때 매수한다는 점에서 상황 1과 비슷하지만, 투자 대상이 다르다는 점이 가장 큰 특징이다. 주식투자가 어려운 가장 큰 이유는 막상 하락이 오면 매수 버튼으로 손이 쉽게 가지 않는다는 것이다.

상승하는 주식을 보면서 다음 하락 때는 무슨 일이 있어도 매수해야겠다고 다짐하지만, 막상 그럴싸한 이유와 함께 주가가 무섭게 떨어지는 것을 보면 제아무리 경험이 많은 투자자도 공포를 느끼지 않을 수 없다. 이러한 문제를 보완하는 방법은 결국 장기 우상향한다는 믿음이 더 강한 '미국시장 전체'에 투자하는 것이다.

대표적인 투자처로 미국 3대 지수가 있으며, 각각의 지수를 따라 그대로 움직이는 ETF들이 있어 개별 종목과 똑같이 간편하게 투자가 가능하다. 대표적으로 S&P500지수를 추종하는 ETF인 SPY, 나스닥지수를 추종하는 ETF인 QQQ, 다우지수를 추종하는 ETF인 DIA가 있다.

• 3대 지수(ETF): S&P500(SPY), 나스닥(QQQ), 다우(DIA)

투자 전략

위기가 왔을 때 허둥지둥 대지 않도록 미리 '위기'를 정의해놓는 것이 좋다. 예를 들자면, 시장 전체가 52주 고점(1년 내 최고점) 대비 20% 이상 하락하기 시작할 때부터를 '위기'로 정해두는 것이다.

개별 종목이 20% 이상 하락하는 경우는 셀 수 없이 많지만, 시장지수가 20% 이상 하락하는 경우는 일년에 한 번 올까 말까 할 정도로 흔하지 않으므로, 이를 위기라 정의하고 기회로 읽으면 된다. 막상 이런 위기가 닥치면, 온갖 여론이 부정적인 사건과 전망으로 가득할 것이므로 미리 계획을 세워야 한다. 시장지수가 52주 고점 대비 20% 이상 하락하기 시작하면 앞에서처럼 3대 지수 ETF를 분할 매수한다.

역시나 가장 좋은 전략은 팔지 않는 것이지만, 만약 현금을 확보해야 하거나 수익을 확정 짓고자 한다면 최저점, 즉 바닥에서 하락폭의 50%를 회복할 때부터 분할 매도를 시작하는 것이 좋다. 보통 하락분의 절반, 즉 50% 정도는 단기적으로라도 회복하는 경우가 많기 때문이다.

예시 전략

• S&P500지수(SPY)가 52주 고점 대비 20% 하락 시: 1차 매수(해당 ETF 투자가능금액의 50% 투입)
• S&P500지수(SPY)가 52주 고점 대비 30% 하락 시: 2차 매수(해

당 ETF 투자가능금액의 30% 투입)

- S&P500지수(SPY)가 52주 고점 대비 40% 하락 시: 3차 매수(해당 ETF 투자가능금액의 20% 투입)

심화

분할 매수하여 모아가는 것이 좋지만, 현금화 또는 수익실현을 하고자 한다면 하락폭의 50%를 회복할 때부터 분할 매도하는 것이 좋다. 예를 들어 S&P500지수 ETF(SPY)가 100달러에서 50달러까지 하락했다면, 하락폭의 절반인 25달러만큼 회복한 이후부터 10%씩 분할 매도한다.

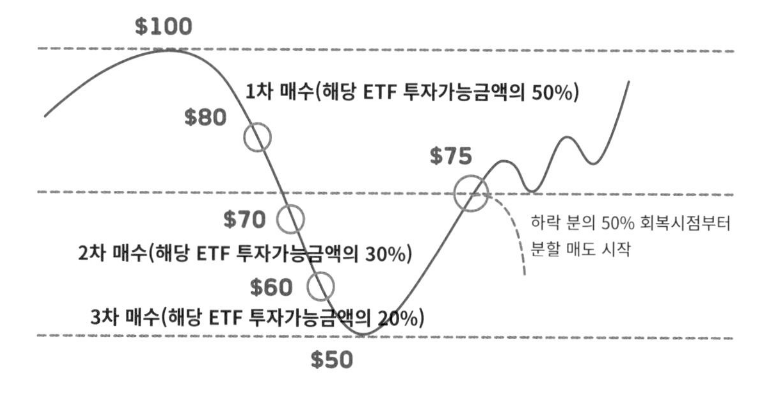

▲ 분할 매수와 분할 매도 시점별 전략

최고점 대비 하락률은 어디서 볼 수 있을까?

다양한 증권 사이트에서 대부분 제공하는 정보로 '52Week Range'라는 숫자가 있다. 말 그대로 최근 1년 간 주가의 최저가격과 최고가격을 나타내는 숫자다. 이를 통해 최근 최고점 대비 현재 가격이 몇 퍼센트 정도 하락했는지, 최근 최저점 대비 얼마나 상승했는지 손쉽게 파악할 수 있다.

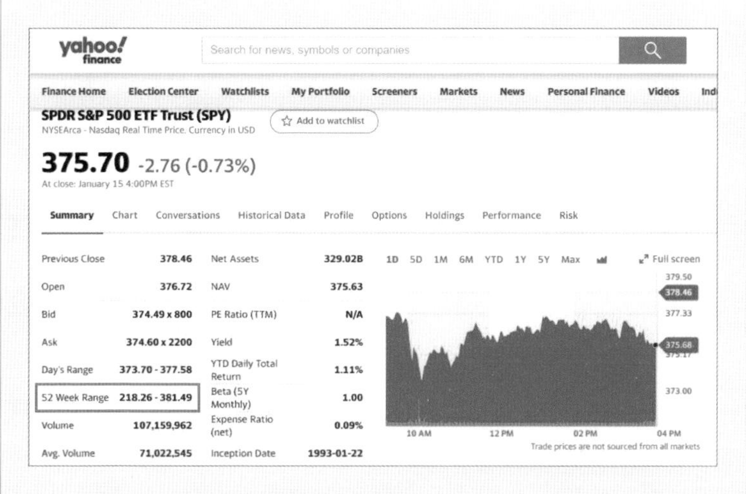

▲ 야후파이낸스에서 'SPY'를 검색한 화면

상황 3. 회복하는 산업에 투자하고 싶을 때(광고, 여행, 항공, 건설 등)

말 그대로 일시적 정체 또는 역성장 이후 다시 회복하는 산업을 말한다. 회복 속도와 크기도 산업별로 차이가 있어서 어떤 산업들이 회복 가능성이 있는지 잘 살펴봐야 한다. 어느 정도 타이밍을 노려야 하기 때문에 조금 더 많은 경험을 요구할 수 있다.

투자 대상

대표적인 예로 코로나19 이후의 여행, 항공, 광고, 결제 산업이 있다. 2020년 상반기 갑작스럽게 찾아온 코로나19로 인해 여행 산업이 위축되면서, 항공과 여행 관련 광고 산업 역시 직격탄을 맞았다. 여행을 못 가고 관련 소비가 줄어드니 자연스럽게 결제 부문도 타격을 입었다. 만약 이러한 산업이 결국 다시 회복될 것이라고 판단하면 해당 분야 주식 및 ETF를 매매하면 된다.

- 회복 산업: 여행, 항공, 광고, 결제
- 대표 기업: 에어비앤비(ABNB), 보잉(BA), 알파벳(GOOGL), 비자(V)
- 대표 ETF: 경기소비재(XLY), 항공(JETS), 광고(XLC), 결제(IPAY)

투자 전략

'일시적 비정상의 정상화'에 베팅하는 부분이므로 3~6개월 정도 보유를 목적으로 매매한다. 경기 회복에 대한 기대감이 첫 번째 매수 사유이기 때문에 매수 사유가 사라지면 매도를 검토한다는 '내가 이걸 왜 샀지?' 전략을 사용한다. 투자한 기업의 주가가 본격적으로 하락하기 전 수준까지 회복했다면, 그때부터는 계속해서 성장세를 이어갈 수 있을지 점검하며 지속 보유 여부를 결정한다.

예시 전략

- 매수: 대표적인 광고 기업인 알파벳(구글)의 주가 하락이 코로나19로 인한 일시적인 것에 불과하며, 다시 회복할 수 있다고 판단했다면 매수한다.
- 매도: 위기 발생 직전 수준, 즉 코로나19로 인한 하락 전 수준까지 주가가 회복된다면 1차 매도를 검토한다. 만약 성장세가 지속될 것으로 판단된다면 보유 혹은 일부만 분할 매도하여 수익을 실현한다.

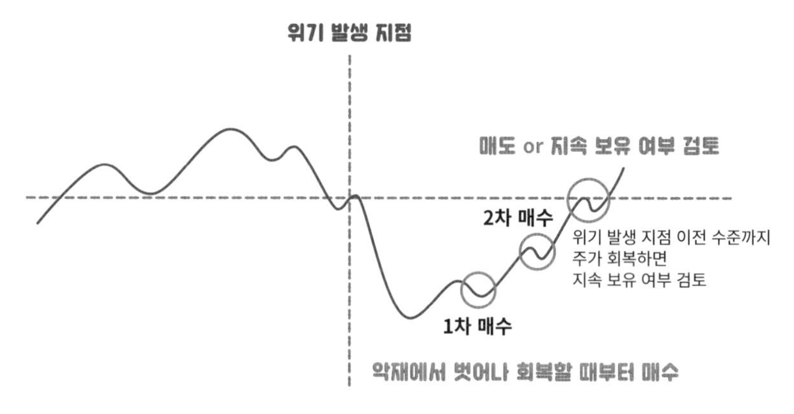

▲ 분할 매수와 분할 매도 시점별 전략

상황 4. 경기에 민감한 산업에 투자하고 싶을 때(산업재, 원자재, 에너지, 금융 등)

'경기 민감'이라는 이름답게 한번 상승기를 타면 몇 년간 지속되기도 하지만, 반대로 사이클을 잘못 보고 투자를 집행했다는 몇 년 내내 주가가 하락하는 경험을 해야 할 수도 있다. 그러므로 비교적 긴 호흡을 가지고 산업을 볼 줄 알아야 하며, 난도가 매우 높은 편에 속하므로 어느 정도 투자 경험이 필요하다.

투자 대상

일시적 하락, 상승이 아닌 큰 경기 사이클에 따라 움직이는 경기 민감 산업을 말한다. 대표적인 예로 금융, 에너지, 원자재, 산업재 등 전통적인 굴뚝 산업이 해당된다. 경기 침체 이후 본격적인 회복 시기라고 판단된다면 다음의 대표적인 경기 민감 대표 산업, 대표 기업들 중에서 엄선해 투자하는 방법도 있으며, 해당 산업을 대표하는 ETF에 투자하는 것 또한 좋은 대안이다.

- 민감 산업: 금융, 에너지, 원자재, 산업재
- 대표 기업: JP모건(JPM), 엑손모빌(XOM), 프리포트 맥모란(FCX), 캐터필러(CAT)
- 대표 ETF: 금융(XLF), 에너지(XLE), 원자재(XLB), 산업재(XLI)

투자 전략

각 산업별로 주가에 영향을 크게 받는 핵심 요소들이 있다. 예를 들어 금융주는 '금리'에 영향을 많이 받으므로 경기가 회복되며 금리가 점차 높아질 것으로 본다면 전체 포트폴리오에서 금융주의 비중을 늘린다. 이때 중앙은행이 결정하는 기준금리보다 먼저 시장에서 반영되어 움직이는 미국의 '국채 10년물 금리(대표 시장금리)'를 참고하는 것이 좋다.

에너지 관련 주식의 경우 기름 가격, 즉 '유가'에 큰 영향을 받으므로 유가가 꾸준히 오를 것으로 판단된다면 에너지 관련 기업의 비중을 늘린다. 또한, 원자재 관련 기업의 경우 일반적으로 달러 약세 시기에 유리하므로 이를 참고해 투자를 결정하는 것이 좋다.

대표적으로 각종 원자재를 채굴해 판매하는 대표 기업인 프리포트 맥모란(FCX)은 달러 약세 시기에 특히 구리 등의 원자재 가격이 대폭 상승하기 때문에 주가도 좋은 모습을 보인다. 산업재의 경우 대표적으로 굴삭기 및 중장비를 판매하는 캐터필러(CAT)라는 기업이 있는데, 전 세계 제조업 상황에 따라 장비 판매량이 결정되므로 주가도 제조 경기에 영향을 많이 받는다는 것을 참고해 투자를 결정한다.

예시 전략

각 산업별로 주가에 영향을 미치는 핵심 요소들을 미리 파악해둔다.

- 금융: 금리
- 에너지: 유가, 가스 가격
- 원자재: 각종 원자재 가격
- 산업재: 각종 경제 지표

상황 5. 자산을 조금 더 다양한 곳에 투자하고 싶을 때 (자산군 배분, 국가 배분)

1. 주식 외 다른 자산군에 투자하기

주식투자에서 주식에 외 현금 비중을 일정 수준으로 유지하는 것과 같은 맥락에서 다른 자산들에 일정 부분 분산 개념으로 투자 가능한 자산들이 있다. 대표적으로 채권과 금, 은, 원자재 등이 있으며 이 역시 ETF로 편하게 투자가 가능하다. 주식시장이 하락할 때 상승하거나, 아예 주식시장이 하락해도 영향을 크게 받지 않는 자산으로 투자를 분산하는 것이다.

- 채권: 장기채권ETF(TLT), 중기채권ETF(IEF), 단기채권ETF(SHY)
- 원자재: 금ETF(GLD), 은ETF(SLV), 금광주ETF(GDX)

채권의 경우, 시장이 하락할 때를 대비해 방어 수단으로 일정 부분 투자해두는 것도 좋다. 시장이 위험하다고 판단되면 투자자들은 상대적 안전자산인 채권을 매입하려고 하고, 이 덕분에 채권의 가격이 오른다.

시장 하락에 대한 타이밍을 맞추기보다는 언제 올지 모르는 위기를 대비하는 용도로 성향에 따라 주식과 채권의 비중을 8:2, 7:3 정도로 배분하는 것이 이상적이다. 게다가 채권 ETF는 마치 이자처럼 매월 분배금을 지급하기 때문에 배당주처럼 현금흐름을 확보하는 차원에서도 투자할 수 있다. 물론 채권 ETF 또한 주식처럼 원금 손실이 발생할 수 있으므로 투자에 유의할 필요가 있다.

금과 은은 조금 더 복잡한 편이다. 채권처럼 안전자산의 역할도 하지만, 경기가 좋고 달러가 약할 때 원자재 가격과 함께 오르기도 하기 때문이다. 즉, 경기가 안 좋아도, 좋아도 오를 수 있어서 난이도가 더 높다. 그러므로 금과 은에 투자할 때는 앞서 언급한 두 가지 요소를 모두 고려할 필요가 있다. 주식이나 채권과 마찬가지로 금과 은도 원금이 보장되는 자산이 아니며, 기업처럼 돈을 벌어오는 것도 아니므로 가치 평가 또한 어렵다. 따라서 투자 전 확실한 목적이나 이유가 있는지 충분히 고민해보는 것이 좋다.

• 채권: 현금 대신 안전자산 용도로 대표 장기채권 ETF인 TLT와 주식의 비중을 성향에 따라 8:2, 7:3 정도로 배분한다. 공격적인 성향일수록 채권의 비중을 낮게 가져간다.

• 금, 은: 달러 약세로 원자재가 강세일 것으로 판단되면 금과 은 강세에 베팅한다. 또는 증시 하락에 대비해 안전자산으로서 포트폴리오에서

5% 내외의 비중으로 투자해두는 것도 한 방법이다.

2. 미국 외 다른 국가에 투자하기

미국 외 다른 국가에 투자하고 싶을 때도 미국에 상장된 ETF를 활용하는 것이 편리하다. 굳이 번거롭게 해당 국가 통화로 환전해서 직접 매수하지 않더라도 유럽, 이머징 및 특정 국가에 대한 ETF가 다양하게 상장되어 활발하게 거래되고 있다. 나는 특히 중국에 투자할 때 직접 투자보다 ETF를 활용하는 편이다. 이미 달러를 많이 보유하고 있거나, 달러를 사용할 일이 더 많다면 미국시장에 상장된 ETF로 전 세계 국가에 투자하는 것이 더욱 편리하다.

지금까지 설명한 내용에 해당하는 상황별 대표 ETF를 표로 정리해 두었다. 핵심은 대표 ETF들을 자신만의 기준에 맞게 유형별로 분류해두는 것이다. 이 표는 투자하기 쉽게 분류해둔 것이지 무조건 이 ETF들에 투자해야 한다는 뜻은 아니다. 이렇게 분류해뒀다가 상황별, 개인 전략별 매매에 활용하면 된다.

[상황별로 투자가 가능한 대표 ETF]

구분		대표 ETF
유망분야		게임(ESPO), 클라우드(CLOU), 반도체(SOXX), 전자상거래(ONLN), 전기차(LIT), 신재생(ICLN), 핀테크(IPAY), 5G(FIVG), 헬스케어(XLV), 유전공학(ARKG)
시장하락(위기)		3대지수인 S&P500(SPY), 나스닥(QQQ), 다우(DIA)
회복분야		광고(XLC), 항공(JETS), 국방(ITA), 건설건축(ITB)
경기민감		금융(XLF), 에너지(XLE), 원자재(XME), 산업재(XLI)
자산 배분	안전	채권(TLT), 금(GLD), 은(SLV)
	인컴(배당)	배당성장(VIG), 필수소비(XLP), 리츠(VNQ), 헬스케어(XLV)
	국가	이머징(EEM), 중국IT(KWEB), 중국홍콩(FXI), 유럽(VGK)

투자 수익률을 높여주는 또 하나의 도구, ETF

상황별 실전 투자 전략의 좋은 도구인 ETF

ETF(Exchange Traded Fund, 상장지수펀드)란 여러 개의 주식을 한 꾸러미로 묶어 상품화한 것으로, 주식과 똑같은 방법으로 쉽게 사고팔 수 있어 아주 편리하다. 직접 개별 종목에 투자하는 것이 아니기 때문에 위험도를 낮출 수 있으며, 상황별로 다양한 ETF를 골라 활용할 수 있어서 초보자도 충분히 괜찮은 수익률을 노려볼 수 있다. 뒤에서 소개할 상황별 실전 사례들과 함께 살펴보면 이해가 쉬울 것이다.

거듭 강조하지만, ETF도 하나의 투자 대상이 될 수 있다는 것이지, ETF가 개별 종목보다 무조건 좋다는 것이 아니다. ETF라는 좋은 도구를 잘 알아두었다가 본인의 투자 성향과 상황에 따라 적절히 조합하면 더욱 강력한 시너지가 날 것이다. 나 역시 수익률을 높이고, 손실을 줄이기 위해 개별 종목과 ETF의 조합을 적극 활용하고 있다.

큰 수익을 내려면 ETF는 별로다?(ETF에 대한 오해)

흔히 ETF는 해당 분야 대표 기업들에 골고루 분산 투자하기 때문에 수익률이 '평균' 정도에 불과하다는 것이 단점이라고들 말한다. 수익률 측면에서는 역시 개별 종목에 대한 집중투자가 낫다는 것이다. 실전 투자를 하는 입장에서 이 말은 반은 맞고 반은 틀리다.

이어서 소개할 테슬라 vs 전기차 ETF의 사례처럼, 결과적으로만 보면 개별 종목의 수익률이 월등해 보이지만 그 수익을 온전히 챙겨가는 사람은 극히 드물다. 쉽게 말해 끝까지 들고 있지 못하고 중간에 팔아버리는 경우가 흔하다.

개별 종목의 장기 수익률을 온전히 다 가져가려면 중간중간 생기는 엄청난 변동성, 즉 이어지는 상승과 하락의 파도에도 수익실현과 손실확정을 하지 않고 견뎌내야 할 뿐 아니라 하루에도 수십 개씩 쏟아져 나오는 부정적인 뉴스라는 소음을 견뎌내야 한다. 말 그대로 더 큰 수익을 얻기 위해 왕관의 무게를 견뎌야 하는 것이다.

그러나 ETF는 개별 종목의 소음 공격으로부터 매우 자유로운 편이다. 최소 수십 개의 종목으로 분산되어 있어서 종목별 이슈에 크게 집착할 이유가 없기 때문이다. 이것만으로도 장기보유 측면에서 훨씬 유리해진다. 장기보유에 유리해진다는 것 자체가 수익을 최대한 확보할 확률이 높아진다는 말과 같다.

ETF의 또 다른 단점으로, 종목들이 여러 개 섞여있다 보니 가치를 평가하기가 쉽지 않다는 점을 들기도 한다. 한 ETF 안에 애플, 마이크로소프트, 아마존, 테슬라 등의 주식이 각기 다른 비중으로 섞여 있으니 고평가인지 저평가인지를 판단하기 어렵다는 것이다. 그런데 그 점이 오히려 쓸데없이 팔고 싶은 생각이 들지 않게 해주는 장점이 될 수도 있다. 애초에 마음 편히 적립식으로 중·장기로 투자하려는 투자자들에게 정확한 가치 평가나 타이밍은 크게 중요하지 않기 때문이다. 이런 관점에서도 투자자들에게 ETF는 아주 좋은 도구가 될 수 있다.

물론 나는 절대적 ETF 옹호론자도 아니며, ETF가 가진 단점 또한 적지 않다. 대표적인 단점을 꼽자면 ETF 특성상 내가 원하는 대로 종목을 조합할 수 없고, 펀드매니저에 의해 조합이 주기적으로 바뀌니 계속해서 확인해야 하는 번거로움이 발생한다. 그렇지만 앞에서 소개한 주요 장점들이 단점보다 더 매력적이라고 판단한다면, ETF를 적절히 활용하는 것이 스트레스는 줄이고 수익률도 확보할 수 있는 좋은 방법이다. 특히 자신의 성향에 맞게 개별 종목과 ETF를 적절히 조합해서 투자하면, 각각이 가진 단점을 최소화하고 장점을 극대화할 수 있을 것이다.

유망 분야 투자 실전 사례 ①
전기차 산업에 투자하고 싶다면(LIT)

"우리가 반복적으로 하는 것이 우리를 만든다.
훌륭함은 하나의 행동이 아니라 하나의 습관이다."

- 아리스토텔레스 -

전기차 관련 기업 중 누가 더 잘 나갈지 고민이라면?

나는 항상 생활 속에서 투자 기회를 찾으려고 노력하며 주변을 유심히 관찰하는 편이다. 덕분에 최근 길거리에서 테슬라를 포함한 다

전기차가 많이 팔리면 누가 뒤에서 웃을까(Feat.전기차 산업 한방에 투자...
조회수 14만회 • 1년 전
소수몽키
투자 추천이 아니며, 그저 개인의 의견일 뿐입니다^^

▲ 2020.1에 전기차 산업과 대표 ETF인 LIT를 소개한 영상 섬네일

양한 브랜드의 전기차들이 심심치 않게 보이기 시작한다는 걸 알아챌 수 있었다. 물론 전기차 대표 기업인 테슬라에 투자하기도 했지만, 그 외 수많은 전기차 기업 중에 어디가 더 잘 나갈지, 치열한 경쟁에서 최종적으로 누가 살아남을지만큼은 확신하기가 어려웠다. 게다가 과거 전기차 붐(2009~2011)이 불었을 때의 자료를 참고했을 때, 전기차 주식뿐 아니라 전기차와 관련된 배터리, 배터리의 주요 재료인 리튬 관련 주식들이 상승한 것을 알고 있었으므로 하나만 콕 집어 투자하기가 망설여졌다.

그렇다고 해서 현실적으로 모든 주식을 상세히 분석하기는 어렵고, 관련 주식들의 주가 상승분을 놓치고 싶지 않았기 때문에 해당 주식들이 골고루 담겨 있는 전기차 ETF(LIT)에도 투자했다.

[전기차 산업 대표 ETF(LIT)에 포함된 주요 주식 Top 6]

구분	기업명	주요 특징	비중
1	앨버말	리튬 생산/판매 대표	12.6%
2	강봉리튬	리튬 생산/판매 대표	7.3%
3	비야디	중국 전기차/배터리 대표	5.7%
4	테슬라	미국 전기차 대표	5.6%
5	삼성SDI	한국 배터리 대표	5.4%
6	닝더스다이	중국 배터리 대표	5.3%

출처 ETFDB.COM(2021.1 기준)

앞의 표는 전기차 대표 ETF(LIT)에 담겨 있는 종목들 중 비중이 가장 높은 6개 종목들을 나타낸 자료다. 배터리의 주요 재료인 리튬을 공급하는 대표 기업인 앨버말(ALB), 미국의 전기차 대표 기업 테슬라(TSLA), 중국의 전기차/배터리 대표 기업인 비야디(홍콩 상장)뿐 아니라 한국의 대표 배터리 기업인 삼성SDI(한국 상장)까지 골고루 포함된 것을 알 수 있다. 따라서 미국, 중국, 한국 등 말 그대로 글로벌 전기차 산업 전반에 투자한 셈이 된다. 물론 결과적으로 봤을 때 2020년 기준 테슬라의 연간 수익률이 700%를 상회하며 가장 앞섰지만, 전기차 산업 전체에 투자하는 ETF인 LIT에 투자했더라도 같은 기간 120%가 넘는 수익률을 기록하며 시장 ETF(SPY) 수익률 18.3%를 압도적으로 상회한 결과를 얻을 수 있었다. 이처럼 개별 종목이 아

▲ 전기차 대표 ETF(LIT), S&P500 ETF(SPY) 주가 흐름(2020.1~12)

닌 대표 ETF에 투자해 놓은 것만으로도 1년에 2배가 넘는 수익률을 확보할 수 있는데, 과연 ETF가 개별 종목보다 무조건 수익률이 낮다고 단정지을 수 있을까?

게다가 수익률의 차이를 떠나서 종목, 심지어 국가까지 분산되어 있기 때문에 특정 국가, 특정 기업의 이슈에서 비교적 자유로울 수 있다. 예를 들어, 중국에서 테슬라의 판매량이 부진하다는 소식에 테슬라 주가가 하락하더라도 경쟁사들의 실적이 좋아 나머지 주식들의 주가가 올라간다면, 골고루 분산투자하는 ETF(LIT)의 주가 수익률은 상승하는 쪽으로 가닥이 잡힐 확률이 높다. 결과적으로 전기차 시장 규모와 기업들의 이익의 합이 늘어나고 있기 때문이다. 이런 점에서 개별 종목에 대한 스트레스를 받기 싫고, 투자금을 오래 묻어놓거나 꾸준히 적립하고 싶은 투자자라면 ETF 투자가 비교적 마음 편한 대안이 될 수 있다.

위 사례처럼 자신만의 유망 분야, 즉 최소 3년 이상 성장할 산업을 고른 뒤 대표 ETF에 투자하는 것은 꽤 가성비 높은 방법이 될 수 있다. 나는 유망한 산업의 ETF와 그중에서도 가장 잘나갈 것으로 판단

[주요 전기차, 신재생 관련 ETF]

No	티커	설명	자산규모(10억달러)	운용보수(연)
1	LIT	전기차 산업	2.7	0.75%
2	ICLN	신재생 산업	6.5	0.46%

출처 ETFDB.COM(2021.1)

되는 소위 '대장주'를 1~2개로 압축해 투자하는 편이다. 즉, 전기차 산업 전체에 투자하는 ETF인 LIT와 전기차 산업의 대장주인 테슬라에 함께 투자한다. 이럴 경우 1등주의 수익률과 해당 산업 평균 수익률을 모두 챙길 수 있는 장점이 있다.

소몽의 투자노트

산업 대표 ETF + 대장주(1~3등)를 조합해서 투자하기

유망 산업 중에서도 확신이 있는 대표 주식과 해당 산업 전체의 성장을 누릴 수 있는 ETF에 함께 투자하는 것도 하나의 전략이 될 수 있다. 개별 종목에 대한 확신이 클수록 종목의 비중을 높게 가져가는 것도 하나의 방법이다.

예) 테슬라, 엔비디아에 대한 확신이 클 경우
테슬라(70%) + 전기차 ETF(30%),
엔비디아(80%) + 반도체 ETF(20%)

※ 위 비중은 전체 투자금이 아닌, 해당 산업에 대한 투자금 내 비중을 뜻함(예를 들어 전체 투자금이 5,000만원이고, 그중 전기차 산업 투자에 1,000만원을 배정했을 때 테슬라에 700만원, 전기차 ETF에 300만원 투자하는 것을 의미)

유망 분야 투자 실전 사례 ② 헬스케어 산업에 투자하고 싶다면?

"위험은 자신이 무엇을 하는지
모르는 데서 나온다."

- 워런 버핏 -

인류의 평생 숙제, 노령화와 질병

투자를 꼭 해야 하는 분야지만, 잘 몰라서 투자하기 망설여지는 분야가 있을 수 있다. 나의 경우 대표적인 분야가 바로 '헬스케어'다. 노령화와 질병은 살면서 피해갈 수 없는 부분이라 평소 친숙하게 여겨왔는데, 막상 제대로 분석하고 공부하려니 어려운 점이 한둘이 아니었다. 주요 제약사들의 약을 복용한 경험이 있으니 '지갑털이 전략'에 속하고, 글로벌 대형 제약, 바이오 기업들이 '독과점'을 이루고 '장기 성장'할 것이 뻔히 보이는데도 투자하기는 망설여졌다.

놓치기 싫은 분야라고 해서 '묻지 마' 투자는 할 수 없었기에 산업리포트를 봤지만 무슨 말인지 잘 이해가 되지 않았다. 수많은 생소한 의학용어들뿐 아니라 간단한 약 이름조차도 잘 모르니 더욱 와닿지 않았다. 이럴 때 가장 깔끔한 결론은 내가 '잘 모른다'는 것을 인정하고 투자하지 않는 것이다.

그럼에도 꼭 일정 부분이라도 투자하고 싶다면 ETF가 정말 좋은 대안이 된다. 내 강의에 참석한 한 수강생은 본인이 오랜 기간 약사로 일하고 있기 때문에 글로벌 제약회사의 제품에 익숙하고, 개별 기업에 대한 이해도 비교적 수월하다고 했다. 이런 경우는 개별 기업에 직접 투자해도 무방하지만 나는 아니었다.

이처럼 산업 전체가 성장할 것이 뻔히 보이지만 개별 종목 투자 공부는 부담스럽거나 리스크 관리가 되지 않을 것 같을 때는 관련 산업의 대표 ETF를 활용하자.

[주요 헬스케어 대표 ETF]

구분	티커	설명	자산규모(10억달러)	운용보수(연)
1	XLV	헬스케어 전반	25	0.13%
2	XBI	바이오 특화	50	0.35%
3	IHI	의료장비 특화	80	0.43%
4	ARKG	유전공학 특화	9.4	0.75%

출처 ETFDB.COM(2021.1)

소몽의 토막상식

ETF 선택 시 확인해야 할 체크 리스트 3가지

1. 운용규모(AUM: Asset Under Management)가 충분히 큰가?

운용자산, 즉 이 ETF에 돈이 얼마나 들어와 있는지를 체크하는 것인데 당연히 크면 클수록 좋다. 정확히는 너무 규모가 작은 ETF는 피하는 것이 안전하다. 규모가 작다는 것은 생긴 지 얼마 안 된 신생 ETF거나, 뭔가 문제가 있어 투자자들이 외면하는 상황일 확률이 높다. 굳이 규모가 작고 거래도 활발하지 않은 ETF를 찾아 매매할 필요는 없다. 구체적으로 말하면 1억달러(원화 1,000억원) 이상이 안전하고, 1,000만달러 미만이라면 펀드 규모가 원화 기준으로 100억원이 채 되지 않으므로 되도록 조심하는 것이 좋다.

2. 운용수수료(Expense Ratio)가 적절한가?

ETF 역시 일종의 펀드와 같은 금융상품이기 때문에 수수료가 붙는다. 다만, 우리 계좌에서 직접 비용이 나가는 것이 아니니 걱정할 필요는 없다. 수수료를 일할계산하여 ETF 가격에 반영하기 때문이다. 예를 들어 수수료가 연 0.01%라면, 이를 365일로 나눠 매일 주가에서 차감하는 형태라고 생각하면 된다. 그러니 거의 신경 쓸 필요는 없으나, 운용수수료 역시 비용이므로 비슷한 ETF라면 운용수수료가 낮을수록 좋다. 특별한 ETF가 아닌 이상 보통 ETF 운용수수료는 연 1% 미만이 적합하다. 그 이상이라면 펀드와 다를 바가 없다.

3. 상장일(Inception date)이 오래되었는가?

가능하면 상장일(정확히는 ETF의 거래가 시작된 날)은 오래될수록 좋다. 이 ETF가 얼마나 오랜 기간 운용되었는지를 보여주기 때문이다. 수많은 ETF가 위기마다 사라지고 또 생겨나는 것을 생각할 때, 특히 2008년과 같은 금융위기를 겪고도 살아남았다면 다음에 찾아올 또 다른 위기에도 비교적 안전할 확률이 높다. 다시 말해 다른 조건이 같다면 2008년 이전에 상장된 ETF들로 선택하는 것이 좋다. 만약 2008년 이후 상장된 비교적 신생 ETF에 투자하고 싶다면, 운용규모, 운용수수료, 운용사 등 나머지 요건들을 고려하여 위험을 낮추자.

4. 기타: 운용사

이왕이면 대표 운용사들이 관리하는 ETF가 좋다. 위기에도 비교적 잘 버틸 확률이 높기 때문이다. 3대 운용사가 가장 큰 비중을 차지하는데 뱅가드(Vanguard), 블랙록(Blackrock), 스테이트 스트릿(State street)이 해당한다. 뱅가드가 운용하는 ETF는 대부분 맨 처음에 V로 시작하거나 풀네임이 Vanguard로 시작한다. 블랙록의 경우 대부분 맨 처음 I로 시작하거나 iShares라는 이름으로 풀네임이 시작된다. 스테이트 스트릿의 경우 대부분의 ETF가 X 또는 S로 시작하며, 풀네임은 SPDR로 시작한다.

예)
IVV(iShares Core S&P 500 ETF): 블랙록이 운용하는 상품임을 알 수 있다.
XLV(Health Care Select Sector SPDR Fund): 스테이트 스트릿이 운용하는 상품임을 알 수 있다.
VOO(Vanguard S&P 500 ETF): 뱅가드가 운용하는 상품임을 알 수 있다.

※ 이 모든 주요 체크 사항들은 ETFDB.COM 또는 ETF.COM에서 손쉽게 확인 가능하다.

시장 하락(위기) 줍줍 투자 실전 사례
위기를 기회로 만드는 3대 지수에 투자하자!

"오늘의 위기는 내일의 농담거리다."

- H. G. 웰스 -

위기를 이용하는 부자들의 투자법

2020년 세계 경제를 강타한 코로나19로 인해 많은 개인투자자들이 두려움에 떨며 주식을 팔아야 하나 고민할 때, 오히려 자산가들은 역대급 규모로 자산을 증여했다고 한다. 주식시장이 크게 하락한 덕분에 아주 싼 가격으로 자녀에게 주식을 넘겨주며 절세한 것이다. 애초에 팔 생각이 없는 우량주식, 또는 시장 전체에 투자하는 ETF가 주를 이뤘다고 한다. 그리고 채 6개월도 지나지 않아 시장지수를 포함한 대부분의 우량주들은 폭락 전 주가를 회복했으니, 말 그대로 부자들에게는 이번 위기가 기회였던 셈이다. 이 사례를 보더라도 남들보다 나은 수익을 내는 핵심은 결국 '남들보다 더 두려움을 잘 견뎌냈느냐'에 달려 있다.

하지만 말이 쉽지 항상 새로운 이유와 함께 찾아오는 시장 하락은 두렵기 마련이다. 아무도 두려워하지 않는 이유 정도로는 시장에 커다란 위기가 찾아오지 않는다. 그때마다 소수 입장에서 용기를 내 행동으로 옮기기란 결코 쉽지 않다. 모두가 위험하다고 외치고 있고 그것이 너무나 그럴싸하기 때문이다. 설령 용기를 낸다 하더라도 위기가 지난 후 모든 종목이 다 오른다는 보장 또한 없다. 실제로 위기를 견뎌내지 못하고 사라지는 종목들도 많다. 하필 내가 고른 종목이 그러지 말란 법이 없으니 더욱 투자를 망설일 수밖에 없다. 주식시장이 회복하는 과정에서도 투자 경험이 많은 고수가 아닌 이상 어떤 종목이 더 빠르게, 더 많이 회복하며 주도주의 자리를 차지할지 예측하기 힘들다.

그러니 위기가 찾아왔을 때 무슨 주식을 살까 고민되고 망설여진다면 시장 전체의 회복, 즉 지수 ETF에 투자하는 것도 또 하나의 방법이 될 수 있다. 다음의 표를 보면, 왜 위기에 시장 전체에 투자하는 방법이 더욱 유리한지 알 수 있다.

[시장 하락(최고점 대비 20% 이상 하락)과 회복 기간의 역사]

No	고점 대비 최대 하락폭	시점	전 고점 회복 소요 기간
1	-22%	1956년	11개월
2	-28%	1961년	14개월
3	-22%	1966년	7개월
4	-36%	1968년	21개월
5	-48%	1973년	69개월
6	-27%	1980년	3개월
7	-34%	1987년	20개월
8	-20%	1990년	4개월
9	-49%	2000년	56개월
10	-56%	2007년	49개월
11	-33%	2020년	6개월

출처 Ycharts, 소수몽키 블로그(S&P500 기준, 1956~2020년)

위 표는 1956년부터 2020년까지 약 50년이 넘는 기간 동안, S&P500지수가 최고점 대비 20% 이상 하락한 횟수와 다시 전 고점을 회복하는 데 걸린 기간을 보여준다. 고점 대비 20% 이상 하락한 적은 총 11번이었지만, 2020년 12월 31일 기준 S&P500을 포함한 미국 3대 지수는 모두 신고가를 경신하고 있다. 즉, 이렇게 큰 하락들과 수없이 많은 위기를 거치고도 결국 시장 전체는 우상향한다는 것을 주가로 몸소 보여주고 있다. 그러나 개별 종목의 경우는 다르다. 시장이 신고가를 경신하더라도 바닥을 기고 심지어 계속해서 하락하는 종목도 허다하다.

투자자들이 가장 많이 하는 오해가 시장 지수와 함께 모든 종목이 우상향한다는 것이다. 결코 그렇지 않다. 보통은 소수의 주도주들이 시장 상승을 이끌고, 나머지 기업은 지지부진하거나 심지어 상장폐지되며 역사 속으로 사라지는 기업도 많다.

당장 2020년의 성과만 봐도 이 사실을 알 수 있다. S&P500지수 ETF(SPY)가 코로나19에도 불구하고 2020년 한 해 수익률 18%를 기록하는 동안, 미국의 초우량주 33개(시가총액 1,000억 달러 이상) 중 무려 9개가 마이너스 수익률을 기록했으며, 시장보다 수익률이 나쁜 주식을 모두 포함하면 16개에 달한다. 즉, 초우량주의 절반이 시장보다도 수익률이 좋지 못했다.

자주 찾아오지 않는 이런 절호의 기회에, 하필 아쉬운 선택으로 시장보다도 못한 수익률을 얻는다면 아무래도 매우 억울할 것이다. 위험을 무릅쓰고, 과감하게 용기를 냈음에도 보상이 기대에 못 미치기 때문이다. 물론 옥석만 잘 골라내 시장보다 나은 수익률을 확보할 수도 있지만, 가장 안전하면서도 확실한 수익을 확보할 수 있는 전략으로써 위기에 시장지수 ETF를 줍줍하는 것만큼 좋은 방법도 없다.

언젠가 다시 찾아올 이런 위기를 과감하게 '기회'라고 읽고 행동에 옮기기 위해서는 사전 계획이 필요하다. 아예 기계적으로 어느 정도 하락하면 얼마를 투자하겠다고 정해놓는 것이다. 미국 대표 3대 지수를 추종하는 ETF인 SPY(S&P500지수), QQQ(나스닥100지수), DIA(다우30지수)가 가장 좋다. 실제로 나의 '위기 줍줍 계좌'에 2020년 최고점 대비 20% 하락할 때부터 분할 매수한 나스닥 ETF(QQQ)의 2020년 연말 기준 수익률은 60%로, 해당 ETF의 같은 기간 수익률 47%보다 약 13%p 높은 초과 수익을 확보할 수 있었다.

회복 분야 투자 실전 사례

자주 오지 않는 기회를 잡는 법, 위기 후 회복할 분야를 노려라!

"철저한 준비가 스스로의 운을 만든다."

- 앤서니 라빈스 -

워런 버핏의 진짜 투자 비법, 분산투자

2017년 4월, 미국의 대표적인 항공사인 유나이티드 항공(UAL) 주가가 갑작스럽게 급락했다. 유나이티드 항공이 오버부킹(초과예약)으로 인해 승객을 강제로 하차시키는 과정에서 폭력을 행사한 것이 '갑질 논란'으로 악화되었기 때문이다.

당시 미국의 여론조사 업체 모닝컨설트의 조사에 따르면 79%의 응답자가 '노선이 같을 경우 경쟁사를 이용하겠다', 44%는 '돈을 더 내거나 경유를 하더라도 유나이티드 항공은 이용하지 않겠다'는 응답을 할 정도로 미국인들의 실망과 분노는 심각했다.

사건 당일 유나이티드 항공의 주가는 장중 최대 4%까지 급락했다가 1.13% 하락으로 마감했다. 그런데 정작 각종 미디어의 헤드라인을 도배한 것은 '워런 버핏'의 사진이었다. 당시 워런 버핏이 유나이티드 항공의 모회사인 유나이티드홀딩스 지분을 9% 보유한 대주주였기 때문이다. 언론에서는 워런 버핏이 항공주로 약 1,000억원(장중 최대 하락 시점 기준)에 가까운 큰 손실을 입었다며 떠들어댔다. 그러나 많은 사람들의 바람(?)과는 달리 워런 버핏은 그 사건으로 오히려 돈을 벌었다. 미국의 4대 항공사에 골고루 투자해 놓은 덕분에 유나이티드 항공 사건의 반사이익으로 경쟁사들의 주가가 더 많이 오른 덕분이었다. 당일 아메리칸 항공(AAL), 사우스웨스트 항공이 각각 3.8%, 1.6% 오르면서 손실은커녕 오히려 1,000억원이 넘는 돈을 번 것이다.

나는 이 사건을 보면서 다시 한 번 워런 버핏의 리스크 관리 능력을 느꼈다. 개별 항공사에 대한 리스크를 줄이면서, 항공업 전체 성장의 이익을 누리는 가장 마음 편한 방법으로 대표 기업들을 모두 사들인 것이다. 물론 예상 밖의 일로 산업 전체가 타격을 입을 경우를 피할 수는 없었다. 2020년 갑작스럽게 찾아온 코로나19로 전 세계 비행길이 막히며 항공사들이 파산 위기에 처할 줄은 제아무리 워런 버핏이라도 예측하기 힘들었을 것이다.

이 또한 지나가리라 - 보잉과 항공 산업

앞서 말한 것처럼 코로나19로 인해 각국이 봉쇄령을 내릴 정도로 심각한 상황에서 대부분의 산업들이 피해를 보았지만, 그중에서도 항공 산업은 유래 없는 최악의 위기를 겪고 있다. 계속해서 직원들을 해고하거나 무급 휴직을 실시하는데도 사상 최대의 적자를 지속하고 있다. 2020년 중간 매출은 전년 대비 무려 70~80% 감소한 상황이다.

만약 항공 산업이 시간의 문제일 뿐 결국은 회복할 것이라는 데 베팅하고 싶다면 개별 항공주보다는 항공주 전체를 담고 있는 ETF를 사 모으는 것이 훨씬 더 마음 편한 방법이 될 수 있다. 아래 자료처럼 어차피 대부분의 항공 관련 대표 주식들을 골고루 담고 있기 때문이다. 뭐가 더 오를까, 뭐가 덜 오를까 고민할 필요 없다. 혹은 최악의 경우 특정 기업이 파산하더라도 위의 사례처럼 항공 산업 전체가 회복

[항공 산업 대표 ETF(JETS)에 포함된 주요 종목 Top4]

No	기업명	주요 특징	비중
1	사우스웨스트 항공	미국 4대 항공사	10.5%
2	델타 항공		9.9%
3	유나이티드 항공		9.3%
4	아메리칸 항공		9.1%

출처 ETFDB.COM(2021.1 기준)

되기만 한다면 그 시장 성장의 이익은 ETF로 충분히 가져갈 수 있다.

물론 항공수요가 회복된다면, '아무나 이겨라' 전략에 따라 전 세계 민간항공기의 절반을 만들어내는 보잉에 투자하는 것도 마음 편한 투자법이 될 수 있다. 개인적으로 항공산업은 경쟁이 치열해 중·장기 투자 대상이 아닌 중·단기 투자 대상으로 분류를 해놓았다. 하지만 보잉 같은 경우 독과점과 진입장벽을 모두 겸비한 '올리고폴리' 전략에 부합한 투자 대상이므로 장기투자 개념으로 모아가도 무방하다. 하지만 그 역시도 개별 종목에 대한 리스크는 감수해야 하므로 이 부분은 투자자의 성향에 따른 선택의 몫으로 보는 것이 맞다.

다만, 공통적으로 이런 경기 회복에 대한 투자는 말 그대로 회복이 '언제', '어느 정도'로 되느냐의 문제가 있어서 초보자들에게는 쉽지 않은 방법이다. 실제 코로나19로 인해 주요 항공주들은 주가가 바닥을 찍은 2020년 3월부터 11월까지 8개월간 그다지 오르지 못하고 지지부진한 모습을 보였다. 그 사이 상승하는 모습을 보이고 있지만 인내심이 뛰어나거나 기회비용을 크게 고려하지 않는 투자자가 아닌 이상, 다른 주식들은 회복하는데 나 홀로 회복하지 못한다면 버티기

[소몽의 항공 산업 대표 업종 투자 판단]

분류	투자 대상	매수/매도 판단	기간
항공 수요 회복	항공산업(JETS)	회복 사이클 고려	단기(3~6개월)
	보잉(BA)	적립	장기(1년 이상)

힘들 것이다. 따라서 업황, 실적, 차트 등 다양한 힌트들을 참고하여 스스로 투자 타이밍을 정할 필요가 있다.

광고가 사라질 수 있을까? - 알파벳(구글)과 광고 산업

2020년 9월까지 시가총액 상위 5개, 즉 FAANG이라고 불리는 빅테크 기업 중 가장 주가가 지지부진했던 기업이 바로 알파벳(구글의 모회사)이다. 앞서 소개한 항공 산업과 함께 대표적으로 피해를 본 산업이 바로 광고 부문이었기 때문이다. 많은 기업들이 광고를 집행하

▲ FAANG 기업들 알파벳(GOOGL), 애플(AAPL), 페이스북(FB), 아마존(AMZN), 마이크로소프트(MSFT) 주가 흐름(2020.1~10)

는 것을 미쳤고, 매출의 대부분이 광고로 이루어진 알파벳의 주가는 지지부진했다.

앞의 차트를 보면 2020년 1월 이후 코로나19로 인한 시장 폭락에도 불구하고 다른 빅테크 기업들(애플, 아마존, 마이크로소프트, 페이스북)은 순식간에 주가를 회복하고 오히려 수혜주로 꼽히며 고공행진할 때, 알파벳은 혼자 회복하지 못하고 고작 10% 수익률 수준에 머물러있음을 알 수 있다.

그러나 코로나19가 장기화될 것으로 판단한 기업들은 광고를 하나둘 다시 집행했고, 실제로 알파벳은 실적 발표에서 광고주가 돌아오고 있다고 밝혔다. 이 경우 실적 비정상의 정상화를 기대해볼 수 있기 때문에 회복에 베팅해볼 수 있다. 광고의 대표 기업인 알파벳에 직접 투자하는 것도 좋은 방법이며, 알파벳이 포함된 대표적인 ETF인 소셜미디어, 커뮤니케이션 ETF에 투자하는 것도 마음 편한 방법이 될 수 있다. 광고 회복의 수혜는 알파벳뿐 아니라 페이스북 및 다양한 광고 관련 기업들이 함께 누리기 때문이다.

[광고 관련 대표 ETF]

No	티커	설명	자산규모(10억달러)	운용보수(연)
1	XLC	커뮤니케이션(광고, 미디어)	11	0.13%
2	SOCL	글로벌 소셜미디어	3.4	0.65%

출처 ETFDB.COM(2021.1)

엄청난 돈풀기로 내집 마련 수요 증가 예상! - 주택건설 ETF

그 외에도 개별 종목 분석, 공부 및 직접투자가 부담스럽지만 비교적 확실히 회복할 것으로 기대되는 산업에 투자하는 수단으로도 역시 ETF가 제격이다. 나의 주택건설 ETF(ITB) 투자가 대표적인 실전 투자 사례에 해당한다. 과거 경기 회복기 또는 유동성이 늘어날 때 미국의 주택건설 관련 주식들은 크게 들썩였다. 게다가 2020년 7월 중순부터 부동산 가격과 밀접한 주택담보대출(모기지) 금리가 사상 최저를 경신하는 모습을 보였고, 대출금리 하락과 함께 집을 사려는 수요가 함께 급증했다.

이와 함께 시장 대비 건설, 건축관련주들이 움직이기 시작하는 것을 관찰하면서 주가뿐 아니라 실제로 주택과 관련된 실물 지표들 역시 예상치를 뛰어넘기 시작한 것을 보고, 나는 확신을 가지고 해당 ETF(ITB)를 매수했다. 물론 최고 수익률을 뽑아낸 건설/건축 산업의 개별 종목만큼은 아니더라도, 최소한의 공부를 통해 시장 대비 초과 수익률을 얻는 데는 전혀 문제가 없었다.

옆 차트를 보면, 실제로 매수 시점인 2020년 7월 부근부터 주택건설 ETF가 시장 ETF를 수익률 측면에서 추월하기 시작한 것을 알 수 있다. 다만, 주택건설 산업 역시 경기의 영향을 많이 받으므로 투자에 유의해야 한다. 잘못하다간 최고점에 물려 몇 년간 계속해서 주가가 하락하는 경험을 해야 할 수도 있기 때문이다.

▲ 주택건설 ETF(ITB), S&P500 ETF(SPY) 주가 흐름(2020.1~12)

나 역시 경기회복, 즉 비정상의 정상화에 베팅한 것이므로 장기투자 목적보다는 3~6개월 정도의 기간에 투자하려는 목적으로 이 ETF를 매수했고, 실제로 생각보다 빠르게 주택 경기가 코로나19 이전 수준으로 회복된 것을 본 시점(매수 후 약 3개월 뒤)에 매도를 시행했다.

[소몽의 건설경기 대표 ETF 투자 판단]

분류(전략명)	투자 대상	매수/매도 판단	기간	수익률
경기 회복	건설/건축(ITB)	주택 경기 정상화	단기(3개월)	25%

경기민감 투자 실전 사례

거대한 파도에 올라타 수익을 누리고 싶다면?

"경기민감주란 경기 순환과 맞물려서 돌아가는 자동차, 항공, 철강, 화학업종들을 말한다. 이런 주식들은 매매 타이밍이 가장 중요하므로 업종 전반에 걸친 예리한 시각이 필요하다."

- 피터 린치 -

경기민감주에 베팅할 때

앞서 소개한 경기회복 분야가 일시적인 악재에서 회복하는 산업을 뜻한다면, 경기민감 분야는 아예 주기적으로 경기 사이클을 타는 산업을 말한다. 즉, 구조적으로 호황과 불황을 반복할 수밖에 없는 산업을 말한다. 대표적으로 철강, 에너지, 석유화학, 원자재, 금광(광산) 관련 산업 등이 있는데 큰 경기 흐름을 잘 타야 한다는 점에서 금리, 업황 등 고려할 것이 많아 투자하기 까다로운 편이다.

[경기민감 분야 관련 대표 ETF 리스트]

No	티커	설명	자산규모(10억달러)	운용보수(연)
1	XLE	에너지	16	0.13%
2	XLF	금융	30	0.13%
3	XLI	산업재	17	0.13%
4	XME	원자재	1.3	0.35%

출처 ETFDB.COM(2021.1)

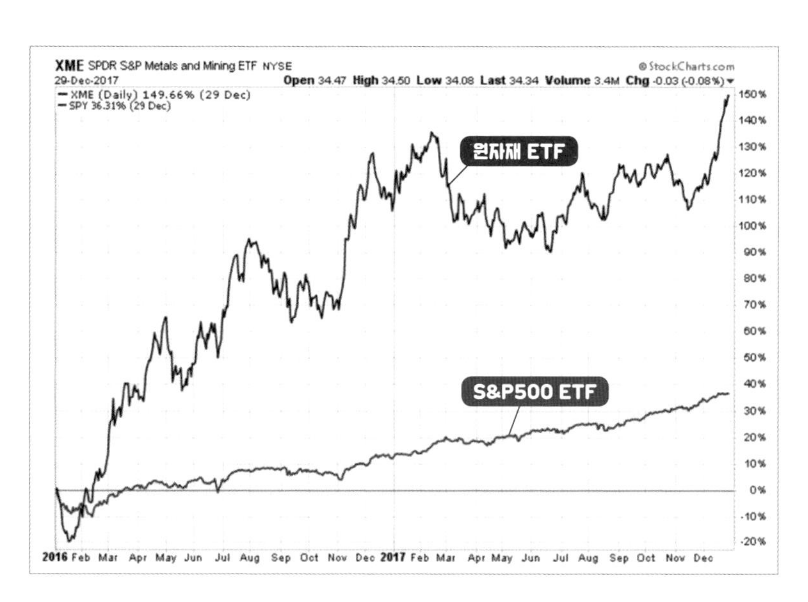

▲ 원자재 ETF(XME), S&P500 ETF(SPY) 주가 흐름(2016.1~2017.12)

▲ 원자재 ETF(XME), S&P500 ETF(SPY) 주가 흐름(2018.1~2020.12)

예를 들어 앞의 차트를 보더라도 원자재 ETF(XME)가 2016~2017년까지 약 2년간 수익률 측면에서 주식시장을 엄청나게 압도한 것을 볼 수 있다. 불과 2년 만에 150%가 넘는 수익률을 냈으니, 36% 수준의 수익을 낸 시장 대비 무려 120%의 초과수익을 올린 셈이다. 반면, 위 차트를 보면 2018년 중순부터는 오히려 시장보다 성과를 내지 못할 뿐 아니라 급격한 하락을 보였으며, 시장이 상승하는데도 계속해서 하락하는 모습을 보였다. 경기반감 분야는 이런 식으로 시장 대비 훨씬 크고 길게 방향성을 가지고 움직이는 성향이 있어 초보자들에게는 결코 쉽지 않으므로 유의해야 한다.

자산배분 투자 실전 사례 ①

다가올 시장 하락에 미리 대비하고 싶다면?

"나는 행운이란
준비와 기회의 만남이라고 생각한다."
- 오프라 윈프리 -

내 자산의 변동성을 줄이고 싶을 때 유용한 ETF

수익률을 높이는 것뿐 아니라, 안정성을 높이는 용도로도 ETF를 활용할 수 있다. 자산 배분 분야, 현금 흐름 만들기 분야, 국가 배분 분야로 나눌 수 있다. 하나하나 살펴보자.

1. 위기에 대비하기(채권, 금, 은, 원자재)
2. 월 현금흐름 만들기(배당주, 방어주)
3. 국가 분산하기(이머징, 유럽, 개별 국가 등)

2020년 코로나19로 인해 시장이 폭락했을 때 안전자산으로 불리는 채권이나 금을 들고 있었다면 어땠을까? 가장 일반적인 투자자들의 자산배분 형태는 주식 6, 채권 4로 만약 주식만 들고 있었다면 고점 대비 약 33%의 손실을 입었겠지만, 채권(현금)을 일정 비중 들고 있었다면 그만큼 손실을 입는 폭이 작았을 것이다. 위기 시에는 투자자들이 비교적 안전자산으로 여기는 채권 또는 금에 몰리기 때문이다.

[주식과 채권 조합 비중별 최대 하락률과 수익률 비교(2020.1~12)]

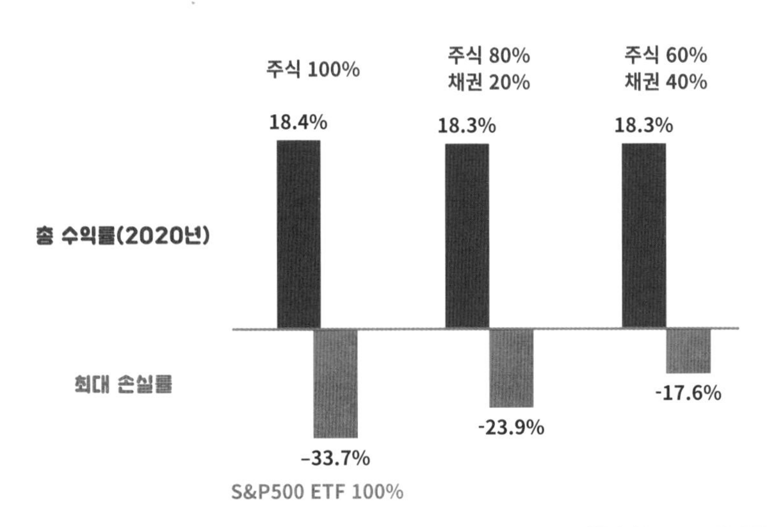

출처 ETF리플레이(2020.12 말 기준)

위 그래프는 실제로 2020년 코로나19로 인한 주가 급락 시기를 포함한 기간(2020.1~12)의 주가 최대 하락률과 총 수익률을 보여준다. 이 기간 동안 S&P500 ETF(SPY)에 100% 투자했을 경우, 최대

-33.7%의 하락률을 보였지만, 주식과 채권의 비율을 8:2로 배분하는 순간 최대 손실률 -23.9%로 손실률이 10%p 가까이 줄어든다. 채권의 비중을 40%까지 올리자, 최대 하락률은 -17.6%까지 줄어들지만 수익률은 주식에 100% 투자할 때와 큰 차이가 없다. 즉, 주식과 채권을 적절히 나눠서 투자하는 것만으로도 손실은 줄이고 수익은 확보할 수 있다는 것이 이번 위기를 통해서도 증명된 셈이다.

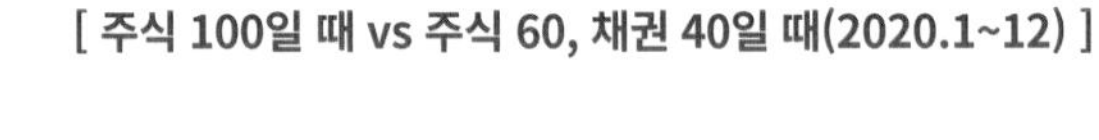
[주식 100일 때 vs 주식 60, 채권 40일 때(2020.1~12)]

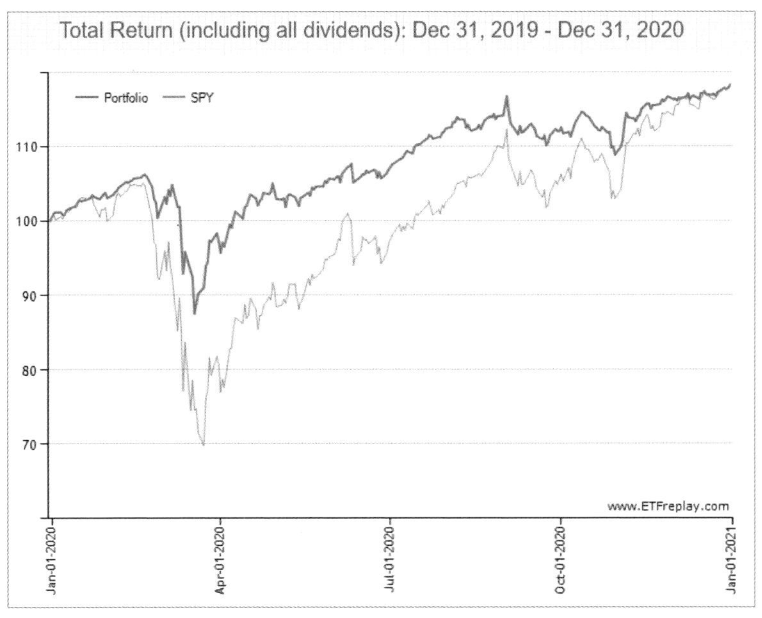

▲ S&P500 ETF(SPY) 100%(하늘색), S&P500 ETF(SPY) 60% & 장기채권 ETF(TLT) 40%(초록색) 주가 흐름(2020.1~2020.12)

앞의 그래프를 보면 주식에 100% 투자한 것과 주식 60%, 채권 40%로 나눠 투자한 것의 1년 수익률 차이는 비슷하지만, 변동성이 훨씬 작다는 것을 한눈에 알 수 있다. 즉, 위기에도 내 자산을 지켜주며 공포에 매도하지 않을 확률을 높여준다.

이렇게 내 자산의 변동성을 줄이고 안정성을 높이기 위해 사용하는 대표적인 ETF로는 채권 ETF와 금·은 ETF가 있으며, 대표 ETF들을 다음과 같이 표로 정리해두었다.

[주요 안전자산 관련 ETF 리스트]

No	티커	설명	자산규모(10억달러)	운용보수(연)
1	TLT	미국 장기채권 (20년 이상)	17	0.15%
2	IEF	미국 중기채권 (7~10년)	14	0.15%
3	SHY	미국 단기채권 (1~3년)	19	0.15%
4	GLD	실물 금	70	0.4%
5	SLV	실물 은	14	0.5%

출처 ETFDB.COM(2021.1)

자산배분 투자 실전 사례 ②
지속적인 현금흐름을 만드는 자산배분 투자

"나의 유일한 즐거움이 무엇인 줄 아는가?
바로 배당이 들어오는 것을 보는 것이라네."

- 앤서니 라빈스 -

지속적인 현금흐름을 원할 때 - 배당주, 방어주

미국 우량 주식들은 대부분 분기마다 배당금을 지급한다. 따라서 그 주식들이 포함된 ETF 역시 대부분 분기 배당을 한다고 봐도 무방하다. 즉, 굳이 배당을 주는 ETF를 별도로 찾지 않더라도 웬만한 ETF는 배당을 준다. 특히 안정성이 높아서 시장 위기가 올 때 방어 역할을 하는 대표 분야를 통틀어 '방어 업종'이라고 부르기도 하는데, 다른 업종에 비해 주가가 떨어지는 폭이 작아 방어가 잘된다는 뜻이다. 이런 업종에 속한 기업들은 위기에도 크게 현금흐름에 영향을 받지 않는 편이어서 배당률이 대체적으로 높은 편이다.

대표적인 방어 업종으로는 필수소비, 유틸리티, 헬스케어, 리츠 등이 있으며, 외부 경기에 영향을 크게 받지 않고 비교적 꾸준하게 매출이 나온다는 공통점이 있다. 필수소비 산업의 대표 주식으로는 생필품 기업 P&G가 있다. 외부위기에도 흔들리지 않고 수십 년간 성장해온 대표적인 기업이다. 유틸리티 산업은 매월 전기료를 또박또박 받는 전력회사들을 생각하면 된다. 매출이 안정적이라서 배당금 지급도 안정적이며 배당률도 높은 편에 속한다. 헬스케어 산업 역시 존슨앤존슨, 화이자, 머크 등 현금흐름이 아주 탄탄한 초우량 제약회사들로 이루어져 있어 비교적 괜찮은 배당률을 보인다.

리츠의 경우, 부동산을 매입해 임대를 주고 그 임대료 수입을 주주들에게 배당으로 나눠주는 형태로 이루어져 있다고 생각하면 된다. 대표적인 리츠로 리얼티인컴(O)이 있으며 월마다 배당금을 지급한

[방어 업종 대표 ETF]

	대표 분야(티커)	배당률(1년 기준)	비고
1	필수소비(XLP)	2.53%	우량 생필품 판매 기업 위주
2	유틸리티(XLU)	3.23%	우량 전력 기업 위주
3	헬스케어(XLV)	1.66%	우량 제약 기업 위주
4	리츠(VNQ)	4.06%	다양한 형태의 부동산 임대 기업 위주
5	배당성장(VIG)	1.67%	10년 이상 배당을 성장시킨 기업

출처 ETFDB.COM (2021.1 기준)

다. 이런 탄탄한 리츠는 배당금을 줄이는 일이 드물지만, 일부 리츠는 예상치 못한 코로나19로 인해 큰 피해를 입고 배당금을 줄이거나 지급을 일시적으로 중단하기도 했다. 이러한 극단적인 외부 충격만 아니라면, 실물 부동산에 투자하고 임대료를 받는 리츠 산업 역시 안정적으로 현금흐름을 만들어낼 수 있는 주요 투자처 중 하나다.

그 외에도 물론 배당률이 4~5%를 넘는 수많은 ETF들이 존재한다. 다만, 그런 ETF들은 대부분 배당률이 높은 이유가 있다. 쉽게 말해 그만큼 성장성이 낮거나 위험성이 높을 수 있다. 초저금리 시대에 5%가 넘는 주식이 만약 정말 안전하다면, 이미 그 주식 또는 ETF를 들고 있지 않은 사람이 없을 것이다.

그러므로 반드시 투자하기 전 해당 ETF에 포함된 구성종목을 기본으로 확인해야 하며, 배당률이 왜 높은지 또한 살펴봐야 한다. 무조건 고배당만 찾다가 원금도 못 건지는 경우가 발생할 수 있으니 꼭 유의하자.

자산배분 투자 실전 사례 ③

미국 외에 다른 국가에도 투자할 수 있다!

"추는 한 방향으로 오래 머물지 않는다."

- 피터 번스타인 -

미국 말고 다른 곳에도 투자해볼까? - 국가별 ETF

미국주식이 좋다는 말이 꼭 수익률 측면에서도 항상 좋다는 말은 아니다. 상황에 따라 짧게는 몇 달, 길게는 몇 년까지도 미국 대비 다른 국가, 지역의 투자 수익률이 높을 수 있다. 지역으로 구분하자면 미국 외 지역으로는 유럽, 이머징 정도가 있으며 이 역시 ETF로 묶어서 간편하게 투자가 가능하다. 굳이 유럽에 투자하기 위해 유로로 환전하거나, 중국에 투자하기 위해 위안화 또는 홍콩 달러를 따로 구해야 하는 번거로움과 비용을 줄일 수 있다. 말 그대로 달러만 들고 있으면 전 세계 어디든 투자할 수 있다고 봐도 무방하다.

나는 미국 외 국가 중에서는 중국 및 신흥국에 분산 투자하는 편이다. 미국은 장기투자 개념으로, 중국을 포함한 기타 신흥국은 단기투자 개념으로 접근한다. 신흥국 주식은 경기 사이클에 따른 상대적인 변동성이 큰 편이어서 이를 잘 활용하면 미국주식에만 투자하는 것 대비 초과 수익을 기대해볼 수 있다.

이때 물론 미국에 상장된 주요 중국주식에 개별적으로 투자해도 되지만, 중국시장 전체에 투자하는 주요 ETF에 투자하는 것도 나쁘지 않은 방법이다. 어차피 주요 주식들은 ETF에 함께 묶여 있을 확률이 높기 때문이다.

[주요 국가 ETF]

No	티커	설명	자산규모(10억달러)	운용보수(연)
1	EEM	신흥국 전체	29	0.68%
2	VGK	유럽 전체	15	0.09%
3	KWEB	중국 IT주	3.6	0.76%
4	FXI	중국 홍콩	4	0.74%
5	ASHR	중국 A주(본토)	2.5	0.65%

출처 ETFDB.COM(2021.1 기준)

지금까지 자신만의 투자 상황과 그에 맞는 맞춤 투자 전략을 소개했다. 이렇게 미리 전략을 짜두면, 그런 상황이 닥쳤을 때 우왕좌왕하지 않고 원칙에 맞게 차분히 대응할 수 있다. 마치 시험 예상 문제를 미리 풀었는데, 시험 당일 거의 비슷한 문제가 나왔을 때처럼 말이다. 이 전략은 개별 종목에도 충분히 적용 가능하며, 예시로 정리한 아래 표를 참고해 나만의 선호 종목과 ETF를 함께 분류해두면 투자에 큰 도움이 될 것이다.

[소몽의 상황별 투자 대상과 전략]

구분	투자 대상 및 전략
3대 지수	3대지수(SPY, QQQ, DIA) 장기 적립식, 시장 폭락의 경우 매수/매입(모아가는 용도)
유망 분야	게임(ESPO), 클라우드(CLOU), 반도체(SOXX), 전자상거래(ONLN), 전기차(LIT), 신재생(ICLN), 핀테크(IPAY) 성장 산업 전체 매수 전략, 단 타이밍 고려(1년 단위, 3개월 점검)
회복 분야	광고(XLC), 항공(JETS), 국방(ITA), 건설건축(ITB) 코로나 바이러스 피해 이후 회복하는 산업(타이밍 고려)
경기민감	XME(원자재), XLI(산업재) 원자재, 산업재는 크게 선호하지는 않으나 관찰 용도
자산배분	채권(TLT), 금(GLD), 은(SLV) 현금 대신 채권 또는 인플레이션 고려하여 금, 은 배분(현금 선호)
배당 분야	배당성장(VIG) 배당성장주 개별로 모아가기 번거로울 때 추천
국가배분	중국인터넷(KWEB), 중국항공(FXI) 미국만 투자하기 고민될 때, G2인 중국 또는 다른 국가에 배분

'여름에 패딩 사기' 전략을 활용한 단기 테마성 매매

"고집은 약자의 유일한 강점이다.
물론 약점의 측면이 더 크지만."

- 아르투어 슈니츨러 -

ETF를 활용해서 단기 매매도 할 수 있다?

ETF를 활용해서도 얼마든지 단기 매매를 할 수 있다. 이것은 펀드와 다른 ETF의 최대 장점이기도 하다. ETF를 활용한 '여름에 패딩 사기' 실전 사례를 함께 살펴보자.

빅 이벤트를 앞두고 관련 테마 ETF에 단기투자하기

2020년 하반기는 누가 뭐래도 미국 대선이 가장 중요한 키워드일 수밖에 없었다. 당시 트럼프 대통령(이하 트럼프)이 재선하느냐, 바이든 후보자(이하 바이든)가 새로운 대통령이 되며 정권이 바뀌느냐가 투자자들에게 초미의 관심사였다. 주식시장은 기대감으로 움직이는 경향이 크기 때문에, 실적과 무관하게 이런 큰 이벤트를 앞두고 테마성 주식들이 힘을 얻곤 한다. 대표적으로 당시 여론조사 결과상 바이든의 지지율이 높아지며 대선을 약 3개월 앞두고 신재생 에너지 관련 주식들이 급등하기 시작했다. 트럼프와 가장 대비되는 바이든의 정책이 신재생 에너지 부문이었기 때문이다. 이런 상황에서는 현실적으로 장기투자 대상을 목적으로 하는 것이 아닌 단기 매매를 위해 종목 하나하나를 분석하기가 부담스러울 수 있다. 이럴 때 유용한 것이 ETF다.

대표적인 신재생 에너지 ETF로 'ICLN'과 태양광 ETF인 'TAN'이 가장 주목을 받았는데, 옆의 차트에서 보듯 대선(2020년 11월 3일)을 딱 3~4개월 앞두고 주가 상승률이 가팔라지는 것을 볼 수 있다. 이런 이벤트에서도 역시 '여름에 패딩 사기' 전략이 유효함을 알 수 있는 부분이다. 그 후 대선을 2개월 앞둔 시점에 상승 각도를 더욱 높이더니, 정작 대선 직전부터는 주가가 떨어지는 것을 알 수 있다. 물론 그 이후에 다시 상승했지만 이는 결과론적인 이야기다. 즉, 이런 이벤트를 기반으로 매매할 때는 D-day가 다가올수록 분할 매도를 통해 비중을 축소하는 것이 비교적 안전하다.

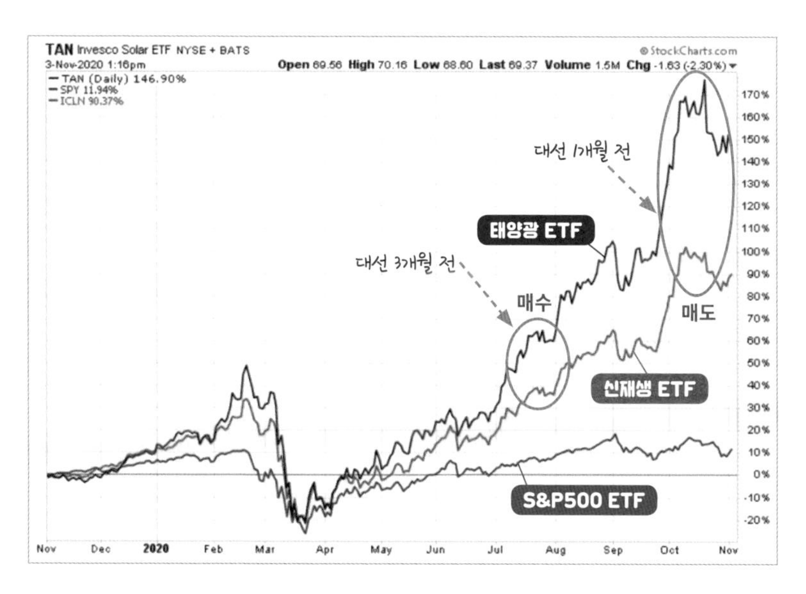

▲ 태양광 ETF(TAN), 신재생 ETF(ICLN), S&P500 ETF(SPY)의 주가 흐름(2020.1.1 ~11.3)

물론 태양광뿐 아니라 신재생 에너지 모두 과거와 달리 실적이 뒷받침되고 있어 장기투자 대상으로도 충분히 좋은 대표 유망 산업이다. 하지만 보통은 3~6개월 만에 100% 이상 급하게 상승하는 경우 주가가 다시 하락할 확률이 점점 높아진다는 사실을 염두에 두어야 한다. 특히 실적이 뒷받침되지 않은 단순 기대감으로 인한 상승이라면 그럴 확률이 더욱 높아진다. 만약 이렇게 비교적 잦은 매매 방식이 싫다면 그냥 보유해도 무방하다. 하지만 기회비용을 고려하는 투자자라면 사용해볼 만한 전략 중 하나다.

[소몽의 '여름에 패딩 사기' 전략을 활용한 투자 판단]

분류(전략명)	투자 대상(티커)	매수/매도 판단 기준	기간	수익률
여름에 패딩 사기	태양광 ETF(TAN)	대선 이벤트	단기 (3개월 미만)	70%
	신재생 에너지 ETF(ICLN)			50%

내가 투자한 종목이 ETF에 포함되어 있으면 좋은 이유

2020년 7월 전기차 대표 기업인 테슬라가 미국 종합주가지수인 S&P500지수에 포함될 수 있다는 기사가 나오면서 테슬라 주가가 상승하기 시작했다. 테슬라가 S&P500지수에 포함된다고 해서 갑자기 기업가치가 상승하는 것도 아니고, 돈을 더 잘 버는 것도 아닌데 주가가 왜 상승하는 것일까? 이 답 역시 ETF로 이야기해 볼 수 있다.

우리가 S&P500지수를 추종하는 대표 ETF를 매수한다는 이야기는 곧 우리 투자금이 미국의 우량한 500개 기업에 골고루 배분된다는 말과 같다. 즉, 어떤 종목이 S&P500지수에 포함된다는 건 그 종목에 투자자들의 돈이 더 들어올 확률이 높아지는 것과 같다. S&P500지수는 우리 같은 개인뿐 아니라 전 세계적으로 큰돈을 굴리는 연금, 기금, 펀드 등 기관들이 항상 일정 비중을 투자하는 대표적인 지수이기 때문에 실질적으로 투자금이 들어오는 효과가 크다. 마치 홍보가 부족해 장사가 잘되지 않았던 동네 맛집이 방송을 탄 뒤로 엄청난 매출을 올리게 되는 것과 같은 이치다.

그래서 이런 것들을 중요하게 여기는 국내주식 투자자들은 한국의 종합주가지수가 전 세계 주요 지수에 얼마나 더 편입되는지 여부를 유심히 관찰하기도 한다. 국내주식시장이 전 세계 주식시장지수에서 차지하는 비중이 늘어나는 만큼, 전 세계에서 관련 ETF에 투자하는 자금들이 더 들어올 확률이 매우 높아지기 때문이다. 이를 전문용어로 '수급'이라고 하는데 기업의 본질, 즉 가치와는 무관하지만 해당 주식이 보다 많은 투자자들에 의해 활발하게 거래되고, 관심을 받을 수 있게 해준다는 측면에서는 장점이 될 수 있다. 좋은 주식임에도 거래가 활발하지 않은 것(요즘은 이런 경우는 드물지만)보다는 훨씬 낫기 때문이다. 반대로 특정종목이 시장지수에서 퇴출된다는 발표가 나오면 주가가 급락하기도 한다. 이 역시 기업가치와는 무관하지만, 기관들의 자금이 빠져나갈 것이라는 우려가 주가에 반영되어 나타나는 현상이다.

이 원리를 우리 투자에 실제로 적용해볼 때 매우 유용한 것이 ETF다. 내가 투자한 종목이 어느 ETF에 들어있는지, 혹은 내가 투자하려는 산업에 어떤 종목들이 주로 ETF로 포함되어 있는지 참고 자료로 활용할 수 있기 때문이다. 예를 들어, 게임 산업이 뜬다고 생각하고 투자하려 할 때 어떤 주식들이 게임 산업에 포함된 주요 주식들인지 이리저리 찾아 헤매는 것도 일이 될 수 있다. 이 경우 물론 대표 게임 ETF에 투자하는 것이 가장 간편한 방법이지만, 대표 ETF 1~2개 내 대표 구성종목을 한번 살펴보는 것만으로도 높은 확률로 대장주, 주도주를 찾아낼 수 있다. 앞서 언급한 테슬라의 사례처럼 ETF 안에 포함되어 있다는 사실 자체가 이미 특정한 기준에 따라 엄선되었음을 방증하기 때문이다. 실제로 나는 게임 성장의 산업 전체에 베팅하기 위해 많은 ETF들 중 가장 대표적인 ETF 2개(ESPO, HERO)를 추려냈다.

[주요 게임 관련 ETF 리스트]

No	티커	설명	자산규모(10억달러)	운용보수(연)
1	ESPO	게임 대표 ETF	0.8	0.55%
2	HERO		0.6	0.5%

출처 ETFDB.COM(2021.1 기준)

다음 장에 나와 있는 각 ETF의 구성종목들을 살펴보면 상위 10개 종목 중에 겹치는 종목들이 있다. 예를 들어, 이 표에서 대표적인 반도체 기업 엔비디아(NVDA)는 두 ETF에 모두 주요 구성종목으로 이름을 올린 것을 알 수 있다. 이 종목은 2개의 상품에 공통적으로 편입된 종목이므로 1개의 상품에만 있는 종목보다 상대적으로 많은 기관, 개인 투자자들의 주목을 받을 확률이 훨씬 높다고 판단할 수 있다.

[게임 ETF ESPO와 HERO의 주요 구성종목 비교표]

	티커	회사명	구성비율
ESPO	NVDA	NVIDIA Corporation	7.78%
	700	Tencent Holdings Ltd	7.53%
	AMD	Advanced Micro Devices, Inc	6.93%
	BILI	BiliBili, Inc. Sponsored ADR Class Z	6.63%
	SE	Sea Ltd(Singapore) Sponsored ADR Class A	6.53%
	7974	Nintendo Co, Ltd	6.34%
HERO	BILI	BiliBili, Inc. Sponsored ADR Class Z	9.03%
	SE	Sea Ltd(Singapore) Sponsored ADR Class A	8.75%
	7974	Nintendo Co, Ltd	6.28%
	NVDA	NVIDIA Corporation	5.78%
	NTES	NetEase. Inc Sponsored ADR	5.13%
	ATVI	Activision Blizzard Inc	4.96%

2021.1 기준

즉, 단순히 매매를 위한 상품이 아니라 어떤 산업이나 분야의 대장주 또는 주요 종목을 발굴하는 것이 목적이라면 ETF가 하나의 좋은 도구가 될 수 있다는 것이다. 이 역시 앞서 소개한 사이트(ETF.COM 또는 ETFDB.COM)에서 손쉽게 확인할 수 있으므로 적극 활용하면 투자에 도움이 될 것이다.

$

이 책을 마치며

비관론자는 모든 기회에서 어려움을 찾아내고, 낙관론자는 모든 어려움에서 기회를 찾아낸다

가난과 걱정, 두 단어 중 반드시 하나를 선택해야 한다면 여러분은 무엇을 택하겠는가. 나는 한 치의 망설임도 없이 걱정이라는 단어를 택했다. 가난에 몸서리치는 것보다는 걱정으로 잠 못 드는 것이 훨씬 낫다는 것을 잘 알기 때문이다. 무엇으로든 부를 일군 사람들 중에 '걱정'을 택하지 않은 사람은 없을 것이다. 리스크를 감당하지 않고는 절대 부자가 될 수 없기 때문이다. '어떻게 그렇게 함부로 리스크를 걸라고 말할 수 있나요?'라는 생각이 든다면 하지 않으면 된다. 부(富)라는 것은 밤마다 머리맡에 걱정이라는 단어를 이고서 자는 것과 같다고 생각한다. 항상 더 나은 기회를 찾기 위해 온 신경을 곤두세우고, 투자한 것에 대한 걱정과 염려를 목 뒤와 양 어깨에 항상 지고 살아야 한다. 그게 싫으면 지금처럼 살면 된다.

온/오프라인 세미나를 통해 수많은 사람들을 만날 때마다 '주식투자를 하면 안 되는 사람'이 눈에 명확히 보였다. 주로 남들이 하니까 엉겁결에 하는 사람, 단 1%의 손실도 용납하지 못하는 사람, 공부는 죽어도 하기 싫은 사람이 해당된다. 냉정하게 말해서 이분들은 주식투자를 하지 않는 것이 훨씬 낫다. 사람마다 성향이 다를뿐더러 자신에게 잘 맞는 재테크 방법이 있기 때문이다. 나는 그런 사람들에게 괜히 맞지도 않는 방법을 시도해 보라며 등을 떠미는 것만큼 위험한 일이 없다고 생각한다. 지금 하고 있는 주식투자 방법이 자신에게 맞는 방법인지, 더 나아가 주식투자 자체가 맞는지 하루라도 빨리 파악하고 판단해야 한다.

그럼에도 불구하고 나와 같이 가난보다는 걱정을 택하는 사람들을 위해 내가 겪은 시행착오와 경험 끝에 얻은 나름의 투자 노하우를 이 책에 아낌없이 담고자 노력했다. 이 책을 읽는 독자들 모두 자신만의 원칙을 가진 성공적인 투자자가 되기를 바라며, 이 책이 각자 원하는 부를 일구는 데 조금이라도 도움이 되기를 진심으로 바라는 바다.

소몽의 채널 소개

필자는 온·오프라인으로 활발히 독자들과 소통 중이다.
아래의 사이트를 통해 필자와 계속해서 소통이 가능하다.

유튜브 **소수몽키**
블로그 **소몽의 분신술** blog.naver.com/dargae
네이버 카페 **소몽 라운지** cafe.naver.com/sosumonkey

MEMO